高等院校人文素质教育系列教材

现代应用文写作
(第5版)(微课版)

耿云巧　康莉霞　主　编
赵君玉　刘义青　潘　慧　燕惠倩　副主编

清华大学出版社
北京

内 容 简 介

本书在编写时充分考虑了高等院校教育改革发展的新形势、社会岗位对职业人才应用文写作能力的需求以及学生的实际需要，突出了应用文写作的实用性、技能性和思想性，坚持"三全育人"(全员育人、全程育人、全方位育人)的教育理念，将中国特色社会主义思想和中华优秀传统文化融入教材，并兼顾创新。本书内容以岗位需求为导向，以技能训练为本位，以立德树人为核心，旨在培养写作者对常用应用文种的驾驭能力，解决日常生活和工作中的实际问题，从而提高学生的综合素养。

本书文种较全面，除党政机关公文外，还编入常用事务文书、经济文书、传播文书等40余种应用文，并辅以例文及评析、综合练习等相关内容。本书既可做大学本科、高职高专院校学生的公共课教材，也可做职业培训教材。

本书封面贴有清华大学出版社防伪标签，无标签者不得销售。
版权所有，侵权必究。举报：010-62782989，beiqinquan@tup.tsinghua.edu.cn。

图书在版编目(CIP)数据

现代应用文写作：微课版/耿云巧，康莉霞主编. —5版. —北京：清华大学出版社，2023.7（2025.2重印）
高等院校人文素质教育系列教材
ISBN 978-7-302-64225-1

Ⅰ.①现… Ⅱ.①耿… ②康… Ⅲ.①汉语—应用文—写作—高等教材—教材 Ⅳ.①H152.3

中国国家版本馆 CIP 数据核字(2023)第 132735 号

责任编辑：石　伟
装帧设计：刘孝琼
责任校对：徐彩虹
责任印制：曹婉颖

出版发行：清华大学出版社
　　　网　　址：https://www.tup.com.cn，https://www.wqxuetang.com
　　　地　　址：北京清华大学学研大厦A座　　邮　编：100084
　　　社 总 机：010-83470000　　　　　　　邮　购：010-62786544
　　　投稿与读者服务：010-62776969，c-service@tup.tsinghua.edu.cn
　　　质量反馈：010-62772015，zhiliang@tup.tsinghua.edu.cn
　　　课件下载：https://www.tup.com.cn，010-62791865
印 装 者：三河市东方印刷有限公司
经　　销：全国新华书店
开　　本：185mm×260mm　　印　张：16.75　　字　数：407 千字
版　　次：2007 年 5 月第 1 版　2023 年 8 月第 5 版　印　次：2025 年 2 月第 4 次印刷
定　　价：49.00 元

产品编号：099729-01

高等院校教材
教材编写委员会

主　任　杨小庆

副主任　黄　海

委　员　(排名不分先后)

蔡录昌	陈福明	陈光谊	陈静梅	陈思慧
陈兴焱	耿云巧	龚泗淇	郭凤安	胡习之
蒋红梅	刘玉平	刘天飞	麻友平	任春华
阮　航	舒晓楠	斯静亚	宋明玉	涂登宏
王艳玲	辛　菊	许德宽	颜　进	杨巧云
张晓丹	章启辉	朱世德		

前　　言

　　应用写作能力是必备的职场技能和职业素养，随着社会对具备相关能力的职业人才的需求越来越迫切，作为公共基础课的应用写作课程日益受到各级各类院校的重视，许多院校都开设了这门课程，许多专业甚至将其调整为专业基础课程，以提升学生的现代办公及管理等职业能力。本书以适应时代需求、突出实用、立德树人为原则不断进行完善，对于促进学习者写作水平和职业素养的提高有很强的引导作用。

　　近几年，高校应用写作这一课程具有了更广阔的市场和专业需求，教与学都出现了求知求新的趋势。为更好地服务学习写作者，编写组成员进行了广泛的社会调研，根据行业需要、岗位需求，并结合多年教育教学经验，对《现代应用文写作》(第4版)进行了全面修订，使该教材内容更具有针对性、实用性和思想性。本书在修订过程中，始终追求文种写作学习与实际工作需要的密切结合，职业技能培养与职业道德塑造共融通，使写作更好地服务于将来的工作需求，德技并修。

　　本书在修订过程中，结合编者对社会新需求的调查分析，在充分考量社会岗位对职业人才应用写作能力的需求和职业精神的锻造，以及学生实际需要的基础上，突出了应用文写作的实用性、技能性和审美性，充分体现出"三全育人"的教育理念，并兼顾创新。具体来讲，本书具有以下特色。

　　一是结合例文内容，强化价值引领。文以载道，文章是思想传播的载体，教材是价值引领的渠道。在编选例文时，注重选取中华传统美德和优秀文化艺术、革命文化和社会主义先进文化等相关内容的案例材料，使学习者在分析例文中自觉地感悟中华优秀传统文化内涵，汲取民族智慧，滋养心灵，涵育品行，传承民族精神和优秀文化基因，从而锤炼自己的意志品质，坚定自己的理想信念，自然而然地营造"炼技能、升素养、铸匠魂、担使命"的学习氛围，润物无声，育新人，兴文化将课程思政落到实处，提高"三全育人"成效。

　　例文的编选体现二十大报告精神，"全面贯彻党的教育方针，落实立德树人根本任务，培养德智体美劳全面发展的社会主义建设者和接班……"充分发挥教材的"育才引才"作用，"引导学习者爱党报国、敬业奉献、服务人民，胸怀天下、守正创新，有志气、骨气和底气，知难而进、迎难而上"，"深化爱国主义、集体主义、社会主义教育，着力培养担当民族复兴大任的时代新人"。

　　二是根据工作需要，突出实用原则。从写作目的看，应用写作就是为了解决现实中的实际问题，它直接服务于社会生活和工作。根据工作需要组合教学内容是本教材的一大特色。教材在内容的选取方面突出实用性，吐故纳新，大胆摒弃非行业常用文种和简单文种，突出日常使用频率较高的文种。本教材编入大量来自实际工作一线岗位的文种、案例、例文，使应用写作与职业岗位要求密切结合，具有很强的针对性。

　　三是适应教学特点，强化技能培养。本教材内容以岗位需求、工作需要为导向，以技能训练为本位，旨在培养写作者对常用应用文书的驾驭能力，解决日常生活和工作中的实际问题。根据实际需要，每个实用文种都有详细分类，以突出写作能力训练。本书选取多种类的例文，通过范文赏析、病文分析修改，既巩固了文种知识，又具有指导实践功用，对提高写作能力具有较强的促进作用。除例文外，本书每章后面还设置了大量修改纠错类题目和写作素材。以写作实训为主题，一方面提供典型性的病文，让学生通过"错中学"体会应用文应该怎样写，不应该怎样写；另一方面提供情境拟写训练，营造与行业相关的写作情境，让学生依据规范、借鉴例文撰写符合要求的应用文。

四是依据写作特色，注重例文分析。应用写作的文本格式和语体都有相对固定的要求，虽然根据时代发展也会有所调整，但不会有太快、太大的变化，这就决定了各文种例文在教材中的重要地位。本书编选的例文包括范文和病文两大类。范文突出了针对性、示范性和时代性，格式规范，结构合理，语言具有鲜明的事务语体特征，是仿写练习的好蓝本；结合病文，对写作中的常见问题进行了针对性剖析，对学习者有很强的指导作用。

五是以二维码形式，拓宽读者视野。为弥补纸质教材的局限性，突破图书篇幅的限制，本书以二维码的方式提供了丰富的学习资源，读者扫描二维码即可进行阅读，有利于读者有针对性地、自主地进行拓展学习。

本书编者均具有丰富的写作经验和一线教学经验，团队成员曾先后在全国应用写作核心期刊《应用写作》等杂志发表多篇写作方面的学术论文。主编耿云巧、康莉霞分别为"应用写作"省级精品课主持人和一线主讲教师，具有丰富的实践写作和企事业培训经验；其他编写人员也均担任应用写作教学工作，注重应用写作调查研究，为本书编写奠定了丰厚的实践基础。河北银保监局办公室原副主任高新利，为本书理论及实操环节提供了有力的指导；河北省委党校副校长孟庆云教授高屋建瓴，在中国特色社会主义理论进教材及课程思政方面给予了建设性意见。

全书具体编写分工为：康莉霞编写第一章，第四章第一、二、三、四、五节；赵君玉编写第二章第五、六节，第三章第一、二、四、五节(含习题)，第七章；刘义青编写第二章第六、七节，第五章与第六章；潘慧编写第二章第一、二、三、四、五节；燕惠倩编写第三章第六、七节，第四章第六节及第八章；附录由耿云巧、康莉霞整理；全书由耿云巧、康莉霞统稿。耿云巧、孟庆云主审。

本书得以第五次修订再版，除了感谢喜爱本书的高校师生、社会各界读者外，还要衷心地感谢应用写作界同人。本书在修订过程中，参考了应用文写作方面的书籍，引用了政府部门制发的部分公文，还借鉴了互联网上的一些资料，在此，谨对相关作者表达诚挚的谢意！感谢石家庄海川工具有限公司、河北点点传媒有限公司等各调研单位一线相关专家领导的帮助和指导！同时，对清华大学出版社的编辑们再次表示衷心的感谢！

本书编写中难免会存在一些不足，恳请各位专家、读者批评指正，以便及时修正，不断完善！

编　者

目　　录

习题案例答案及
课件获取方式

第一章　应用写作基础知识 1
　第一节　应用写作概述 1
　　一、应用写作的沿革及含义 1
　　二、应用写作的特点 4
　第二节　应用写作的主旨与材料 5
　　一、应用写作的主旨 5
　　二、应用写作的材料 8
　第三节　应用写作的结构和语言 9
　　一、应用写作的结构 9
　　二、应用写作的语言 12
　本章小结 15
　综合练习 16

第二章　公文写作 19
　第一节　党政机关公文概述 19
　　一、党政机关公文的概念及种类 19
　　二、党政机关公文的特点及作用 21
　　三、党政机关公文的书面格式 22
　　四、党政机关公文的特定格式 26
　　五、党政机关公文的印装格式 27
　　六、党政机关公文的行文规则 28
　第二节　通知 30
　　一、通知的含义 30
　　二、通知的特点 30
　　三、通知的分类及写作 30
　第三节　通报 39
　　一、通报的含义 39
　　二、通报的种类和作用 39
　　三、通报的写作 39
　　四、撰写通报应注意的问题 41
　第四节　请示 43
　　一、请示的概念和适用范围 43
　　二、请示的特点及种类 43
　　三、请示的结构和写法 44

　　四、撰写请示应注意的问题 45
　第五节　报告 47
　　一、报告的概念和种类 47
　　二、报告的特点 48
　　三、报告的结构、内容和写法 48
　　四、报告和请示的区别 50
　　五、报告的写作要求 51
　第六节　函 56
　　一、函的含义 56
　　二、函的特点 56
　　三、函的分类 56
　　四、函的写作 57
　　五、函的写作要求 58
　　六、信函式格式的使用 58
　第七节　纪要 62
　本章小结 62
　综合练习 63

第三章　事务文书 71
　第一节　计划 71
　　一、计划的作用 71
　　二、计划的特点 71
　　三、计划的种类 72
　　四、计划的写法 72
　　五、计划的写作要求 74
　第二节　策划书 79
　　一、策划书的含义 79
　　二、策划的作用 79
　　三、策划书的种类 80
　　四、策划书的写法 80
　　五、策划书的写作要求 81
　　六、策划书写作时应注意的问题 82
　第三节　总结 83
　　一、总结的含义及作用 83
　　二、总结的特点 83

　　三、总结的分类 84
　　四、总结的写法 84
　　五、总结的写作要求 87
　　六、总结与计划的区别和联系 87
第四节　述职报告 90
　　一、述职报告的概念和特点 90
　　二、述职报告的种类 90
　　三、述职报告的写法 90
　　四、述职报告的写作要求 91
　　五、述职报告和工作总结的区别 92
第五节　调查报告 92
　　一、调查报告的含义和特点 92
　　二、调查报告的种类 93
　　三、调查研究的方法 94
　　四、调查报告的写法 95
第六节　简报 98
第七节　会议记录 98
本章小结 99
综合练习 99

第四章　日常文书 103

第一节　书信类文书 103
　　一、申请书 103
　　二、倡议书 106
　　三、慰问信 108
　　四、贺信 110
　　五、感谢信 112
　　六、致歉信 114
　　七、介绍信 115
　　八、证明信 118
第二节　致辞类文书 120
　　一、开(闭)幕词 120
　　二、欢迎(送)词 125
　　三、答谢词 128
　　四、祝词 129
第三节　求职文书 132
　　一、求职文书的概念和特点 132
　　二、求职文书的写法 132
　　三、求职文书的写作要求 134

第四节　条据类文书 138
　　一、条据的概念和种类 138
　　二、条据的特点 138
　　三、条据的结构和写法 139
　　四、条据的写作要求 139
第五节　宣告类文书 142
　　一、启事 142
　　二、声明 145
　　三、海报 147
第六节　演讲稿 151
　　一、演讲稿的概念 151
　　二、演讲稿的特点 151
　　三、演讲稿的主要作用 151
　　四、演讲稿的种类 152
　　五、演讲稿的结构与写作 152
　　六、演讲稿的写作要求 156
本章小结 157
综合练习 157

第五章　规章制度 161

第一节　规章制度概述 161
　　一、规章制度的概念 161
　　二、规章制度的作用 161
　　三、规章制度的分类 161
　　四、规章制度的特点 163
第二节　规章制度的写作 164
　　一、规章制度的写法 164
　　二、规章制度的写作要求 165
本章小结 171
综合练习 171

第六章　经济文书 173

第一节　经济合同 173
　　一、合同的概念 173
　　二、合同的作用 173
　　三、合同的特点 174
　　四、合同的种类 174
　　五、合同的条款 175
　　六、合同的结构和写法 176

　　七、撰写经济合同应注意的问题...... 177
第二节　意向书与协议书...... 179
　　一、意向书...... 179
　　二、协议书...... 182
第三节　经济活动分析报告...... 183
　　一、经济活动分析报告的概念和
　　　　特点...... 183
　　二、经济活动分析报告的分类...... 184
　　三、经济活动分析报告的作用...... 185
　　四、经济活动分析报告的结构与
　　　　写法...... 185
　　五、经济活动分析报告与其他相似
　　　　文体的比较...... 186
　　六、经济活动分析报告的写作
　　　　要求...... 187
第四节　经济预测报告...... 187
　　一、经济预测报告的概念...... 188
　　二、经济预测报告的特点和种类...... 188
　　三、经济预测报告的结构和内容...... 189
　　四、经济预测报告的写作要求...... 191
第五节　招标书...... 191
第六节　投标书...... 192
本章小结...... 192
综合练习...... 192

第七章　传播文书...... 196

第一节　商业广告文案...... 196
　　一、商业广告及商业广告文案
　　　　概述...... 196
　　二、商业广告文案的特点...... 197
　　三、商业广告文案的类型...... 197
　　四、商业广告文案的创意...... 199
　　五、商业广告文案的结构和写法...... 199
　　六、商业广告文案的写作要求...... 202
第二节　产品说明书...... 212
　　一、产品说明书的概念...... 212

　　二、产品说明书的特点...... 212
　　三、产品说明书的主要功用...... 213
　　四、产品说明书的写作...... 213
　　五、产品说明书的写作要求...... 215
第三节　旅游文稿...... 220
　　一、旅游景点说明书...... 220
　　二、导游词...... 224
第四节　新闻写作...... 227
　　一、新闻的概念...... 227
　　二、新闻的特点...... 228
　　三、新闻的主要功用...... 228
　　四、新闻稿的写作...... 230
　　五、新闻的写作要求...... 237
本章小结...... 241
综合练习...... 241

第八章　毕业文书...... 244

第一节　毕业论文...... 244
　　一、毕业论文的概念...... 244
　　二、毕业论文的特点...... 244
　　三、毕业论文的主要功用...... 245
　　四、毕业论文的分类...... 245
　　五、毕业论文的结构和写作...... 245
　　六、毕业论文的写作步骤...... 247
　　七、开题报告...... 250
　　八、毕业论文的写作要求...... 252
第二节　实习报告...... 252
　　一、实习报告的概念...... 252
　　二、实习报告的资料搜集...... 252
　　三、实习报告的结构与写作...... 253
　　四、实习报告的写作要求...... 254
本章小结...... 255
综合练习...... 255

附录...... 256

参考文献...... 257

第一章 应用写作基础知识

第一章 应用写作基础【教案】

学习目标：

- 了解应用写作的含义、特点。
- 掌握应用文的主旨、材料、结构、语言等方面的要求，为应用文的写作打好基础。

第一节 应用写作概述

一、应用写作的沿革及含义

写作是人类生存中的重要活动之一，人们的工作和生活离不开写作，尤其是应用写作。可以说自从出现文字后，人类社会就出现了应用写作。

这里所说的应用写作的沿革就是指应用文的沿革，即应用文产生、发展、变迁的过程。

"应用文"一词，最早见于宋代张侃的《拙轩集跋陈后山再任教官谢启》一文："骈四俪六，特应用文耳。"而正式提出"应用文"这一名称的，则是清代学者刘熙载，其在《艺概·文概》中指出："辞命体，推之即可为一切应用之文。应用文有上行，有平行，有下行。重其辞乃所以重其实也。"但应用文实际应用的历史却更为悠久，只是历代名称不同而已。早在殷周时期，刻在甲骨上用于占卜的应用文叫作"卜辞"；我国最早的文章总集《尚书》中收录了许多应用文书，如主要记载当时典章制度的"典"，记载帝王任命官员赏赐诸侯的"命"以及记录教诲训导的"训""诰"等；春秋时期用于外籍方面的"辞""辞命"。这些和现代的命令、指示、公告、通告等，都有一些相似之处。

秦代应用文得到了充分的发展，秦始皇统一了文字和度量衡，实行车同轨、书同文措施，规范了"抬头""用印"等制度，这标志着公文在当时已经相当成熟。汉代沿袭了秦代的体制，书、议策、论、诏、制、奏、表等基本固定了下行文和上行文的区分，同时，在表达和结构上也有了一些相对固定的格式。三国时期，曹操父子对应用文的发展作出了重大贡献。魏晋时的令、书、颂、笺被称为"文书""文案"等。唐宋时期随着国家在政治、经济、文化上的发展，应用文的写作也较为成熟起来。图籍表册、碑碣志铭、法律条例等都是应用文，仅《宋大诏令集》就收录了3700余篇应用文。

"公文"一词，最早出现在东汉末年。元、明、清时期应用文稳定发展，趋于定型。私人书信在这一时期得到较大发展，这其中对应用文研究值得一提的是刘熙载的《艺概·文概》。"文件"一词，大约在清末才出现，当时在外交文书中总提到"寻常往来文件""交涉文件"等。辛亥革命以后，应用文从古体到今体发生了巨大的变革。1912年1月成立的中华民国临时政府，其第2号政府公报就公布了公文程式，开始对封建文书及其制度实行重大变革，确立了新的公文体式，从而揭开了中国文书史上新的一页。1921年，中国共产党成立后，便有了自己的公文要求。1931年，瞿秋白同志代表中央起草了《公文

处理办法》；1942年颁布了《陕甘宁边区新公文程式》，规定了公文种类、行文关系和有关制度，推进了公文的改革。1951年颁布了《公文处理暂行办法》，对公文的草拟、格式、处理程序等作了统一规定；此后又发布了一系列文件，使我国公文走上了规范化道路。1981年2月27日，国务院颁布了《国家行政机关公文处理暂行办法》，1993年又对其进行了修订；2000年8月24日，国务院发布了《国家行政机关公文处理办法》，并于2001年1月1日起正式实施；2012年4月16日，中共中央办公厅和国务院办公厅联合发布了新的《党政机关公文处理工作条例》，规定《条例》自2012年7月1日起施行，同时停止执行1996年5月3日中共中央办公厅发布的《中国共产党机关公文处理条例》和2000年8月24日国务院发布的《国家行政机关公文处理办法》。

应用文的文种应社会需要而生。普遍应用于现代社会生活各个领域的应用文(公务文书、事务文书、礼仪文书、经济文书和司法文书等)，在不同历史时期管理社会事务及实现社会、政治、生活目标的活动中作为必不可少的工具，发挥着极其重要的作用。三国时期的曹丕在《典论·论文》中说道："盖文章，经国之大业，不朽之盛事。"他意识到并且肯定了文章在国家政治生活中的作用，不过比较笼统，并不是就某一文体而言。刘勰在《文心雕龙·书记》中讲到应用文时就比较具体了。首先，他肯定了"书记"——"所以记时事也"，即应用文是社会生活的记录；肯定了应用文与国家政治、军事、文化、经济活动的关系。其次，关于应用文的意义与作用，《文心雕龙·书记》中这样描述："虽艺文之末品，而政事之先务""庶务纷纭，因书乃察""并有司之实务，而浮藻之所忽也"。由于内容不同，形式不同，应用文当然不能与经史诗文相提并论，因此说它属于"末品"，但这并无贬低之意，只是指出二者在社会作用上的差别；说它是"先务"，实属特别肯定之词。繁忙的政务活动中，应用文作为管理工作的一部分，其意义确实是很重要的。因为"庶务纷纭，因书乃察"，一切都要通过书写、记录记载下来，才能搞得清楚。同时，应用文也是各级主管部门扎扎实实的工作，即"有司之实务"。这充分肯定了应用文在管理工作中的重要性。

应用写作学，是研究应用写作方法和规律的一门实用性写作学科。它是写作学的一个重要分支学科，主要研究应用文写作的特点、规律、过程和技法等基本理论。应用写作是一门综合性、实践性极强的基础课、能力课，同时也是一种行为过程，是以写作应用文为目的而进行的实践活动。为了更准确地理解应用写作的含义，首先需要对"应用文"这一概念进行界定。

1999年上海辞书出版社出版的《辞海》对应用文作了如下解释：应用文指人们在日常生活、工作和学习中所应用的简易通俗文字，一般有固定的格式，包括书信、公文、契约、单据等。这个定义虽然简明，但把应用文归结为"简易通俗文字"似乎不尽完善，因为有些应用文并不"简易通俗"。

有的研究者把应用文概括为：应用文是国家机关、企事业单位、社会团体、人民群众在工作、学习和日常生活中处理公私事务时所使用的、形式较为固定的、具有直接应用价值的文章。

《党政机关公文处理工作条例》对公文的定义为：党政机关公文是党政机关实施领导、履行职能、处理公务的具有特定效力和规范体式的文书，是传达贯彻党和国家方针政策，公布法规和规章，指导、布置和商洽工作，请示和答复问题，报告、通报和交流情况

第一章 应用写作基础知识

等的重要工具。公文在应用文中占有重要地位，所以研究者认为，"应用文"的含义依照公文的定义加以确定才比较完善。那么，应用文的定义应为：应用文是国家行政机关、企事业单位、社会团体以及人民群众在行政管理、社会交往与活动过程中形成的具有社会法定效力和规范体式的文书，是依法行政和进行公务活动与社会活动的一种重要工具。

因社会职能的不同，各类文章的作用也不尽相同，如文学作品具有认识、教育、审美等作用。应用文的作用主要表现在以下几个方面：一是宣传指导，宣传贯彻党和国家的路线、方针、政策及法规，统一认识，协调行动，确保各项事业健康发展；二是交流通报社会信息，总结实践经验，传播科技文化知识，指导和推动工作与生产；三是加强思想沟通，营造和谐有序的工作、学习和生活环境；四是保存科技、文化、历史资料，为未来的各项事业提供可资借鉴的信息。

由此可知，应用文是人们相互交往、传递信息、表达思想、解决问题、指导实践的工具，同时，它也是应用写作实践活动的产品，是应用写作四个基本要素(写作主体即作者、写作载体即文本、写作客体即所反映的客观事物、写作受体即接受和作用的对象)之一，即应用写作的载体。学习应用写作时必须全面掌握这四个要素，才能使之构成一个完整的、有机的系统，从而达到写作的目的，体现出应用文的价值。本书着重就写作客体和写作载体两方面，较全面地阐述应用写作主体应具备的条件准备及写作载体所具有的内涵、特征和外在表现形式。

应用写作的主体——作者，包括群体作者、个人作者、法定作者和代言作者。

群体作者是指两个及两个以上作者基于某种需要，共同研究写作意图、进行调查研究，经过商讨共同完成写作任务的一种作者类型。一些较为复杂的写作任务经常由几个人合作完成即为群体作者，如调查报告。

个人作者是指从写作意图的确立到完成文章都是一个人，是由个人独立完成的作者类型。一些日常应用文和私务文书的作者都是个人作者，如个人计划、个人总结、信函、日记等。

法定作者是指写作主体是依法成立并具有法人资格的组织，主要指党政公文和专用文书中一些文体的作者。法定作者必须是以法定的名义发出，并能行使相应权利和承担相应义务的机关和法人代表。法定作者是指公文的署名者，不一定是撰写文稿者。

代言作者是指以撰稿者的身份参与写作活动，与被代言者有两种关系：一是被代言人指定代言人以助手身份参与写作，成文署被代言人的姓名，如秘书为领导写发言稿；二是代言人以执笔服务者的身份帮他人完成写作任务，根据服务对象的要求，记录"作者"口述内容，如代写书信、起诉状等。

应用写作的受体——读者，按身份可分为法定读者、普通读者和专业读者；按接受状态可分为指定性读者(如公文的读者)和指向性读者(如通告和公告的读者)。

写作客体和写作载体的具体要求在以后的文种学习中会详细讲解，这里不作具体介绍。

随着社会的不断进步和科学文化的迅速发展，社会事务日益多样，社会关系日益复杂，处理程序日益规范，应用文的使用范围也日益广泛。无论社会各级各类组织还是个人，在处理公务或私事时均离不开应用文。在这种形势下，仅靠专职的秘书人员进行应用写作已不大实际，社会各界、各级、各类人员势必成为应用写作的主体。由此，应用写作能力也成了衡量人们文字能力水平的一个方面。对于在校大学生来说，掌握一些应用写作知识，能撰写生活、学习、工作中常用的一些应用文是十分必要的。教育家叶圣陶说过："大学毕业生不一定会写小说、诗歌，但是一定要会写工作和生活中实用的文章，而且非写得既通顺又扎实不可。"为此，许多高校已将应用写作作为一门必修课开设，以培养和提高大学生应用写作的能力。

二、应用写作的特点

要学好应用写作，首先要掌握应用写作的特点，这有利于按其特点把握思维方式、写作目的、表述方式等，提高写作水平。应用写作的特点如下。

(一)实用性

从广义上说，所有文章都是对现实的反映，有一定的现实性，这其中自然也包括文学作品。但应用文的实用性更强烈、更直接。实用性是应用文最主要的特征。

从写作目的来看，应用写作就是为了解决现实中的实际问题，实用性是应用写作最重要、最根本的特点。人们重视应用写作，社会需要应用写作，都是因为它直接为社会生活服务，具有实际的使用价值。如写请示是为了向上级请求帮助，写广告是为了向公众宣传商品或服务等。可以说，失去了实用性，应用写作就失去了其自身存在的价值。

写作目的的实用性决定了写作内容的实用性和具体性。应用写作的目的是反映并指导社会实践，这就要求应用写作必须从客观实际出发，利用真实的材料，揭示事物的本质规律。它不允许夸张，更不允许虚构。只有这样，才能达到写作目的。

应用文的实用性有时在很大程度上取决于它的表现形式。也就是说，目的、内容虽然是实用的，但是如果不是采用应用文法定和惯用的表现形式，也可能使文章的性质发生变化。

应用文的实用性集中体现在与具体工作、事务相联系的事务性上。刘勰以"虽艺文之末品，而政事之先务"来概括应用文的特点和地位，是比较恰当的。目的明确、内容真实、形式得体，是应用文实用性的精髓。

(二)时效性

应用写作的时效性，一是体现在写作的及时性上。这一点与文学创作不同，文学创作可以"十年磨一剑"，而应用写作要求在一定的时限内完成，延误时间就失去了写作的意义，甚至会贻误工作，造成严重后果。二是体现在作用时间的有限性上。应用写作的成果只在一定时间内产生直接效用，写作目的实现以后，其直接效用就随之消失，文本的作用发生转化，成为一定时限内的档案资料。

应用写作的目的是解决现实中存在的问题，是办事的依据。一般要求在特定时间内处理特定的问题，时效性极强，行文不及时，将会丧失其实用价值。特别是在社会快速发展的今天，应用写作更应做到及时、准时和高效，这是进一步提高办事效率不可或缺的重要前提之一。

(三)程式性

应用写作的程式性主要指文本形式和语体都有相对固定的要求,有大体相同或近似的结构布局,有惯用的句式和规范化词语等。应用写作的这一特点是由其实用性所决定的。

应用文种类繁多,但无论哪一类应用文种的写作,在其发生、发展过程中,都会逐渐形成程式化的特点。这些特点有的是在实践中人们约定俗成的,如一些事务性文书;有的则是国家统一规定、统一贯彻执行的,如公文。其根本目的是便于写作主体与受体的写作、理解和处理。为了便于理解、便于处理、提高效率,每一文种无论在实际使用中内容如何不同,格式却不能有所变化。写作者切不可随心所欲、标新立异,否则会造成混乱,不利于工作。当然,随着时代的发展,应用写作的程式也会有所调整,但不会有太快、太大的变化。

(四)简明性

简明性是指应用文在内容表达和语言使用方面力求简洁明确的特点。内容简明,是指主旨要单一、观点要鲜明、材料要典型;语言简明,是指所用文字要准确简洁、平易朴实。应用写作的简明性也是由其实用性所决定的,因为应用写作要及时地发挥直接效用,文章越简明,受体就越容易把握,就不容易出理解及处理上的差错,从而提高办事效率。

另外,有的应用文还具有较强的权威性、行文的定向性等特征。

第二节 应用写作的主旨与材料

一、应用写作的主旨

主旨、材料、结构和语言是应用文文本的构成要素。主旨在应用写作中具有极为重要的意义,它决定着一个应用写作文本的基本内容和表现形式。

(一)主旨的含义

应用写作和人类的社会生产活动及其生活紧密相连。人们写作应用文是为了解决生活和工作中遇到的实际问题。如经济贸易要签订意向书或合同,丢失物品要写寻物启事或声明,召开会议要写会议通知等。这些都表明应用文的写作具有明确的目的性,或阐明作者的主张、观点、意图,或下达指示、传达政策、通知事项,或传递信息、交流情况、总结经验。应用文中的这种目的性的成分就是主旨。

对于主旨的叫法,历来不一,有的把"主旨"称为"主题",有的称为"主脑",有的称为"意旨",但要点相同。"主题"主要指文学作品或其他艺术作品的中心思想或思想倾向。"主脑"一词是明末清初李渔在《闲情偶记》中提出的:"古人作文一篇,定有一篇之主脑。主脑非他,即作者立言之本意也。"清人刘熙载的《艺概·经义概》中也认同"主脑"说。"意旨"一词更多地见于古代文论,有时也被称为"意"或"旨","意"一般指思想内容,"旨"指作品中心意义。我们认为,应用文是人类社会有序生

活、工作的一个部分，"旨"更能体现有序管理的意义，尤其体现于行政事务公文中，所以把应用文的基本思想、观点称为"主旨"更合适。简言之，应用文的主旨就是作者通过全篇内容表达出来的贯穿全文的写作意图、观点和公务活动的行为意向。它是客观的社会生活与主体的主观思想和意图相结合的产物，应该反映主体对客观事物的认识，表达主体希望借助应用文这一实用工具，实现特定的社会功利目的的明确意图。

在应用文的撰写中，主旨的确立视内容多少而定，有的单一，有的复杂。从实际情况看，主旨大致分为以下三种类型。

(1) 意图型。表明一种意图、目的、意向。此种意向单一，一阅便知，如启事、请示、合同等。

(2) 信息型。文中只对信息作出客观说明，并不渗透作者的主观态度和观点，如简报、情况通报、请柬、解说词等。

(3) 思想型。主旨带有鲜明的倾向性，表现为对人、对事的态度，主要体现对公务的处理有鲜明的观点、意见、措施等。如公文中的下行文均带有思想性。

三种类型有时在某一文种中都有不同程度的体现，彼此的界限和对应性不是十分清楚。如通知，往往既带有某种思想，又包含某些信息，还渗透一定的意图。

(二)主旨的确立

主旨的确立是应用写作的重要步骤，材料的选择、结构的安排、语言的运用都有赖于主旨的确立。在具体的写作中，应确保主旨正确、集中、鲜明、深刻。

1. 主旨正确

主旨正确是撰写应用文的基本要求。应用写作的政治性、政策性很强，文中的基本观点必须与党和国家的政策法规保持一致，任何地区、部门或个人都不能违背政策法规、自行其是、另搞一套，这样会破坏社会、国家整体目标的实现。

解决社会生活中的实际问题是应用写作的目的。应用文的主旨应符合客观实际，反映客观事物的本质规律。因此，应用文主旨的确立必须根据实际情况，尊重客观规律，不能主观臆断，凭空想象，更不能隐瞒真相，歪曲事实。

另外，还要注意主旨的可操作性。可操作性是应用文实用性的基本要求，应用文主旨的确立应充分考虑操作的可行性，注重实际效果，在符合政策法规、客观实际的条件下，开动脑筋，审时度势，从实践的可行性出发，创造性地提出解决问题的方案；否则，应用写作就会失去其功用和价值。

2. 主旨集中

主旨集中是指一篇应用文最好表达一个主旨，重点突出。写作要围绕一个中心把问题说清、说透，避免文中出现与中心联系不紧密甚至无关的材料。在某些应用文中，主旨的单一性甚至已经成为法定的规范，具有法定的约束力。如《党政机关公文处理工作条例》明确规定请示只能表达一个主旨，且必须遵守"一文一事"原则。有些文种虽然没有这样的法定规范，但同样有单一、集中的要求。一篇应用文一般只表达一个思想，提出和解决一个问题，沟通或反映一种情况，一般不得表达两个或两个以上的主旨。

3. 主旨鲜明

主旨鲜明是指应用文的观点必须明确。写作的主旨应该直截了当，赞成什么、否定什么，态度必须鲜明。表述不可模棱两可、含糊其词，而应清楚明白，以利于理解和执行。

4. 主旨深刻

主旨深刻是指应用写作要求揭示事物本质及其内在规律，提出有利于发展的、有创见性的见解和主张。如撰写调查报告，要通过调查，获取大量材料；通过分析，从中找出揭示事物本质规律的结论，提出创造性的意见、建议和办法，以指导实践。

应用写作的主旨是否正确、集中、明确和深刻，与写作主体的综合素质有关，绝不仅仅是应用写作文字功力的问题。因此，写作主体需要全面提高综合素质，才能立好应用写作之"旨"。

确立主旨，也称为"立意"。立意的主要依据有两点：一是以写作目的为立意的依据。就通常情况看，一些应用文书不用作者刻意提炼主旨，文书本身就是一种较为成熟的认识或决策，这时，写作目的就会成为应用文书的主旨。这个目的大多体现为机关领导的工作布置、上级文件规定等，这时作者无自我可言，上级的指示精神就是他立意的依据。以写作目的为立意依据主要体现在公文写作上。二是以材料本身的意义为立意的依据。这需要作者对事实材料进行分析研究，得出正确的结论，然后确定文章的主旨。总结报告类、消息通信等往往根据这种立意依据确立主旨。

(三) 主旨的表现形式

主旨的表现形式因文而异，应用文的主旨表现形式归结起来主要有以下几种。

1. 标题明旨

在标题中直接概括出主旨，以简洁、明快的语言把文章的主旨告诉读者，不仅使读者一目了然，而且可以起到高度概括全文的作用。这种写法在党政公文、新闻写作中应用普遍。如《关于表彰刘××见义勇为的决定》，这个决定(党政公文)就采用了标题明旨的形式，体现了公文的主旨。

2. 开头明旨

在文章的开头部分明确行文的目的及主要内容。这种开门见山提出主旨的做法简便易行，写作时可根据所要解决的问题和材料特点恰当地使用。在文章的开头明确主旨，可以起到统领全文的作用。

3. 文中明旨

在文章主体部分直接或间接地表达主旨。行文中直接显示主旨，往往会通过文中的小标题来体现。这种表现形式不仅使文章主旨鲜明突出，而且使文章显得层次清楚、条理分明，从而便于读者理解。一般篇幅较长、内容较复杂的应用文经常使用这种形式，如报告类、总结类应用文。行文中间接显示主旨，即将主旨融合于字里行间，它需要读者通读全篇并加以概括。这种显示主旨的形式一般应用于篇幅短小的文种中。

4. 篇末点旨

在文章的结尾处以简洁的语言点明或强调文章的主旨。结尾点题，能加深读者的印象，提高办事的效率。公务文书大多使用这种方式结尾。

对于以上表现主旨的形式，写作者在使用时应根据实际情况合理选择，既可以单独使用，也可以综合使用。

二、应用写作的材料

应用文的内容是由主旨和材料组成的，材料是为写作而搜集准备的、具有一定价值和意义的资料。

(一)材料的含义

应用文的材料是指作者为完成写作，体现写作意图和目的，从现实生活和文献资料中选取、使用的一系列事实根据和理论根据。所谓"事实根据和理论根据"，包括事件、现象或数据、理论依据、公认的原则、科学公理等。平时有意识采撷和积累而未写入文章中的材料，称之为原始素材；可以为写作服务的相关政策、文书档案、报刊图书等，称之为文献资料。

应用文的材料和主旨是紧密相连的。如果说主旨是文章的灵魂，那么材料就是文章的血肉。主旨是写作的灵魂，是材料的统帅；材料是主旨赖以存在的依托，主旨依靠材料加以说明和支撑，主旨和材料必须统一。

(二)材料的搜集和鉴别

丰富且充分的材料有助于达到认识的深度和广度。所以，搜集材料要"博""透""细"。搜集的材料从不同角度可分为直接材料和间接材料、历史材料和现实材料、正面材料和反面材料、具体材料和概括材料、事实材料和理论材料等。

材料可以通过观察体验、调查研究获取，也可以通过查阅资料获得。

(1) 观察体验。观察体验是搜集材料的重要途径之一，通过自身的观察体验，获取大量第一手材料，是写好应用文的基础和前提，因此必须做到勤于观察、善于体验，只有不断获取丰富的材料来充实自己的"材料仓库"，才能在写作时信手拈来、游刃有余。

(2) 调查研究。调查研究是带有特定意图的定向观察，是有准备地获取材料的方法。它根据调查的目的，对调查对象作深入细致的全面了解，对搜集的材料进行分析研究，从中找出本质性、规律性的结论。因此，调查是搜集、积累、整理材料的过程，可为写作打下扎实的基础。

(3) 查阅资料。通过观察体验、调查研究获取大量第一手材料固然重要，但我们不可能事事都亲自去调查研究，因此查阅资料就显得十分必要。查阅资料可以突破时空限制，利用他人成果。但一定要保证资料的真实可靠性，对查阅的资料要进行审核，确保无误并注明出处。

获得材料后的一个重要环节就是对材料进行鉴别。鉴别就是对材料进行整理和分析的过程。首先对各种材料进行分类，以利于分析使用。如理论材料和事实材料有不同的用

途，原始材料和行文后的反馈信息反映了不同阶段的工作情况，对这些材料的合理分类往往意味着对材料内容及性质的准确定位与把握。材料的分析实际上贯穿着材料选择和使用的全过程。如考察材料的真伪，抓住事物本质和问题要害，都需要对材料进行进一步的综合和分析。综合和分析是一个互相衔接、互相包容的过程。分析的目的是综合，综合的基础又在于分析。而整个材料的价值和意义，就是通过分析与综合显现出来的。

(三)材料的选择和使用

在搜集材料方面，我们提倡多多益善，"以十当一"，以多为佳；但在选择使用时要求"以一当十"，以精为上。在应用写作中，一要围绕主旨选择材料。根据主旨的需要决定材料的数量、类别和详略。材料反映出来的意义与主旨的意图、目的必须一致，这是应用写作的基本要求。如果材料与主旨关系不紧密，就会跑题，出现"下笔千言，离题万里"的情况，这是选材时要特别注意的。二要材料真实准确。应用文的材料真实，与文学作品不同。文学作品允许虚构内容，可以进行艺术加工，只要符合艺术真实即可。而应用文则不同，"真实"即必须符合客观事物的原貌和实际情况，不能夸大或缩小，更不能杜撰；"准确"即确凿无疑，无论记人记事，还是使用地名和数据以及引文，都要认真核对，做到准确无误，要防止张冠李戴、添枝加叶、马虎大意。三要选择典型材料。材料要具有广泛的代表性和强大的说服力，才能称其为典型材料。文中使用的事例、数据等材料不在多，而在精，要能"以一当十"。这就要求注意选用那些最具分量、最具代表性、最能说明问题、最能揭示事物本质的材料。只有典型的材料，才能提炼出深刻的主旨；否则，文章就会平淡无奇。四要选择新颖的材料。所谓新颖，可以是新近发生的事件，也可以是新近发现的事件，还可以是变换视角从老材料中挖掘出的新内涵。选材时应考虑材料的新颖程度，如新人、新事、新气象、新数据、新成果、新问题及新做法等。新颖的材料，具有新鲜性和感染力，能够增加文章的可读性。

在应用文书的写作中，材料的使用应该注意以下两点。

一是合理安排材料的顺序。对于材料使用的先后，一般应遵循以下标准：或是按照时间的先后，或是依据材料的重要程度，或是照顾事件之间的逻辑关系，或是依照说理顺序，或是考虑行文目的等，总的原则是易于被读者接受。

二是合理安排材料的详略。写入文章的材料大多不能按材料的原来面貌去表现，可按以下要求来安排：一是要根据主旨表达的需要进行处理。对表现主旨的骨干材料要详，对普通材料要略；对典型材料要详，对一般材料要略，所有材料都要服从主旨需要。二是要根据文体特点进行加工。不同的文书具有不同的特点，公文的特点在于直言，故说明部分详写，叙述、议论从略；总结报告类文书以"事"显理，故叙述部分详写，议论说明从略；论文以"理"服人，故说理议论部分为详。这就是对材料"量"(详略)的控制。

第三节 应用写作的结构和语言

一、应用写作的结构

"结构"一词，原为建筑学术语，是指建筑物的骨架或内部构造，后借指文章的组织结构,又称"谋篇布局"。结构是文章内部的组织和构造,是文章内容的重要表现形式,是作者思路在文章中的具体体现。文章结构布局体现在两个方面:一是内在联系,即材料与观点、部分与整体之间的条理和脉络;二是外部形式,即标题、开头、主体、结尾、段落等外在要素的安排。写作中,内容决定形式,形式又为内容服务,二者相辅相成,浑然一体。在写作中,文章正文部分的组织和构造,包括开头与结尾、段落与层次、过渡和照应。

应用文文本的结构通常由标题、正文、落款组成。正文通常分为开头、主体、结尾三大部分,各部分又根据内容表达的需要划分段落与层次,各部分之间有过渡与照应,从而形成一个严密、完整的结构体系。这里仅就应用文正文部分的结构内容作相关介绍。

(一)开头与结尾

1. 开头

应用写作"起要平直",即开头要开门见山,不要转弯抹角。归纳起来,应用写作的开头包括以下几种方式。

(1) 表明行文目的。开头写明某项活动或举措的背景、意义,表明行文目的。文本起始处常使用"为了""为"等词语。规章制度、合同、经济报告、计划、通知等文种经常使用这种方式。

(2) 援引行文依据。开头援引有关法律法规、上级指示精神或有关单位来文,说明行文目的。文本起始处常用"根据""按照"等词语。批复、函、通告等文种经常使用这种方式。

(3) 概述基本情况。概述式是应用写作中较为常见的一种开头方式,文本起始处直接写出基本情况、基本问题或工作的大致进程及结论,为正文的展开打下基础。报告(调查报告、市场调查报告、可行性分析报告等)、总结等文种经常使用这种方式。

另外,应用写作还可以提出问题的方式作为开头,进而展开思考,对问题进行解答。这种方式常见于调查报告、消息通信等。有的文种没有单独的开头,如转发、印发类通知。

应用写作中,开头的写作方式是灵活多样的,不一定局限于以上某一种,可以是两种甚至更多方式的结合。这种复合式的开头方式在应用写作中的应用较为广泛,既可写明写作目的,又可指出写作根据,还可以对当前情况作简要叙述。

2. 结尾

结尾是文章正文主干部分的自然延伸和归结,是对全文的收束,起强化主题、完成任务的作用。俗话说"编筐编篓,重在收口",可见最后一道工序的重要性。应用文的结尾从形式上看主要有固定结尾和自然结尾两种。所谓固定结尾,是针对那些具有固定格式(包括法定格式和习惯格式)的应用文章,它必须按照规定格式写作。如请示的结尾,必须作出请求上级对具体问题或实际困难予以批复的意思表示:"当否,请批示。"所谓自然结尾,则是根据主旨和内容表达的需要,自然作结,有话则长,无话则短,意尽言止。

应用文的结尾方式主要有以下几种。

(1) 概括总结式。在前文展开论述的基础上,概括总结全文的基本观点,收篇点题,以加深读者对文章主旨的理解。这种方式常用于篇幅较长、材料较多的文章,如重要的会议报告、典型先进事迹报告、综合性经济调查等。

(2) 强调要求式。为引起受文者的重视，便于贯彻执行，故而在结尾中进行强调、要求。这种结尾方式多用于公文中的下行文，如批复、指示、会议纪要、通报、通告等，以向下级传达精神、布置工作、提出执行要求结束全文，常见用语有"以上各点，希遵照办理""望认真执行"等。

(3) 祈望请求式。这种结尾以向上级或相关部门提出有针对性的请求结束全文，常用于上行文，如请示、报告，也见于联系、商洽工作的函件等，常见用语有"请批复""当否，请指示""请予接洽"等。

(4) 倡议展望式。这种结尾使用概括性的语言表达良好的祝愿，或表示对今后工作的信心和努力方向，写作语言具有一定的鼓动性，以唤起读者的热情，达到行文目的，常用于工作总结、会议报告、讲话稿、慰问信、倡议书等文种。

(5) 交代说明式。这种结尾方式常用来对与主题内容相关但性质不同的问题或事项作补充交代、说明，以保证行文的完整性。如公文类、制度类文书结尾交代施行日期、执行范围、传达对象，以及说明与该文规定不符的原有规定如何处置等。

此外，有些应用文可根据主旨和内容的表达需要，将结尾融入主体，意尽而言止，自然收束，而不必再有专门的结尾。

(二)段落与层次

1. 段落

段落也称自然段，是构成文章的基本结构单位，是在表达文章思想内容时，由于转折、强调或间歇等情况所造成的文字停顿。分段的目的在于有步骤地表达主旨。其表现形式有三种：条款式、提行式和篇段合一式。条款式以数字符号标明条款项目，次序清晰，内容一目了然，广泛应用于法律、法规、制度、合同等文种；提行式以另起一行的方式显示段落，如会议纪要常以"会议指出""会议认为""会议决定"等作为段落的区分；篇段合一式指一篇文章为一段的划段方式。无论哪种方式，都应保持相对的完整性，既不能在一个段落中意思表达不完全，也不能把一个相对完整的意思分割为若干段。

2. 层次

层次又称意义段，它是应用文主旨的秩序体现，用来展示作者表达主旨的整个思想轨迹。文章层次间的结构有并列、总分、递进、因果等形式。任何一篇应用文的各个意义段，都只能是主旨统率下的有机体。由于主旨要求不同，所以意义段的表现形式也不同，它们在内涵上可能是并列的或者总分的，也可能是递进的。当然，很多情况下属于综合使用。常见的层次表现形式包括自然段形式、小标题形式、条款形式三种。在内容单纯、主旨明确、线索单一的情况下，应用文可采用一个自然段的形式写作，即篇段合一式(自然段形式的特殊表现形式)，如命令、转发类通知、批复等文种经常使用这种形式。

(三)过渡与照应

1. 过渡

过渡是承上启下衔接文字的一种手段，是上下文之间的联系纽带。文章中的过渡使文

章成为一个有机整体,有利于主旨的表达及读者的阅读理解。应用文的过渡主要有词语过渡、句子过渡和段落过渡三种形式。如可以使用"综上所述""有鉴于此""在此基础上"等短语,"下面即为这次调查的结果报告""造成这次事故的原因究竟是什么"等句子进行过渡。在篇幅较长、意义重大且内容层次跨度较大的文章中,则常使用一个独立的自然段进行过渡。

2. 照应

照应是指通过前后呼应、相互关照,使应用文形成紧凑严密的有机体。照应并非简单的文字重复,而是根据事物的内在联系所作的有意识、有计划的强调和反复,它在一定程度上表现了内容的发展变化和思想的逐步深入。常见的照应有文题照应、首尾照应以及行文前后内容照应等。文题照应,即文章内容照应标题,常见的以小标题或段首领句点题、段首结句应题,都属于文题照应。首尾照应则于结尾处对开头的观点作小结,或作进一步强调,使文章的内部联系得到强化。行文前后内容照应,即围绕主旨,在行文中多次呼应,从而加强主题的效果,加深读者的印象。通过照应,既可使观点得到强调,又可使文章显得紧凑、连贯。

总之,应用写作的结构要求根据主旨及文种的需要,正确反映客观事物的发展规律,做到严谨自然、完整统一。

二、应用写作的语言

(一)应用写作的语言特点

语言是人类最重要的交际工具,用来表达、交流思想。应用写作则是运用书面语言来反映现实、表达思想的一种信息存储传播活动。在长期的实践和运作中,应用写作语言经历了从文言文到现代文的发展,经历了与外来语言的融合,形成了自身独特的风格,整体呈现准确、简明、庄重、平实的特点。

准确是应用写作语言的第一要求。在词语的选择上,应该使用含义精确的词语,恰如其分地反映客观事物。具体写作中,应仔细辨析词义,精选中心词,用准修饰语,尤其要注意同义词、近义词的细微差别,同时还应力避歧义,以免造成误解,影响工作。如下行文中"以上各点,应严格遵照执行""希认真贯彻执行""请研究执行""可参照执行""供工作中参考"等句子,都准确地表达了不同程度的贯彻落实要求。

简明即以最少的文字表达尽量多的内涵,做到文约而事丰。应用写作以高效、迅速地传递信息、处理公私事务为己任,以取得社会效益和经济利益为目的,具有很强的时效性和实用性,其语言在准确的基础上,还应简洁畅达、精练明快。如《国务院办公厅关于进一步释放消费潜力促进消费持续恢复的意见》中的一段话:"引导金融机构优化信贷管理,对受疫情影响严重的行业企业给予融资支持,避免出现行业性限贷、抽贷、断贷。延续执行阶段性降低失业保险、工伤保险费率政策。对不裁员少裁员的企业,实施好失业保险稳岗返还政策。清理转供电环节不合理加价。采取切实有效措施制止乱收费、乱摊派、乱罚款行为。鼓励有条件的地区对零售、餐饮等行业企业免费开展员工定期核酸检测,对企业防疫、消杀支出给予补贴支持。"这段文字非常简洁、准确地概括出受疫情影响严重的行业企业可能会出现的信贷等问题,并提出了相应措施。

庄重是指写作中对客观事物的表达要得体、谨慎、严肃。应用文的语言使用和行文关系、文种紧密结合在一起,讲究庄严持重、适度得体,反对轻佻俏皮、随情任意,讲究刻意创造严肃的气氛并在行文中精心维护这种气氛,这与文艺作品追求的生动活泼有所不同。如在公文中,"你局来函收悉"一语,就不可以用"你们局发来的信件收到了,内容也知道了"这样口语化、较随意的句子表达,以免破坏公文的严肃气氛。

平实是指语言平直朴实。应用文的价值在于务实,其阅读对象较固定。越是准确、简洁的语言,就越平实。应用写作立足意思表达,以阐释作者思想观点为基本宗旨,不以追求"语不惊人死不休"为语言目的,反对做作、浮夸,讲究朴素、平实,要做到语言标准规范、通俗易懂、朴实明白,追求"繁简适中,事辞相称"。

同时,由于应用写作的种类繁多,故在写作时,还应针对行文目的、写作受体、所用文种以及使用场合等来确定选用什么词汇、采用何种语气、形成何种风格,以获得最佳的实用效果。

(二)应用写作的语汇特征

1. 固定使用事务性语汇

应用文大多用于处理事务,这就逐步形成一系列用法较为固定的事务性专用词语。这些词语虽非法定,但已约定俗成,尤其是在公务文书中的使用,有助于文章表达的简练。在应用文中,事务当事人称谓、经办、引述、表态、请求等意思表示都有较固定的表达方式,常见的有以下几种。

(1) 表开头。用于说明发文缘由,包括意义、根据,或介绍背景材料及情况等。如为、为了、根据、按照、遵照、依照、鉴于、关于、由于、兹、兹有、兹介绍、兹派、兹聘等。

(2) 表称谓。对各机关称谓的简称。如本(部)、我(院)、贵(处)、你(局)、该(厅)等。

(3) 表经办。表明工作的处理过程或情况。如经、兹经、业经、未经、拟、拟办、拟定、审定、审议、审发、审批、试行、暂行、实行、可行、参照执行、贯彻执行、研究执行、会议听取了、会议讨论了、会议指出、会议希望等会议类经办语。

(4) 表引述。用于批复或复函时引述来文作为依据的用语。如接、近接、前接,悉、收悉、敬悉、欣悉、电悉等。

(5) 表批转。用于批转、转发、印发通知时的用语。如批示、阅批、审批、批转、转发、印发等。

(6) 表呈递。用于上行文呈报情况时的用语。如呈上、转呈、送上、递交等。

(7) 表结尾。文书结尾常用语。如为要、为盼、为荷、为宜,请批示(复)、请予函复(告)、特此函复,现予公告、特此公告(通告、通报、通知)等。

(8) 表征询。用于询问的语言。如当否、妥否、是否可行、意见如何等。

(9) 表承接。用于连接开头与主体部分,起到承上启下作用的惯用语。如现通知(通报、总结、答复、报告)如下;拟采取如下措施;为了(根据)……现决定;经研究,现答复如下等。

(10) 表态度。用于表态的语言。如批准、不同意、照办、参照执行等。

2. 大量使用专业术语

应用写作最大的特征就是实用性，是为了完成工作或解决工作中出现的实际问题，因此无法回避各行各业大量的专业术语。专业术语多是应用写作区别于其他文字作品的重要特征。应用文作者要熟悉专业业务，准确使用专业术语，体现出应用写作语言简明、准确的特点。

3. 规范使用新生简缩词

应用文中的简缩词是在学习、流传过程中为广大读者所认同的新生词汇，它随客观现实需要而诞生，具有很强的时代性。如"一带一路""两个百年""四个自信"等。但在写作时应注意，对于简缩词的使用，一定是规范的、已经被社会认可的词语，不能是自造、晦涩难懂之词。此外，虽然有些词语已经得到社会的认可，如"搞定""撮一顿""粉丝""饭局"等，但因存在不规范因素，仍应尽量避免写入应用文书。

4. 文言词汇活跃

应用文要求语言简明，而文言文是简明表达、内容丰富的语言形式。在应用文的发展历程中，有一些凝练、典雅的古典词汇流传沿用至今，在以上列举的常用事务性语言中已有所体现，如妥否、承蒙、希予接洽为荷等。这些文言词汇的运用可以使应用文更具有庄重、大气的语言风格。

(三)应用写作的表达方式

由于不同体裁的文章所表现的对象、内容和写作目的不同，因此其采用的表达方式也不同。普通写作理论概括出的语言表达方式有五种：叙述、说明、议论、抒情和描写。在应用写作中，由于它有很强的实用功利目的，没有太大的抒情和描写空间，所以，其最常用的表达方式是叙述、说明和议论，而一般不使用抒情和描写。

1. 叙述

叙述是应用写作中最常用的表达方式，主要用来介绍事件的基本情况，介绍事件发生、发展与变化的过程，介绍人物的经历和事迹，介绍问题的来龙去脉，说明原委等。

在写作中，要注意叙述要素的全面和叙述人称的选择。叙述要客观、完整，线索要清楚。应用文书写作大多采用顺叙的方式，如调查报告、总结等，通常按照事件的发生、发展的顺序来进行叙述。在应用文书的写作中，以概括陈述居多，有时也会采用倒叙的方式，但这种情况很少。

叙述的人称，是作者进行叙述的角度。应用写作中，叙述的人称主要使用第一人称和第三人称。第一人称是指作者在文章中以当事人、见证人的身份进行叙述，即我、我们、本(部门)等。一般报告、总结、计划、信件等运用第一人称写作。第三人称是指作者在文章中以局外人的身份进行叙述，即他、他们等。如通信、通报、会议纪要等经常运用第三人称写作。有些文书中虽然用到第二人称，但立足点仍为第一人称。

2. 说明

应用写作中，说明往往与叙述和议论关系密切，常常在陈述或议论过程中出现，主要用来解说清楚事物的形态、构造、性质、特征、成因、关系、功用，表明人物的经历、特点等。说明在应用文中应遵守科学性、准确性，文字应通俗易懂，朴实无华。应用写作中经常使用的说明方法有定义和解释、分类和比较、数字和图表，以此加强文章的准确性。

3. 议论

在应用写作中，议论应用得相当普遍，经常在叙述、说明的基础上，表明对人物、事件、问题的评价，以便更鲜明、更准确地表达观点。在应用写作中，一般不做长篇大论，不必论点、论据、论证三要素齐全，也不要求论证过程完整，往往点到为止，不作深入论证，或叙述事实后便下结论，或提出观点后即举例证明，一般不需要周详的论证推理过程。应用文书经常运用的议论方式包括例证法、分析法、引证法、对比法和因果法。

任何一种表达方式，都是为表现文章主旨服务的。这些表达方式常常不是单独运用，而是相互配合、综合运用，只是有主有次而已。写作者应尽量娴熟地掌握这些表达方式，从而实现准确表达文义、突出主旨的目的。

21 世纪是社会高速发展的时代，而社会各个领域发展的速度越快，各种信息量就越大，用人单位对员工的应用写作能力就越重视。能否得心应手地撰写出工作所需要的实用文种，已成为衡量员工工作能力的重要标准之一。学习应用写作是社会和时代发展的需要。应用写作是一门实践性很强的课程，应用文作为记录、传递、储存信息的手段和工具，只有写得准确规范、通畅简洁，才能够有效地发挥作用。

应用写作是综合性的实践活动，内容表达涉及多种知识、理论、政策、语言、思维。要不断提高应用文的写作能力，应做到以下几点：一是要有较高的政治素质，二是要有深厚的文化知识基础，三是要具备较高的业务能力。要想不断提高写作能力，还要多写多练，做到有目的、有计划地进行写作训练。鲁迅先生说过："文章应该怎么做，我说不出来，因为自己的作文，是由于多看和练习，此外并无心得和方法。"

俗话说，好文章不是写出来的，而是改出来的。所以，写作时要高度重视对文章的修改工作。可以采用自己修改的方法，也可以请别人修改。请别人修改往往会有意想不到的收获。

修改文章，首先从内容开始修改。应用文的阅读对象固定，目的性强，无论是反映情况、说明问题、交流信息、总结经验，还是提出建议，其主要部分都是内容。修改内容方面就是要看主旨表达得是否清楚、准确。其次，要注意文种是否恰当，格式是否正确。另外，还要注意词句、标点符号等的修改。修改的一般方法可以概括为"增""删""改""调"四种。增，就是增加、补充有关内容，增补某些修饰文字；删，就是对某些材料或语句进行必要的删削；改，就是对原文的语言进行必要的润色和锤炼；调，就是对结构顺序或某些词句进行逻辑或表达上的调整。

本 章 小 结

本章主要就应用写作的含义、特点以及写作的主旨确立、材料搜集、结构安排、语言表达等一般理论进行阐述，重点在于揭示应用写作的一般规律，为初学者提供基本理论，用于指导以后具体文种的学习与写作，为今后熟练掌握和使用应用文这一工具打下良好的基础。

综合练习

一、简答题

1. 什么是应用写作？
2. 应用写作的作用主要表现在哪些方面？
3. 请以实际应用文文种为例，阐述应用写作的特点。
4. 应用写作主旨的要求是什么？
5. 应用写作主旨的表现形式有几种？请举出相应文种并予以说明。
6. 应用写作的材料有哪些？根据以往写作经验，试列举具体实例并加以说明。
7. 应用写作的开头和结尾的程式性都较强，请列举几种常见的开头和结尾方式，并列举其适用文种。
8. 应用写作中主要采用何种表达方式？使用时有哪些注意事项？

二、多项选择题(每道选择题至少有两个选项是正确的)

1. 应用写作开头部分用于表明行文目的的常用词语包括_____。
   A. 为了　　　　　B. 为　　　　　C. 根据　　　　　D. 按照
2. 应用写作开头部分用于表明援引行文依据的常用词语包括_____。
   A. 为了　　　　　B. 为　　　　　C. 根据　　　　　D. 按照
3. 应用文结尾方式主要有_____。
   A. 概括式　　　　　　　　　　　B. 强调要求式
   C. 祈望请求式　　　　　　　　　D. 交代说明式
4. 应用文中的层次是主旨秩序的体现，常见的层次表现形式包括_____。
   A. 自然段形式　　　　　　　　　B. 小标题形式
   C. 条款形式　　　　　　　　　　D. 因果式
5. 应用文的段落也称自然段，其表现形式有_____。
   A. 条款式　　　B. 提行式　　　C. 篇段合一式　　　D. 递进式
6. 应用文写作常用的表达方式包括_____。
   A. 叙述　　　　B. 说明　　　　C. 议论　　　　D. 抒情
7. 下列属于应用文写作表经办的事务性语汇有_____。
   A. 根据　　　　B. 审议　　　　C. 试行　　　　D. 可行
8. 下列属于应用文写作表引述的事务性语汇有_____。
   A. 近接　　　　B. 前接　　　　C. 收悉　　　　D. 欣悉
9. 下列属于应用文写作表结尾的事务性语汇有_____。
   A. 为要　　　　B. 为盼　　　　C. 特此函复　　　D. 请予函复
10. 下列属于可以使用的规范新生简缩语有_____。
    A. 四个自信　　B. 入世　　　　C. 一带一路　　　D. 搞定

三、判断题

1. 我国最早的文章总集《尚书》中收录了许多应用文。
2. 古代图籍表册、碑碣志铭、法律条例等都是应用文。
3. 应用写作的主体——作者,包括群体作者、个人作者、法定作者和代言作者。
4. 法定作者指公文的署名者,也就是撰写文稿者。
5. 应用写作要求材料真实,但根据需要也可以进行艺术加工。
6. "当否,请指示"属于强调要求式结尾。
7. 应用写作的过渡主要有词语过渡、句子过渡和段落过渡三种形式。
8. "当否""妥否"属于应用写作固定事务词汇表征询的语言。
9. 叙述是应用写作中最常用的表达方式,应用写作中叙述的人称主要使用第一、第二人称。
10. "批准、照办、参照执行"属于应用写作固定事务语汇的表经办语言。

四、分析练习题

1. 下面的文字使用的是哪种开头方式?

(1) 为确保我市疫情防控期间防疫物资、生活物资市场平稳,防止少数不良商家在此期间哄抬物价,损害人民群众切身利益,依据……等相关法律规定,现将有关事项通知如下:……

(2) 你委《关于报送〈"十四五"新型城镇化实施方案〉(送审稿)的请示》(发改规划〔2021〕1940号)收悉。现批复如下:……

(3) 在省委、省人民政府的领导下,在国家民政部的指导下,我省于2021年在××市郊区进行了农村社会养老保险试点,以后又在全省范围内逐步扩大……

(4) 根据国办政府信息与政务公开办工作要求,对标国办《政府网站与政务新媒体检查指标》规定,我们组织开展了2022年第1季度政府网站和政务新媒体抽查工作……

(5) 近年来,互联网、大数据、云计算、人工智能、区块链等技术加速创新,日益融入经济社会发展各领域全过程,正在成为重组全球要素资源、重塑全球经济结构、改变全球竞争格局的关键力量。……

2. 下面的文字使用的是何种表达方式?

(1) 2021年国庆节期间,镇文教办主任×××同志借为其父办八十大寿的名义,大摆酒席,广收礼金,在群众中造成了不良的影响。

(2) 狗,哺乳动物,种类很多。嗅觉和听觉都很灵敏,毛有黄、白、黑等颜色。

(3) 箩筐下扣着一只白色的巴儿狗,那狗左冲右突,用头猛烈地撞击着藤条,胸腔里发出暴怒的嘶吼。

(4) 而于狗,却不能引此为例,与对等的敌手齐观,因为无论它怎样狂嗥,其实并不解什么"道义";况且,狗是能浮水的,一定能爬到岸上,倘不注意,它先就牟身一摇,将水洒得人们一身一脸,于是夹着尾巴逃走了。但后来性情还是如此。

3. 下面的文字使用的是何种结尾方式?

(1) 本条例自2022年4月1日起施行。

(2) ××同学的错误事实提醒我们,在大学生中必须加强遵纪守法教育。望各单位接

此通报后,组织学生认真讨论,使学生树立遵纪守法的观念,以促进教育改革的顺利进行。

(3) 让我们的每一双手都学会创造!让我们的每一颗心都流淌歌声!愿艺术之花香满校园!

(4) 预祝××省国际技术合作和商品洽谈会圆满成功!

(5) 以上请示妥否,请批示!

4. 找出下面应用文文书中的专用词语,并指出它们各属于哪类专用词语。

国务院关于"十四五"新型城镇化实施方案的批复

国函〔2022〕52 号

国家发展改革委:

你委《关于报送〈"十四五"新型城镇化实施方案〉(送审稿)的请示》(发改规划〔2021〕1940 号)收悉。现批复如下:

一、原则同意《"十四五"新型城镇化实施方案》(以下简称《方案》),请认真组织实施。

……

(此件公开发布)

第一章练习答案

第二章 公文写作

第二章 公文写作
【教案】

学习目标：

- 了解党政机关公文的含义、特点、作用和分类。
- 掌握党政机关公文的格式和行文规则。
- 学会通知、通报、请示、报告、函和纪要六个常用文种的基本写作方法。
- 体会例文语言，模拟写作，培养撰写党政机关公文的能力。

第一节 党政机关公文概述

公文是公务文书的总称，有广义与狭义之分。广义的公文是党政机关、社会团体、企事业单位等合法组织办理各种公务时使用的书面材料的总称。而狭义的公文则指由党中央、国务院、中央军委分别批准颁布的党政机关公文和军用公文，是法定公文。

本书所讲述的公文仅限于党政机关公文。

一、党政机关公文的概念及种类

中共中央办公厅、国务院办公厅于 2012 年 4 月 16 日联合行文发布中办发〔2012〕14 号文件，自 2012 年 7 月 1 日起施行《党政机关公文处理工作条例》(以下简称《条例》，详见附录二维码)，同时停止执行 1996 年 5 月 3 日中共中央办公厅发布的《中国共产党机关公文处理条例》和 2000 年 8 月 24 日国务院发布的《国家行政机关公文处理办法》。

《条例》第三条规定："党政机关公文是党政机关实施领导、履行职能、处理公务的具有特定效力和规范体式的文书，是传达贯彻党和国家方针政策，公布法规和规章，指导、布置和商洽工作，请示和答复问题，报告、通报和交流情况等的重要工具。"

在使用公文和处理公文的过程中，根据需要可按照不同的标准，从不同的角度把公文分为不同的种类。

(一)按适用范围划分

按照公文的适用范围和用途划分，《条例》规定行政机关公文有 15 种。

(1) 决议。适用于会议讨论通过的重大决策事项。

(2) 决定。适用于对重要事项作出决策和部署、奖惩有关单位和人员、变更或者撤销下级机关不适当的决定事项。

(3) 命令(令)。适用于公布行政法规和规章、宣布施行重大强制性措施、批准授予和晋升衔级、嘉奖有关单位和人员。

(4) 公报。适用于公布重要决定或者重大事项。

(5) 公告。适用于向国内外宣布重要事项或者法定事项。

(6) 通告。适用于在一定范围内公布应当遵守或者周知的事项。

(7) 意见。适用于对重要问题提出见解和处理办法。

(8) 通知。适用于发布、传达要求下级机关执行和有关单位周知或者执行的事项，批转、转发公文。

(9) 通报。适用于表彰先进、批评错误、传达重要精神和告知重要情况。

(10) 报告。适用于向上级机关汇报工作、反映情况，回复上级机关的询问。

(11) 请示。适用于向上级机关请求指示、批准。

(12) 批复。适用于答复下级机关请示事项。

(13) 议案。适用于各级人民政府按照法律程序向同级人民代表大会或者人民代表大会常务委员会提请审议事项。

(14) 函。适用于互不隶属机关之间的商洽工作、询问和答复问题、请求批准和答复审批事项。

(15) 纪要。适用于记载会议主要情况和议定事项。

(二)按行文关系划分

按照公文在各级机关之间的运行方向，可将其分为三类：上行文、平行文和下行文。相应地，行文关系也可分为上行文关系、平行文关系和下行文关系三种。

1. 上行文

上行文即下级机关向上级机关呈递的公文，一般可分为逐级行文、多级行文和越级行文三种。由于下级机关要对自己的直接上级机关负责，因此逐级行文最为普遍。只有在特殊情况下才可采用多级行文和越级行文的方式。上行文包括报告、请示和议案三种公文类型。

2. 平行文

平行文即互相没有隶属关系和业务指导关系，同级或不属同一系统的机关部门之间的行文。平行文多采用公函文件。

3. 下行文

下行文即上级机关对所属下级机关制发的文件，一般可分为逐级行文、多级行文、直到基层行文三种。下行文的文种较多，有决议、决定、命令、公报、公告、通告、意见、通知、通报、批复和纪要11种。

(三)按保密要求划分

按照公文的保密等级划分，可将其分为普通件、秘密件、机密件和绝密件。

秘密件，指涉及国家一般秘密的文件；机密件，指涉及国家重要机密的文件；绝密件，指涉及国家最高核心机密的文件。秘密件、机密件、绝密件的保密期限要根据国家保密局发布的《国家秘密保密期限的规定》确定。秘密件的保密期限一般不超过 10 年；机密件一般不超过 20 年；绝密件一般不超过 30 年，特殊情况为"长期"。涉密公文应当根据涉密程度分别标注"绝密""机密""秘密"和保密期限。

(四)按紧急程度划分

紧急程度，指公文送达和办理的时限要求。根据紧急程度，有时限要求的公文应当分别标注"特急""加急"，电报应当分别标注"特提""特急""加急""平急"。特提件在发出前要通知对方注意接收，接到文件后要突破常规速度办理；特急件一般要求一天内办结；加急件一般要求三天内办结；平急是指时限稍缓的事项。

二、党政机关公文的特点及作用

(一)公文的特点

1. 公文的法定性与鲜明的政治性

1) 公文的法定性
公文的法定性主要体现在以下几个方面。
(1) 有法定的作者。公文的作者是指发文的名义，即发文的机关单位、合法组织及其负责人，公文必须以这些组织或其合法代表人的名义制发。
(2) 有法定的权威和效力。公文一经正式发布，就具有一定的控制性和约束力，有关单位和个人必须遵守或执行。
(3) 公文的形成和发布必须符合法定的职权范围和规定程序。
2) 鲜明的政治性
《条例》第十九条规定："公文起草应当做到：符合国家法律法规和党的路线方针政策，完整准确体现发文机关意图，并同现行有关公文相衔接。一切从实际出发，分析问题实事求是，所提政策措施和办法切实可行。"公文要传达、贯彻党和国家的路线、方针、政策、法规与规章，实施领导与管理，体现和反映党和国家机关的政治意向、指挥意志、行动意图，维护党和政府的权威以及它所代表的人民群众的根本利益，因而具有鲜明的政治性。

2. 使用的公务性与程式的规范性

1) 使用的公务性
公文是社会合法组织展开公务活动的产物，是处理公务的工具，具有鲜明的功利性和实用性，直接服务于特定组织的公务活动，个人不得使用。
2) 程式的规范性
公文的制发中有着严格的程式规定，即公文必须按照党和国家领导机关批准并发布的公文规范制发，使用有明确规定的文种，遵循规定的格式和行文程序，不得擅自更改。

3. 明确的效用性与严格的时效性

《条例》第十三条规定："行文应当确有必要，讲求实效，注重针对性和可操作性。"公文是在现实工作中形成和使用的，因此，它的作用有时间的限制。某项工作一旦完成，由这项工作所形成并使用的公文的作用也就随之结束。就每份具体的公文来说，它的时效长短也有差别。有的长达几十年，如法律性公文、结论性决议；有的时效则很短，

如某件具体事情的通知，在事情办完之后，其效力也就消失了。

(二)公文的作用

公文的具体作用有以下几种。

1. 管理调控作用

利用公文对国家进行行政管理，对国家机构实施调节控制，是公文最基本、最首要的作用。公文的管理职能在于及时把各级党政机关为治理国家、管理社会而制定的决策、措施传达下去，变成所辖区的共识或共同行动。

2. 领导指导和宣传教育作用

领导指导是指上级机关制定及发布的各项方针政策、指示、决定等，给下级机关和广大群众指明方向，阐明措施和做法。下级机关和广大群众按照上级的部署、意见和决策进行工作。同时，公文还有阐明政治主张、说服教育群众、让群众了解领导意图等作用。

3. 约束规范作用

约束规范是指各级领导机关以及各级权力机关发布的命令、决定、通知等，在所要求的范围内，必须贯彻执行，不得违反，否则将会受到纪律的制裁。例如，《国务院关于大兴安岭特大森林火灾事故的处理决定》中规定了一系列惩处及表彰内容，并作了关于防火制度方面的决策，那么有关单位和部门就必须贯彻执行。

4. 处理公务作用

处理公务包括联系公务和办理公务两个方面。在各个机关、组织之间，需要互通信息和情报，需要协调、处理许多工作和事务。如上对下有晓谕与安排，下对上有请求与汇报，单位之间有联系交流与请托配合，这些都要靠公文来完成。

三、党政机关公文的书面格式

2012年出台的《党政机关公文格式》(详见附录二维码)规定，公文用纸采用GB/T 148中规定的A4型纸，其成品幅面尺寸为210 mm×297 mm。页码一般用4号半角宋体阿拉伯数字，编排在公文版心下边缘之下，数字左右各放一条一字线；一字线上距版心下边缘7 mm。单页码居右空一字，双页码居左空一字。公文的版记页前有空白页的，空白页和版记页均不编排页码。公文的附件与正文一起装订时，页码应当连续编排。

公文格式各要素划分为版头、主体、版记三部分。公文首页红色分隔线以上的部分称为版头；公文首页红色分隔线(不含)以下、公文末页首条分隔线(不含)以上的部分称为主体；公文末页首条分隔线以下、末条分隔线以上的部分称为版记。

(一)版头部分

1. 公文管理标识

公文管理标识包括公文份号、密级和保密期限、紧急程度。

公文份号，是将同一文稿印制若干份时每份公文的顺序编号。如需标注份号，一般用6位3号阿拉伯数字，顶格编排在版心左上角第一行。

如需标注密级和保密期限，一般用3号黑体字，顶格编排在版心左上角第二行；保密期限中的数字用阿拉伯数字标注。密级和保密期限之间用"★"隔开。

如需标注紧急程度，一般用3号黑体字，顶格编排在版心左上角；如需同时标注份号、密级和保密期限、紧急程度，则按照份号、密级和保密期限、紧急程度的顺序自上而下分行排列。

2. 发文机关标识

发文机关标识由发文机关全称或者规范化简称加"文件"二字组成，也可以使用发文机关全称或者规范化简称。

发文机关标识居中排布，上边缘至版心上边缘为35 mm，推荐使用小标宋体字，颜色为红色，以醒目、美观、庄重为原则。

联合行文时，如需同时标注联署发文机关名称，一般应当将主办机关名称排列在前；如有"文件"二字，应当置于发文机关名称右侧，以联署发文机关名称为准上下居中排布。

3. 发文字号

发文字号由发文机关代字、年份和发文顺序号组成。年份、发文顺序号用阿拉伯数字标注；年份应标全称，用六角括号"〔〕"括入；发文顺序号不加"第"字，不编虚位(即1不编为01)，在阿拉伯数字后加"号"字。

下行文的发文字号编排在发文机关标识下空两行位置，居中排布。上行文的发文字号居左空一字编排，与最后一个签发人姓名处在同一行。

4. 签发人

签发人由"签发人"三字加全角冒号和签发人姓名组成，居右空一字，编排在发文机关标识下空两行位置。"签发人"三字用3号仿宋体字，签发人姓名用3号楷体字。

如有多个签发人，签发人姓名按照发文机关的排列顺序从左到右、自上而下依次均匀编排，一般每行排两个姓名，回行时与上一行第一个签发人姓名对齐。

5. 版头中的分隔线

发文字号之下4 mm处居中印一条与版心等宽的红色分隔线。

(二)主体部分

1. 公文标题

公文标题由发文机关+事由+文种组成，其基本格式为"××××关于××××××的××"，如《石家庄市劳动局关于成立老干部办公室的请示》。

公文标题多编排于版头中的红色分隔线下空两行位置，一般用2号小标宋体字，分一行或多行居中排布；回行时，要做到词意完整，排列对称，长短适宜，间距恰当，标题排列应当使用梯形或菱形。

注意：

(1) 标题中应避免重复。在批转和转发公文时，要防止介词和文种的重叠，如"关于的关于""通知的通知"。例如，转发省委组织部一个文件时的解决办法如下：一是直接翻印，二是作为附件下发，三是重新拟文以本机关名义下发。

(2) 多行标题排列要美观、对称，不能断句。《条例》规定，多行标题的排列使用梯形或菱形两种排列形式。

(3) 标题中除法规、规章名称加书名号外，一般不用标点符号，如《国务院办公厅转发建设部等部门关于进一步解决建设领域拖欠工程款问题意见的通知》。对一些新出现的词一般应加双引号，如"三讲"；对已经耳熟能详的词，如"四项基本原则"，则可以不再加双引号。

2. 主送机关

主送机关即发文机关要求对公文予以办理或答复的对方机关，也称受文机关。其位置为标题下空一行，左侧顶格，用3号仿宋体字标识，回行时仍需顶格；最后一个主送机关名称后需标全角冒号。如主送机关名称过多而使公文首页不能显示正文时，应将主送机关名称移至版记。

上行文一般只写一个主送机关，下行文分为专发性下行文和普发性下行文。专发性下行文的主送机关必须标明；而普发性下行文的主送机关则不止一个，在排列机关名称时，必须确定一个合理的排列顺序。有时也可不写主送机关，如"公告"。

3. 正文

公文首页必须显示正文。正文是公文的主要内容，一般用3号仿宋体字，编排于主送机关名称下一行，每个自然段左空两字，回行顶格。文中结构层次依次可以用"一、""（一）""1.""（1）"标注。一般第一级用黑体字，第二级用楷体字，第三级和第四级用仿宋体字。

注意：

联合行文机关过多时，必须保证公文首页显示正文。写不下时，可采取下列办法：一是公文标题中可以不标发文机关，二是将主送机关移至版记部分，三是适当缩小发文机关标识的字体，四是缩小首页的行距。

4. 附件

附件是附在文件之后，对文件内容起说明和补充作用的文字材料。它包括转发、报送的文件，随文颁发的规章、制度，以及文件中的报告、数据、人员名单等，是文件的有机组成部分。

公文中如有附件，在正文下空一行，左空两字，用3号仿宋体字标识"附件"，后标全角冒号和附件名称。如有多个附件，使用阿拉伯数字标注附件顺序号（如"附件：1. ××××"）；附件名称后不加标点符号。附件名称较长需回行时，应当与上一行附件名称的首字对齐。

附件应当另面编排，并在版记之前，与公文正文一起装订。"附件"二字及附件顺序号用3号黑体字顶格编排在版心左上角第一行。附件标题居中编排在版心第三行。附件顺序号和附件标题应当与附件说明的表述一致。附件格式要求同正文。

如附件与正文不能一起装订，则应当在附件左上角第一行顶格编排公文的发文字号，并在其后标注"附件"二字及附件顺序号。

5. 发文机关署名、成文日期和印章

(1) 发文机关署名。署发文机关全称或者规范化简称。

(2) 成文日期。成文日期是指公文形成的时间，这是公文生效的时间标志。公文成文日期的确定有以下几种：①单位单独行文，以领导签发文件的日期为准；②经会议通过生效的文件，以会议通过的日期为准；③联合行文，以最后签发单位领导人签发的日期为准；④电报，以发出日期为准；⑤一般事务性的文件，以印制时间为准。

成文日期一般右空四字编排，用阿拉伯数字将年、月、日标全，年份应标全称，月、日不编虚位(即1不编为01)。

(3) 印章。公文中有发文机关署名的，应当加盖发文机关印章，并与署名机关相符。有特定发文机关标志的普发性公文和电报可以不加盖印章。

印章用红色，不得出现空白印章。单一机关行文时，一般在成文日期之上，以成文日期为准居中编排发文机关署名，印章端正、居中下压发文机关署名和成文日期，使发文机关署名和成文日期居印章中心偏下位置，印章顶端应当上距正文(或附件说明)一行之内。

联合行文时，一般将各发文机关署名按照发文机关顺序整齐排列在相应位置，并将印章一一对应、端正、居中下压发文机关署名，最后一个印章端正、居中下压发文机关署名和成文日期，印章之间排列整齐，互不相交或相切，每排印章两端不得超出版心，首排印章顶端应当上距正文(或附件说明)一行之内。

当公文排版后所剩空白处不能容下印章或签发人签名章、成文日期时，可以采取调整行距、字距的措施解决。

注意：

不加盖印章的公文。单一机关行文时，在正文(或附件说明)下空一行右空两字编排发文机关署名，在发文机关署名下一行编排成文日期，首字比发文机关署名首字右移两字。如成文日期长于发文机关署名，应当使成文日期右空两字编排，并相应增加发文机关署名右空字数。

联合行文时，应当先编排主办机关署名，其余发文机关署名依次向下编排。

6. 附注

附注的内容主要是本文件发送、传达的范围和需要注意的事项。如是请示，可以在"附注"处注明联系人的姓名和电话。

公文如有附注，用3号仿宋体字，居左空两字加圆括号标识在成文日期下一行。

(三)版记部分

1. 版记中的分隔线

版记中的分隔线与版心等宽，首条分隔线和末条分隔线用粗线(推荐高度为0.35 mm)，中间的分隔线用细线(推荐高度为0.25 mm)。首条分隔线位于版记中第一个要素之上，末条分隔线与公文最后一面的版心下边缘重合。

2. 抄送机关

抄送机关是除主送机关外需要执行或者知晓公文内容的其他机关，应当使用机关全称、规范化简称或者同类型机关统称。

如有抄送机关，一般用 4 号仿宋体字，在印发机关和印发日期之上一行、左右各空一字编排。"抄送"二字后加全角冒号和抄送机关名称，回行时与冒号后的首字对齐，最后一个抄送机关名称后标句号。抄送机关排名可依上级、平级与不相隶属、下级的次序排列，平级机关间用顿号隔开，各级之间用分号，也可按级分行排列。

如需把主送机关移至版记，除将"抄送"二字改为"主送"外，其他编排方法同抄送机关。既有主送机关又有抄送机关时，应当将主送机关置于抄送机关之上一行，之间不加分隔线。

3. 印发机关和印发时间

印发机关和印发时间指公文的送印机关和送印日期。印发机关和印发日期一般用 4 号仿宋体字，编排在末条分隔线之上，印发机关左空一字，印发日期右空一字，用阿拉伯数字将年、月、日标全，年份应标全称，月、日不编虚位(即 1 不编为 01)，后加"印发"二字。

版记中如有其他要素，应将其与印发机关和印发日期用一条细分隔线隔开。

4. 版记的位置

版记应置于公文最后一页(封四)，版记的最后一个要素置于最后一行。

四、党政机关公文的特定格式

(一)信函格式

信函格式多用于系统内部行文，较规范式公文格式而言，它更加便捷简单，因此正越来越多地用于日常工作中。信函格式的发文机关标识使用发文机关全称或者规范化简称，居中排布，但不加"文件"二字。发文机关名称上边缘距上页边的距离为 30 mm，推荐使用红色小标宋体字。联合行文时，使用主办机关标志。

发文机关标识下 4 mm 处为一条红色武文线(上粗下细)，距下页边 20 mm 处为一条文武线(上细下粗)，线长均为170 mm，居中排布。

如需标注份号、密级和保密期限、紧急程度，应当顶格居版心左边缘编排在第一条红色双线下，按照份号、密级和保密期限、紧急程度的顺序自上而下分行排列，第一个要素与该线的距离为 3 号汉字高度的 7/8。

发文字号顶格居版心右边缘编排在第一条红色双线下，与该线的距离为 3 号汉字高度的 7/8。

标题居中编排，与其上最后一个要素相距两行。

第二条红色双线上一行如有文字，文字与该线的距离为3号汉字高度的7/8。

首页不显示页码。

版记不加印发机关和印发日期、分隔线，位于公文最后一面版心内最下方。

(二)命令格式

命令的发文机关标识由发文机关全称加"命令"或"令"组成，居中排布，上边缘至版心上边缘为 20 mm，推荐使用红色小标宋体字。

发文机关标识下空两行居中编排令号，令号下空两行编排正文。

单一机关制发的令加盖签发人签名章时，在正文下空两行右空四字加盖签发人签名章，签名章左空两字标注签发人职务，以签名章为准上下居中排布。在签发人签名章下空一行右空四字编排成文日期。

联合行文时，应当先编排主办机关签发人职务、签名章，其余机关签发人职务、签名章依次向下编排，与主办机关签发人职务、签名章上下对齐；每行只编排一个机关的签发人职务、签名章；签发人职务应当标注全称。

签名章一般用红色。

(三)纪要格式

纪要的标识由"××××纪要"组成，居中排布，上边缘至版心上边缘为 35 mm，推荐使用红色小标宋体字。

标注出席人员名单，一般用 3 号黑体字，在正文或附件说明下空一行左空两字编排"出席"二字，后标全角冒号，冒号后用 3 号仿宋体字标注出席人单位、姓名，回行时与冒号后的首字对齐。

标注请假和列席人员名单，除依次另起一行并将"出席"二字改为"请假"或"列席"外，编排方法同出席人员名单。

纪要格式可以根据实际制定。

五、党政机关公文的印装格式

公文的印装格式指公文的排写、用字、标点符号、装订的规格和要求。

(一)排写要求

公文汉字从左至右横写、横排。少数民族文字按其习惯书写排版。在民族自治地方，可并用汉字和通用的少数民族文字。

(1) 用纸要求。公文用纸为 A4 型纸，幅面尺寸为 210 mm×297 mm。

(2) 排版规格。如无特殊说明，公文格式各要素一般用 3 号仿宋体字。特定情况可以作适当调整。如无特殊说明，公文中文字的颜色均为黑色。

一般每面排 22 行，每行排 28 个字，并撑满版心。特定情况可以作适当调整。

(3) 关于页码。页码用 4 号半角阿拉伯数字标识，位于版心边缘之下一行，左右各放一条 4 号一字线，单页码右空一字，双页码左空一字。

(二)用字、标点符号要求

公文用字应按 1986 年 10 月 10 日国家语言文字工作委员会(以下简称"国家语委")公

布的《汉字简化总表》执行,不得使用繁体字、异体字和任意简化字。标点符号按国家语委和原新闻出版署于1995年12月发布的《标点符号用法》执行。

(三)装订的规格和要求

公文一般要求双页印刷,左侧装订。

目前的装订方法有平面平订、背脊骑马订和胶水(或糨糊)粘等。不能错装、漏装。

六、党政机关公文的行文规则

行文规则是指机关行文必须遵守的具体规定或准则。

(一)党政机关公文的行文关系

行文关系根据隶属关系和职权范围确定。一般不得越级行文,特殊情况需要越级行文的,应当同时抄送被越过的机关。

公文行文关系是行文规则的基础,必须先弄清楚。根据单位各自的隶属关系和职权范围来看,单位之间的关系有以下五种。

1. 直接隶属关系

直接隶属关系指上一级机关与直接的下一级机关之间的领导与被领导的关系。如市政府和县政府之间的关系。通常,直接隶属关系中上级机关对下级机关有着人事任免权。

2. 间接隶属关系

间接隶属关系指处于同一垂直系统的,但又不是上下直接相邻的领导与被领导关系。如省人民政府与市下属的县人民政府之间的关系。

3. 业务指导关系

业务指导关系指各业务系统内上级业务主管部门与下级业务主管部门之间的关系。如教育部与各省、自治区教育厅之间,省农业厅和市农业局之间的关系均属于业务指导关系。这种关系下上级只在工作中对下级进行指导,通常,上级部门对下级部门的领导没有人事任免权。它们分别为本级人民政府的组成部门,在人事、财政上主要由本级政府决定,在业务上则要执行上级单位的指示。

4. 平行关系

平行关系指处于同一系统内的同级机关、单位之间或同级政府各职能部门之间的关系。例如,卫生系统中各同级医院,如省二院、省三院之间的关系;省人民政府内厅、局、委等的关系,如财政厅、新闻局、公安厅、农业厅等单位之间的关系。

5. 不相隶属关系

非同一系统的机关之间的关系统称为不相隶属关系。如国务院农业部直属的某高校和教育部直属的某高校之间的关系。

(二)上行文规则

(1) 原则上主送一个上级机关,根据需要同时抄送相关上级机关和同级机关,不抄送下级机关。

(2) 党委、政府的部门向上级主管部门请示、报告重大事项,应当经本级党委、政府同意或者授权;属于部门职权范围内的事项应当直接报送上级主管部门。

(3) 下级机关的请示事项,如需以本机关名义向上级机关请示,应当提出倾向性意见后上报,不得原文转报上级机关。

(4) 请示应当一文一事。不得在报告等非请示性公文中夹带请示事项。

(5) 除上级机关负责人直接交办的事项外,不得以本机关名义向上级机关负责人报送公文,不得以本机关负责人名义向上级机关报送公文。

(6) 受双重领导的机关向一个上级机关行文,必要时抄送另一个上级机关。

(三)下行文规则

(1) 主送受理机关,根据需要抄送相关机关。重要行文应当同时抄送发文机关的直接上级机关。

(2) 党委、政府的办公厅(室)根据本级党委、政府授权,可以向下级党委、政府行文,其他部门和单位不得向下级党委、政府发布指令性公文或者在公文中向下级党委、政府提出指令性要求。需经政府审批的具体事项,经政府同意后可以由政府职能部门行文,文中须注明已经政府同意。

(3) 党委、政府的部门在各自职权范围内可以向下级党委、政府的相关部门行文。

(4) 涉及多个部门职权范围内的事务,部门之间未协商一致的,不得向下行文;擅自行文的,上级机关应当责令其纠正或者撤销。

(5) 上级机关向受双重领导的下级机关行文,必要时应当抄送该下级机关的另一个上级机关。

(四)联合行文规则

同级党政机关、党政机关与其他同级机关必要时可以联合行文。属于党委、政府各自职权范围内的工作,不得联合行文。党委、政府的部门依据职权可以相互行文。部门内设机构除办公厅(室)外不得对外正式行文。

注意:

为统一中国共产党机关和国家行政机关公文处理工作,2012年4月6日,中共中央办公厅、国务院办公厅联合印发了《党政机关公文处理工作条例》,同时废止了1996年中办印发的《中国共产党机关公文处理条例》和2000年国务院印发的《国家行政机关公文处理办法》。新《条例》的发布施行,必将对推进党政机关公文处理工作科学化、制度化、规范化发挥重要作用。与《办法》对比,新《条例》主要有以下特点:重新定义了公文处理相关概念,增加了公文种类,调整了公文格式要素,行文规则方面增加了一些具体规定,公文拟制更加强调程序规范,简化了公文办理的环节,公文管理更加注重安全保密。因此希望读者在教学及实际应用中能够认真参阅本书附录二维码。

认真阅读例文是学习公文写作的有效途径,但因篇幅问题,本章在引用例文时只摘录了正文,发文字号也放在了标题下面,省略了公文的版头、版记及印章等部分,希望读者在学习的过程中不要误解。

第二节　通　知

一、通知的含义

通知适用于发布、传达要求下级机关执行和有关单位周知或者执行的事项,以及批转、转发公文。它是各级党政机关、企事业单位使用最普遍的一种文种。

二、通知的特点

(一)应用范围广

通知的广泛性,其一是指使用通知的机关单位广泛,不受发文机关级别高低的限制;其二是指通知的内容很广泛,无论是上级机关的重要决策,还是日常的工作都可以使用通知进行传达、部署或告知。

(二)使用频率高

由于通知的内容很广泛,使用单位不受级别高低的限制,且行文简便,写法多样,因此其使用频率很高。据统计,通知是现行公文中使用最多的一种,有时能占公文总量的一半。在现实工作中,有些张贴性的事务类通知并不以公文的形式出现,无须套用公文的格式,标题往往只写"通知"二字。

(三)时效性强

通知对时效性具有明确的要求,它所传达的事项,往往要求受文者及时知晓或迅速办理。如会议通知,会议开始,通知就被视为无效。

三、通知的分类及写作

按内容和作用划分,通知可以分为批转、转发性通知,发布性通知,告知性通知,指示性通知,会议性通知等。

通知一般由标题、发文机关、正文、署名、日期等几部分构成。

在所有的公文中,通知是类型及写法最为复杂的一种。一般来说,不同类型的通知写作有如下共同特点。

(1) 标题:由发文机关+事由+文种组成。

(2) 主送机关:属普发性文件,主送机关较多时,应采用抽象概括的写法,并用顿号和逗号区别主送机关的级别,如"各省、自治区、直辖市人民政府,国务院各部委、各直属机构"。

(3) 正文：由发文缘由+通知事项+执行要求组成。
(4) 署名：位于正文右下方。
(5) 成文日期：一般位于署名下。

不同类型的通知具有不同的写法，下面就不同类型通知的标题及正文的写法作具体介绍。

(一)批转、转发性通知

批转、转发性通知是批转下级机关的公文或转发上级机关以及不相隶属机关的公文时使用的一种通知。其写法如下。

(1) 标题。批转、转发性通知的标题制作比较特殊，通常由转发机关名称加上"批转"或"转发"，然后加上被转发文件全称，再加上"通知"二字组成。如《××市人民政府批转××市经委关于对我市部分工业产品实行控制发展的报告的通知》。

拟写标题时应注意的问题如下。

① 除发布或转发行政法规、规章性公文加书名号外，标题中一般不用标点符号。

② 关于层层转发的通知，标题往往会形成这样的形式：《××市政府办公室转发××省政府转发省财政厅关于××××的通知的通知的通知》，重复且不便于理解。此时可采取省略中转层次直接取原文件标题的方法，即《××市政府办公室转发省财政厅关于×××××的通知的通知》。

(2) 正文。批转、转发性通知的正文比较简短，有的通知只有一句话，即写明由谁批准或同意，转发了一份什么公文，然后对有关方面提出要求。一般可将这类批转、转发性通知称为"照批照转式"通知。

还有的批转、转发性通知除写清楚上述内容外，还扼要地阐述了被批转或转发公文内容的重要性、必要性及执行过程中的具体要求，或补充完善有关内容。一般可将这类批转、转发性通知称为"按语式"通知。

(二)发布性通知

发布性通知主要用于发布行政规章。因为是发布(印发、下达)性通知，所以其发布、印发的多数是条例、办法等行政法规，如《林业部关于发布〈中华人民共和国陆生野生动物保护实施条例〉的通知》。也有部分是应用文书，如《国务院关于印发"十四五"节能减排综合工作方案的通知》。需说明的是，在印发对象中，凡属法规性文件，标题与行文一般使用"颁布"、"颁发"或"发布"，其他文件则使用"印发"。发布性通知的标题和正文的写法如下。

(1) 标题。发布性通知的标题一般使用完全性标题，其内容部分是由"关于发布(印发)"加被发布的文件名称构成。如果被发布的公文是法规性文件，应加上书名号。

(2) 正文。发布性通知的正文比较短，依次写清被发布的行政规章的名称、发布的目的、执行的要求和实施的日期即可。有的通知还需简要地说明被发布规章的适用范围及在执行过程中的有关事宜。

(三) 告知性通知

告知性通知是将新近决定的有关事项告知受文单位时使用的通知。这类通知的内容非常广泛，如人事调整、机构的设立和撤销、机关单位隶属关系的变更、单位更名、印章范围等。

(四) 指示性通知

指示性通知是向下级机关部署工作、阐明工作活动的指导原则，要求下级机关办理或共同执行时使用的通知。其标题和正文的写法如下。

(1) 标题。指示性通知要求使用完全性标题，如遇特殊情况，还可在通知前加上"紧急""联合""补充"等字样。如《国务院办公厅关于组织做好疫情防控重点物资生产企业复工复产和调度安排工作的紧急通知》。

(2) 正文。指示性通知的正文包括两部分内容。

① 发文的缘由。主要阐述发文的目的、意义及依据，其目的是提高受文机关或单位对通知事项的重要性和必要性的认识，提高执行的自觉性。这部分内容要简短，要有针对性。

② 通知的事项。这是指示性通知的主体部分，应写明指示的具体内容，并阐述执行的具体方法和要求。这部分一般采用分条列项的方法，在写作时应注意条与条、项与项之间的逻辑关系。

(五) 会议性通知

会议性通知专门用于通知召开会议的有关事项。

会议性通知在写作上具有要素化的特点，即写清会议的名称，召开会议的目的、依据，会议的中心议题，召开会议的具体时间、地点，参加人员，会前准备工作及其他事项等。

湖北省人民政府批转省发改委
《关于 2022 年全省国民经济和社会发展计划的报告》的通知

鄂政发〔2022〕1 号

各市、州、县人民政府，省政府各部门：

省发改委《关于 2022 年全省国民经济和社会发展计划的报告》已经省十三届人大七次会议审议通过，现批转给你们，请据此安排工作。

各专项计划由省发改委会同有关部门另行下达。

湖北省人民政府办公厅
2022 年 2 月 9 日

关于2022年全省国民经济和
社会发展计划的报告

省发改委

2022年是党的二十大召开之年，是实施"十四五"规划关键之年，省第十二次党代会也将召开，做好今年工作意义重大。全省经济社会发展的主要预期目标是：地区生产总值增长7%左右，在实际工作中尽可能争取更好的结果；城镇新增就业70万人以上，城镇调查失业率控制在5.5%以内；居民消费价格涨幅3%左右；居民收入增长与经济增长基本同步；粮食产量保持在×××亿斤以上；生态环境质量持续改善；能耗强度目标在"十四五"规划期内统筹考核，并留有适当弹性。

根据省委经济工作会议精神，按照省《政府工作报告》部署，围绕乘势而上、排难而进，在危机中育新机、于变局中开新局，奋力实现"开局企稳、复元打平、再续精彩"的目标，2022年重点做好十个方面的工作。

……

【例文2.1简析】

这是一篇批转性通知。批转性通知的特点在于上级机关采用了下级机关的文件，以"批(语)转(发)"形式通知其他机关，其重点在于"批"，它使原下级文件升级，具有更高的行政约束力。

本通知的标题结构为发文机关+"批转"+原标题+文种。

主送机关中，"各市、州、县人民政府"属于同类机关，所以使用了顿号；而"各市、州、县人民政府"与"省政府各部门"之间属不同类别，所以使用了逗号。

正文首先说明被批转的文件名称，表明了省政府的态度，并提出了执行要求。

需要注意的是，被批转、转发的文件应属正文内容，不属于附件。

例文2.2

北京市文物局转发《关于开展2022年度"弘扬中华优秀传统文化、培育社会主义核心价值观"主题展览项目征集工作的通知》的通知

京文物〔2022〕135号

北京地区各博物馆：

现将国家文物局《关于开展2022年度"弘扬中华优秀传统文化、培育社会主义核心价值观"主题展览项目征集工作的通知》(办博函〔2022〕42号)转发你馆，请结合实际，积极参加。

拟申报主题展览项目的博物馆，请将填报后的《2022年度"弘扬中华优秀传统文化、培育社会主义核心价值观"主题展览项目申报书》(以下简称《项目申报书》)、相关材料电子版(光盘或U盘报送)及加盖公章的《项目申报书》纸质版于4月10日前报送我局。

中央和国家有关部门所属博物馆可直接申报。

特此通知。

北京市文物局
2022年2月16日

(联系人：景××；联系电话：640×××××)

国家文物局办公室关于开展2022年度"弘扬中华优秀传统文化、培育社会主义核心价值观"主题展览项目征集工作的通知

各省、自治区、直辖市文物局(文化和旅游厅/局)，新疆生产建设兵团文物局，中央和国家有关部门所属博物馆：

为切实提高博物馆陈列展览质量，增强博物馆文化传播力和社会影响力，现就2022年度"弘扬中华优秀传统文化、培育社会主义核心价值观"主题展览项目征集工作相关事宜通知如下：

……

国家文物局办公室
2022年1月20日

【例文2.2简析】

这是一则转发性通知。转发性通知，重在"转"，转发的文件一般为上级或不相隶属机关的公文。此文中转发的是国家文物局文件，一方面是属于下级转发上级的文件，另一方面发文机关与主送机关之间也是平级关系，因此，无论从哪方面出发，都应使用"转发"。又因"弘扬中华优秀传统文化、培育社会主义核心价值观"是主题特定名词，有专用性，故加了双引号。

本文言简意赅，说明了发文机关的态度及发布的文件，并提出执行要求。

被转发的文件应属正文内容，不属于附件。

例文2.3

国务院关于印发2030年前碳达峰行动方案的通知
国发〔2021〕23号

各省、自治区、直辖市人民政府，国务院各部委、各直属机构：

现将《2030年前碳达峰行动方案》印发给你们，请认真贯彻执行。

国务院
2021年10月24日

(本文有删减)

2030年前碳达峰行动方案

为深入贯彻落实党中央、国务院关于碳达峰、碳中和的重大战略决策，扎实推进碳达峰行动，制定本方案。

一、总体要求

(1) 指导思想。以习近平新时代中国特色社会主义思想为指导，全面贯彻党的十九大和十九届二中、三中、四中、五中全会精神，深入贯彻习近平生态文明思想，立足新发展阶段，完整、准确、全面贯彻新发展理念，构建新发展格局，坚持系统观念，处理好发展和减排、整体和局部、短期和中长期的关系，统筹稳增长和调结构，把碳达峰、碳中和纳入经济社会发展全局，坚持"全国统筹、节约优先、双轮驱动、内外畅通、防范风险"的总方针，有力有序有效做好碳达峰工作，明确各地区、各领域、各行业目标任务，加快实现生产生活方式绿色变革，推动经济社会发展建立在资源高效利用和绿色低碳发展的基础之上，确保如期实现2030年前碳达峰目标。

(2) 工作原则。

——总体部署、分类施策。坚持全国一盘棋，强化顶层设计和各方统筹。各地区、各领域、各行业因地制宜、分类施策，明确既符合自身实际又满足总体要求的目标任务。

——系统推进、重点突破。全面准确认识碳达峰行动对经济社会发展的深远影响，加强政策的系统性、协同性。抓住主要矛盾和矛盾的主要方面，推动重点领域、重点行业和有条件的地方率先达峰。

——双轮驱动、两手发力。更好发挥政府作用，构建新型举国体制，充分发挥市场机制作用，大力推进绿色低碳科技创新，深化能源和相关领域改革，形成有效激励约束机制。

……

【例文2.3简析】

本发布性通知因被印发的文件不属于法规性文件，所以标题中的"2030年前碳达峰行动方案"没有加书名号，正文部分用一句话简明扼要地交代清楚被印发的文件，以惯语"请认真贯彻执行"提出要求。被印发文件属主体部分。

例文 2.4

国务院办公厅关于2022年部分节假日安排的通知

国办发明电〔2021〕11号

各省、自治区、直辖市人民政府，国务院各部委、各直属机构：

经国务院批准，现将2022年元旦、春节、清明节、劳动节、端午节、中秋节和国庆节放假调休日期的具体安排通知如下。

一、元旦：2022年1月1日至3日放假，共3天。

二、春节：1月31日至2月6日放假调休，共7天。1月29日(星期六)、1月30日(星期日)上班。

三、清明节：4月3日至5日放假调休，共3天。4月2日(星期六)上班。

四、劳动节：4月30日至5月4日放假调休，共5天。4月24日(星期日)、5月7日(星期六)上班。

五、端午节：6月3日至5日放假，共3天。

六、中秋节：9月10日至12日放假，共3天。

七、国庆节：10月1日至7日放假调休，共7天。10月8日(星期六)、10月9日(星期日)上班。

节假日期间，各地区、各部门要妥善安排好值班和安全、保卫、疫情防控等工作，遇有重大突发事件，要按规定及时报告并妥善处置，确保人民群众祥和平安度过节日假期。

国务院办公厅
2021年10月25日

【例文2.4简析】

本通知属告知性通知。标题是三要素完整式结构，语言简洁明了，对相关事项作了简要的说明。

国务院应对新型冠状病毒感染肺炎疫情联防联控机制关于切实做好货运物流保通保畅工作的通知

国办发明电〔2022〕3号

各省、自治区、直辖市人民政府，国务院各部委、各直属机构：

为深入贯彻落实党中央、国务院决策部署，统筹疫情防控和经济社会发展，全力保障货运物流特别是医疗防控物资、生活必需品、政府储备物资、邮政快递等民生物资和农业、能源、原材料等重要生产物资的运输畅通，切实维护人民群众正常生产生活秩序，经国务院同意，现就有关事项通知如下：

一、全力畅通交通运输通道

各地区和有关部门要迅速启动部省站三级调度、路警联动、区域协调的保通保畅工作机制，加强路网监测调度，及时解决路网阻断堵塞等问题，确保交通主干线畅通。严禁擅自阻断或关闭高速公路、普通公路、航道船闸。不得擅自关停高速公路服务区、港口码头、铁路车站和航空机场，或擅自停止国际航行船舶船员换班。因出现确诊或密接人员等情况确需关停或停止的，应报经省级联防联控机制(领导小组、指挥部)批准后方可实施；关停航空机场涉及跨省航班或国际航班运行的，应按规定报国务院有关部门或国务院审批。要提前向社会公布关停信息，关停后要积极采取措施尽快恢复。要科学合理设置防疫检查点并及时通报设置情况，高速公路防疫检查点应设在收费站外广场及以外区域，具备条件的地方要配套设置充足的货车专用通道、休息区。严禁在普通公路同一区段同一方向、同一航道设置2个(含)以上防疫检查点；严禁在高速公路主线和服务区设置防疫检查点；严禁擅自在航道船闸设置防疫检查点，确需设置的，应报地市级联防联控机制(领导小组、指挥部)批准。

二、优化防疫通行管控措施

各地区要根据疫情防控需要，依法依规制定防疫通行管控措施，及时统一对外发布。因疫情需对地级城市市辖区、县域实施全域封闭管理的，防疫通行管控措施由地市级联防

联控机制(领导小组、指挥部)批准并公布；地市级及以上城市实施全域封闭管理的，防疫通行管控措施由省级联防联控机制(领导小组、指挥部)批准并公布。省级联防联控机制(领导小组、指挥部)要及时汇总各地市防疫通行管控信息，及时上传至国务院客户端小程序"各地防控政策"专栏，并通过"12345"热线电话、政府网站、官方微博微信等方式广泛宣传。鼓励与导航地图平台及时共享更新通行管控信息。

各地区要根据货运车辆和司乘人员实际行程、是否涉疫等情况，精准实施通行管理。不得随意限制货运车辆和司乘人员通行，不得以车籍地、户籍地作为限制通行条件，不得简单以货车司乘人员、船员通信行程卡绿色带*号为由限制车辆船舶的通行、停靠。对于通信行程卡绿色带*号的货车司机，需在车辆到达目的地 24 小时以前，向目的地收发货单位主动报备车牌号、计划抵达时间以及司乘人员姓名、身份证号、手机号码等信息，由收发货单位向属地社区(乡镇)报告，并向货车司机推送当地疫情防控和通行管控措施详细情况；货车行驶至目的地高速公路出入口等防疫检查点时，司乘人员体温检测正常且 48 小时内核酸检测阴性证明、通行证、健康码、通信行程卡("两证两码")符合要求的，要及时放行，可对防疫检查点至目的地实行闭环管理、点对点运输……

三、全力组织应急物资中转

……

国务院应对新型冠状病毒感染肺炎疫情联防联控机制
2022 年 4 月 10 日

【例文 2.5 简析】

指示性通知是向下级机关部署工作、阐明工作活动的指导原则，要求下级机关办理或共同执行时使用的通知。此类通知从行文的内容和语气上，都可感觉出指导性与约束性。主送机关中，类别相同的部门之间用了顿号，类别不同的部门之间用了逗号。正文开头交代了该通知的目的和依据，主体内容部分以过渡语"现就有关事项通知如下"承启，采用了分条写作的方法，依照逻辑顺序排列，井然有序，一目了然，条理清楚，结构严谨，不枝不蔓，用词准确、简洁、无歧义。

教育部办公厅关于召开 2021 年全国教育信息化工作会议的通知

教科信厅函〔2021〕42 号

各省、自治区、直辖市教育厅(教委)，新疆生产建设兵团教育局：

根据《2021 年教育信息化和网络安全工作要点》的安排，我部决定召开 2021 年全国教育信息化工作会议。现将有关事项通知如下：

一、会议内容

深入贯彻党的十九届六中全会精神，学习贯彻习近平总书记关于教育的重要论述和关于网络强国的重要思想，全面落实全国教育大会精神，全面总结"十三五"教育信息化工作，研究部署"十四五"教育信息化工作，推进构建高质量教育支撑体系，为加快教育现代化和建设教育强国提供有力支撑。

二、时间地点

2021年12月29日(星期三)下午14:30。主会场设在教育部北楼二层报告厅。各省、自治区、直辖市教育厅(教委)，新疆生产建设兵团教育局设分会场。

三、参会人员

1. 主会场：部领导，有关司局(单位)负责同志。

2. 分会场：各省、自治区、直辖市教育厅(教委)，新疆生产建设兵团教育局教育信息化分管负责同志和职能处室负责同志。

四、其他事项

1. 请各省级教育行政部门于2021年12月28日10:00前将会议回执(见附件)盖章版及文字版通过通用业务服务平台 https://wj.portal.moe.edu.cn/q/ZEwVXRvQ(扫描下方二维码(略)即可填报)反馈教育部科学技术与信息化司。

2. 本次会议定于12月28日下午16:30—17:30进行网络视频调试。请各分会场提前做好系统的联调测试工作，要指定专人负责。如遇技术问题，请及时与主会场联系(联系人及电话：付×× 185××××××××)。

3. 拟参会人员会前14天内如有新冠肺炎疑似症状、疫情中高风险地区人员接触史或疫情中高风险地区驻留史的，请更换其他参会人员。主会场参会人员需提供行程码和"北京健康宝"绿码。如出差返京不满5天，需在会前48小时内进行核酸检测，结果无异常方可参会。请各分会场单位严格按照当地新冠肺炎疫情防控工作要求，统筹部署分会场会议安排，参会人员提前10分钟进入会场就座。

五、联系方式

联系人及电话：李××，010-66××××××

电子邮箱：kjsxxh@moe.edu.cn

附件：2021年全国教育信息化工作会议参会回执

教育部办公厅
2021年12月27日

附件

2021年全国教育信息化工作会议参会回执

单位：(请加盖公章)

姓名	单位	职务	联系电话	参与方式(线下/线上)

注：请12月27日前通过通用业务服务平台 https://wj.portal.moe.edu.cn/q/ZEwVXRvQ 将本回执反馈教育部科学技术与信息化司，电子邮箱：kjsxxh@moe.edu.cn。

【例文 2.6 简析】

这是一篇会议通知。前言中先交代开会的依据,说明会议的主要议题和会议的名称,之后用承启语"现将有关事项通知如下"引出通知的主体部分。主体事项部分采用了分条列项的写法,先写会议内容、时间、地点、参会人员,后交代其他事项,条理分明,一目了然,考虑周到,体现了疫情防控期间细致的工作作风。

第三节 通 报

一、通报的含义

通报是适用于表彰先进、批评错误、传达重要精神和告知重要情况的公文,属下行文。

二、通报的种类和作用

通报一般可分为表彰性通报、批评性通报和情况性通报三种类型。

(一)表彰性通报

表彰性通报主要用于表彰先进人物、先进集体,介绍先进经验,达到激励先进、推广经验、指导工作的目的。

(二)批评性通报

批评性通报主要用于对工作中出现的影响较大的错误事件、错误做法进行通报批评,借以告诫和教育人们吸取教训,引以为戒。

(三)情况性通报

情况性通报主要用于向干部群众传达重要精神或重要情况,从而使广大干部群众及时了解工作中存在的带有普遍性的问题或出现的新情况和新问题,以便统一认识、统一行动,推动工作的顺利进行。

三、通报的写作

通报的结构是:标题+主送机关+正文(包括附件)+署名+成文日期。

(一)标题

通报的标题通常有两种构成形式:一种是由发文机关名称、事由和文种组成,如《国务院办公厅关于对少数地方和单位违反国家规定集资问题的通报》;另外一种是由事由和文种组成,如《关于给不顾个人安危勇于救人的王××同志记功表彰的通报》。此外,有少数通报的标题是在文种前冠以机关单位名称,如《中共××市纪律检查委员会通报》;也有的通报标题只有文种名称,但这种通报一般仅见于张贴式通报。

(二)主送机关

除普发性通报外,其他通报均应标明主送机关。

(三)正文

通报正文的结构通常由开头、主体和结尾等部分组成。开头说明通报缘由,主体说明通报决定,结尾提出通报的希望和要求。不同类别的通报,其内容和写法有所不同,现分述如下。

(1) 表彰性通报的正文可以分为表彰先进人物、先进集体和介绍先进经验两类。

① 表彰先进人物、先进集体的通报正文。这类通报的正文大体可分为四个层次:一是概括地介绍先进事迹,说明通报缘由。由于它是作出通报的依据,因此要求把表扬对象的先进事迹交代清楚,而且要注意详略得当、重点突出。二是分析先进事迹的典型意义,并对此作出肯定性的评价,阐明所述事件的性质和意义。三是写明表彰决定,如通报表扬、授予荣誉称号或给予一定物质奖励等。四是发出希望和号召。

② 介绍先进经验的通报正文。这类通报的正文一般也可分为四个层次:一是简略介绍取得经验和成绩的事迹,并作出表彰决定。二是介绍取得经验和成绩的单位或个人的具体做法及其成功经验。这是全文的重点,必要时可采取分条列项的方法撰写。三是指出存在的不足或提出希望。这部分应根据实际情况而定,尤其是对存在的不足,有则写出,没有则不必强求。四是发出号召。

(2) 批评性通报的正文大致包括以下四个方面的内容。

① 情况概述。首先概括地介绍错误事实发生的时间、地点、简单经过,以及造成的经济损失和政治影响等。

② 分析原因。主要是客观分析错误事实产生的原因,并指出错误的性质、危害,以及违反了哪些政策、规定。

③ 处理办法。首先要提供处理的有关依据,然后提出对主要责任者的处理决定和工作上的改进措施。

④ 提出要求或发出警戒。主要是要求被通报的有关单位或人员从此类错误中吸取教训,或向有关方面发出不要再犯类似错误的警戒。

(3) 情况性通报的正文主要包括以下两方面的内容。

① 通报的相关情况。这一部分所占篇幅相对大一些。但在写作时要注意表述准确,语言精练。

② 分析情况和提出要求。针对通报的相关情况,作出恰如其分的分析,并表明态度,提出今后工作的具体意见和要求。具体写法,有的是先摆情况,然后进行分析得出结论;有的是先通过简要分析作出结论,再列举情况,来说明结论的正确性和针对性。总之,写法多样,如何表述可因事制宜。

在写作实践中,应注意情况性通报与批评性通报的区别,不要将二者混淆在一起。

(四)署名和成文日期

在通报正文的右下方,署上发出通报的机关单位名称,署名下面写成文日期。

四、撰写通报应注意的问题

(一)通报的内容必须真实

通报的事实和所引用的材料,都必须真实无误。动笔前先要做好调查研究,对有关情况和事例要认真进行核对,并客观、准确地进行分析和评论。

(二)通报决定要恰如其分

无论哪一种通报,都要做到态度鲜明,分析中肯,评价实事求是,结论公正准确,用语把握分寸。否则通报不但会缺乏说服力,而且有可能会产生副作用。

(三)通报的语言要简洁、庄重

通报的语言要简洁、庄重。其中,表彰性通报和批评性通报还应注意用语分寸,要力求文实相符,不讲空话、套话,不讲过头的话。

国务院办公厅关于对国务院第八次大督查
发现的典型经验做法给予表扬的通报

国办发〔2021〕44号

各省、自治区、直辖市人民政府,国务院各部委、各直属机构:

为进一步推动中央经济工作会议部署和《政府工作报告》提出的目标任务落到实处,国务院部署开展了第八次大督查。从督查情况看,各有关地区在以习近平同志为核心的党中央坚强领导下,以习近平新时代中国特色社会主义思想为指导,认真贯彻党中央、国务院重大决策部署,统筹推进新冠肺炎疫情防控和经济社会发展,扎实做好"六稳"工作、全面落实"六保"任务,各项工作取得积极成效。在对16个省(自治区、直辖市)开展实地督查时发现,有关地方围绕减税降费助企发展、扩内需保就业保民生、深化"放管服"改革优化营商环境、推进创新驱动发展等方面,结合本地实际,迎难而上,勇于创新,创造和形成了一批好的经验做法。

为表扬先进,宣传典型,进一步调动和激发各方面真抓实干、改革创新的积极性、主动性和创造性,推动形成干事创业、竞相发展的良好局面,经国务院同意,对北京市坚持"一抓三保五强化"推动实现更加充分更高质量就业等48项典型经验做法予以通报表扬。希望受到表扬的地方珍惜荣誉,再接再厉,充分发挥模范表率作用,不断取得新的更大成绩。

各地区各部门要全面贯彻党的十九大和十九届二中、三中、四中、五中、六中全会精神,统筹推进"五位一体"总体布局,协调推进"四个全面"战略布局,坚持稳中求进工作总基调,立足新发展阶段,完整、准确、全面贯彻新发展理念,构建新发展格局,推动高质量发展，积极应对各种风险挑战。要学习借鉴典型经验做法，加大宣传推广力度，结合实际创造性开展工作，为完成全年经济社会发展目标任务、实现"十四五"良好开局作出积极贡献。

附件：国务院第八次大督查发现的典型经验做法(共48项)

国务院办公厅
2021年11月8日

(此件公开发布)

附件

国务院第八次大督查发现的典型经验做法

(共48项)

1. 北京市坚持"一抓三保五强化"推动实现更加充分更高质量就业。
2. 北京市建立完善"五新"机制高标准建设新型研发机构。
3. 北京市打造"智慧税务"助推惠企利民政策落地见效。
4. 天津市实施集中攻坚精准推进重点产业链高质量发展。
5. 天津市优化不动产登记服务方便企业和群众办事。
6. 天津市河西区多管齐下着力满足老年人养老需求。
7. 河北省分类施策积极推动县域科技创新。
8. 河北省石家庄市用好失业保险稳岗返还政策助企业稳就业。
9. 河北省邢台市推进"医养一体、两院融合"探索农村养老新路径。

……

【例文2.7简析】

本篇是介绍先进经验的通报，属表彰性通报。通报的正文在简要介绍背景及先进经验和成绩的基础上，对48项地方典型经验做法予以通报表扬并希望受到表扬的地区珍惜荣誉，发扬成绩，再接再厉，作出新的更大贡献。最后文件对受文单位提出了要求和希望。由于需表彰的单位和需学习的经验较多，本文采用了附件形式——下发，这样就使整个文件摘要不烦，简洁明了，结构紧凑，层次清晰。

关于统计违纪违法案件
有关情况的通报

关于2022年第1季度
政府网站和政务新媒体抽查情况的通报

第四节 请　　示

一、请示的概念和适用范围

(一)请示的概念

请示是适用于向上级机关请求指示、批准的公文。请示为上行文，具有强制回复的性质。

(二)请示的适用范围

请示作为报请性的上行文，其应用范围十分广泛，大致可归纳为以下几个方面。

(1) 下级机关遇到新情况、新问题，因无章可循而没有对策或没有把握，需要上级机关给予指示时，要用请示。

(2) 下级机关在处理较为重要的事件和问题时，因涉及有关方针政策必须慎重对待，需要报请上级机关批准时，要用请示。

(3) 下级机关在工作中遇到问题，虽然有解决的办法，但由于职权、条件的限制，没有权力或没有能力实施这些办法，需要上级帮助解决时，要用请示。

(4) 下级机关对有关方针、政策和上级机关发布的规定、指示有疑问，需要上级机关给予解答时，要用请示。

(5) 下级机关之间在较重要的问题上出现意见分歧，需要上级机关裁决时，要用请示。

二、请示的特点及种类

(一)请示的特点

请示具有如下特点。

(1) 求复性。在公文体系中，请示是为数不多的双向对应文体之一，与它相对应的文体是批复。下级有一份请示报上去，上级就会有一份批复发下来。不管上级是否同意下级的请示事项，都必须给请示单位一个回复。因此可以说，写请示最直接的目的就是得到批复。

(2) 单一性。与其他上行文相比，请示更强调遵循"一文一事"的原则。在一份请示中，只能就一项工作或一种情况、一个问题作出请示，不得在一份公文中就若干事项请求指示和批准。如果确有若干事项需要同时向同一上级机关请示，可以同时写出若干份请示，它们各自都是一份独立的文件，有不同的发文字号和标题。而上级机关则会分别对不同的请示作出不同的批复。

(3) 针对性。请示的行文有很强的针对性。只有针对本机关没有对策、没有把握或没有能力解决的重要事件和问题，才能运用请示。不得动辄就向上级请示，那样看起来像是尊重上级，实际上却是把矛盾交给上级而自己逃避责任的表现。《条例》规定："下级机关的请示事项，如需以本机关名义向上级机关请示，应当提出倾向性意见后上报，不得原文转报上级机关。"

(4) 时效性。请示所涉及的情况和问题，都有一定的迫切性，应该及时写作、及时发出；如有迟延，就有可能延误解决的时机。相应地，上级机关在处理下级的请示时，也应注意时效性问题，对请示作出及时的批复。

(二)请示的种类

请示的分类主要是根据行文的目的、性质和内容的不同来进行的。通常可分为两种：一种是请求指示的请示，另一种是请求批准的请示。

1. 请求指示的请示

(1) 遇到新情况、新问题，在有关的方针、政策、规章以及上级的指示中，都找不到相应的处理依据，无章可循，因而没有对策，需要上级机关给予指示。

(2) 对有关方针、政策和上级机关发布的规定、指示有疑问，需要上级机关给予解释和说明。

(3) 与相关部门或协作单位在较重要的问题上出现意见分歧，需要上级机关裁决。

2. 请求批准的请示

(1) 请求批准有关规定、方案、规划。依据有关规章和管理权限，下级机关制定的某些规定、方案、规划等，需要经过上级部门的批准才能发布施行。如本部门长期施行的法规，在制定出来后须经上级批准；由于本单位的特殊情况，难以执行上级的统一规定，需要进行变通处理，并提出变通方案报上级批准；设立新的机构，也要将设想或方案报上级批准；重要的工作计划、规划，也要报请上级部门批准。

(2) 请求审批某些项目、指标。在工作中遇到人、财、物方面的困难，自己无法解决，可提出解决的方案，请上级机关审核批准，在人、财、物方面给予相应的调配。如请求审批基建项目，请求审批购进设备物资，请求增加人员编制等。

三、请示的结构和写法

请示的结构为：标题+主送机关+正文+落款。

(一)标题

请示的标题由发文机关+事由+文种组成，如《××省人民政府关于增拨防汛抢险救灾用油的请示》。

仅以"请示"作为公文标题的写法是错误的。写标题时要注意，不能将"请示"写成"报告"或"请示报告"，事由中也不应重复出现"申请""请求"之类的词语。

(二)主送机关

请示的主送机关是指负责受理和答复该文件的机关。

(1) 主送机关只能有一个。《国家行政机关公文处理办法》规定，请示"一般只写一个主送机关，如需同时送其他机关，应当用抄送的形式"；"受双重领导的机关向上级机

关行文,应当写明主送机关和抄送机关,由主送机关负责答复其请示事项"。请示如果多头行文,很可能得不到任何机关的批复。

(2) 除上级机关负责人直接交办的事项外,不得以本机关名义向上级机关负责人报送公文,不得以本机关负责人名义向上级机关报送公文。

(三)正文

请示的正文包括缘由、事项和结语三部分。

(1) 缘由。这是请示正文的开头。请示的缘由是请示能否被批准的关键,关系到事项是否成立,是否可行,关系到上级机关审批请示的态度。既要写得简明扼要,使人一目了然;又要提供足够的依据,令人信服。原因讲得客观、具体,理由讲得合理、充分,上级机关才好及时决断,予以有针对性的批复。因此,缘由应十分完备,依据、情况、意义、作用等都要写上,有时还需要说明背景。

(2) 事项。这是请示正文的主体。对需要上级机关审批的事项,进行具体的说明。这部分内容要单一,只宜请求一件事。事项要符合法规,符合实际,具有可行性和可操作性,不能为了让上级领导批准而虚构情况,也不要因为没能认真调查而片面地摆情况、提问题。事项要写得具体、明确、条项清楚,如果请示的事项内容比较复杂,要分清主次,一条一条地写出来,条理要清楚,重点要突出。语气要平实、恳切,以期引起上级的重视,既不能出言生硬,也不要低声下气、客客套套。

(3) 结语。此部分应另起段。请示的结语有"以上请示,请批复""以上请示如无不妥,请批复""以上请示,请予审批"等。结语是请示必不可少的一项内容,不能遗漏,更不能含糊其词。

(四)落款

请示的落款包括署名和成文日期。

四、撰写请示应注意的问题

(一)一文一事

一份请示只能写一件事,这是《条例》所规定的,也是实际工作的需要。如果一文多事,可能导致受文机关无法批复。

(二)单头请示

请示只能主送一个上级领导机关或者主管部门。如果需要,可以抄送有关机关。这样即可避免出现推诿、扯皮的现象。

(三)不越级请示

请示不能越级,如因特殊情况或紧急事项必须越级请示时,要同时抄送越过的直接上级机关。党委、政府的部门向上级主管部门请示、报告重大事项,应当经本级党委、政府同意或者授权。不得以本机关负责人名义向上级机关报送公文。除个别领导直接交办的事项外，请示一般不直接报送领导个人。

(四)不抄送下级

请示是上行文，行文时不得同时抄送下级，以免造成工作程序混乱，更不能要求下级机关执行未经上级机关批准和批复的事项。

××公司关于在控制计划编制数内补充 N 名人员的请示

国资委：

　　为满足我公司初期筹建需要，根据区国资委《××××××》文件要求，同时结合"发展所需、人岗匹配"原则，拟补充×××、××、××等 N 名人员，配置至公司相关岗位，现按程序上报审批。

　　妥否，请批示。

　　附件：1.拟补充人员基本情况表
　　　　　2.人员基本信息表

××公司
20××年×月×日

(联系人：××，联系电话：××××××)

【例文2.10简析】

　　例文以请示目的(为满足我公司初期筹建需要)和请示事项(拟补充×××、××、××等 N 名人员，配置至公司相关岗位)开笔，开门见山提出请示事项。这是请求批准的请示常用的写作手法。

　　文中谈及了两点依据(理由)：一是根据区国资委《××××××》文件要求，二是结合"发展所需、人岗匹配"原则。这两条理由有相当的分量，使整个请示充满了极强的说服力。该请示理由简洁而充足，事项的陈述明确、周密、具体，语言平实，措辞得体。

××化工厂关于贯彻按劳分配政策 两个具体问题的请示

××省劳动厅：

　　按劳分配，是社会主义分配的基本原则，也是社会主义优越性之一。近年来，我厂认真贯彻按劳分配政策，极大地激发了广大职工的社会主义劳动积极性，使得生产率成倍、乃至几倍地增长。为全面贯彻按劳分配原则，进一步调动职工的劳动积极性，现就两项劳资政策问题请示如下：

一、拟用20××年全厂超额利润的10%为全厂职工晋升工资等级。其中，20××年4月30日在册职工每人晋升一级，凡班(组)长和车间先进生产(工作)者及其以上领导和先进人物再依次晋升一级；全厂技术突击组成员每人浮动一级工资，组长每人浮动两级工资。

二、拟用20××年全厂超额利润的10%一次性为全厂职工每人增发奖金100元，具体金额按劳动出勤率和完成定额计算。

以上请示，妥否，请批示。

××化工厂
20××年×月×日

(此文有改动)

【例文2.11简析】

这是一篇请求指示的请示。在具体工作中，请示多用于对有关方针、政策和上级机关发布的规定、指示有疑问，需要上级机关对原有政策规定作出明确解释，对如何处理新情况作出明确指示，多涉及政策上、认识上的问题。

第五节 报　　告

一、报告的概念和种类

(一)报告的概念

报告是向上级机关汇报工作、反映情况，回复上级机关询问的公文。报告为上行文。

在机关中，报告的使用范围很广。向上级机关或业务主管部门反映情况、汇报工作、报送文件、回答上级查询的问题等，都要用到报告。

作为上行文的报告，原则上主送一个上级机关，"党委、政府的部门向上级主管部门请示、报告重大事项，应当经本级党委、政府同意或者授权"。

作为党政公文的报告，包括一些专业部门从事业务工作时所使用的标题中也带有"报告"二字的行业文书，如"审计报告""评估报告""立案报告""调查报告"等，不是相同的概念。这些文书不属于党政公文的范畴，注意不要混淆。

(二)报告的种类

报告一般可分为以下几种。

1. 汇报性报告

汇报性报告是直接向上级机关汇报工作、反映情况的报告。根据具体内容和性质，它又可分为综合报告与专题报告两种。

综合报告是用来向上级汇报本单位、本部门一个时期内全面工作或几个方面工作综合情况的报告，往往有一文数事的特点，如《××市关于"十四五"规划执行情况的报告》。

专题报告是向上级汇报某项工作、某个问题或某一方面情况的报告，往往有一事一报、迅速及时的特点，如《中国人民银行××市××区分行关于发现变相货币的报告》。

2. 答复报告

用于答复上级询问或汇报所交办事情办理结果的报告，称作答复报告。答复报告往往是对一些重大事项的答复，而一般事项用函作答即可，如《××市民政局关于拥军优属情况的报告》。

3. 呈报性报告

呈报性报告主要是下级向上级报送文件、物件随文呈报的一种报告。一般用一两句话说明报送文件或物件的根据或目的以及与文件、物件有关的事宜。

二、报告的特点

(一)单向性

报告是下级机关向上级机关汇报工作、反映情况时使用的单方向上行文，不需要上级机关给予批复。在这方面，报告和请示有较大的不同，请示具有双向性特点，必须有批复与之相对应；报告则是单向性行文，不需要任何相对应的文件。

(二)陈述性

报告在汇报工作、反映情况时，所表达的内容和使用的语言都是陈述性的。本单位遵照上级的指示，做了什么工作，怎样做的这些工作，取得了哪些成绩，还存在哪些不足，都要一一向上级陈述。反映情况时，要把时间、地点、人物、事件、原因、结果叙述清楚，向上级机关提供准确的现实性信息。

(三)汇报性

凡报告都是下级机关向上级机关或业务主管部门汇报工作，一般都是将做过的事情报告给上级，让上级掌握基本情况，以利于心中有数或对工作进行指导。所以，汇报性是报告的一大特点，这是报告同请示的根本区别。这一特征决定了报告一般属于事后行文。

三、报告的结构、内容和写法

报告的结构是：标题+主送机关+正文+署名及成文日期，具体内容如下。

(一)标题

标题由发文机关+事由+文种构成，如《××部关于××抗灾救灾工作情况的报告》。

(二)主送机关

报告的主送机关应为负责受理报告的上级机关。

(三)正文

报告正文的结构一般由开头、主体和结语三部分组成。

1. 开头

报告开头主要交代报告的缘由，概括说明报告的目的、意义或根据，然后用"现将有关情况报告如下"一语转入下文。

2. 主体

报告主体是报告的核心部分，用来说明报告事项。在不同类型的报告中，正文中报告事项的内容可以有所侧重。

1) 工作报告的要求

(1) 主要写明工作进程、工作成绩、经验、存在的问题与下一步的工作安排。结语写"特此报告"。

(2) 主要运用记叙方式。按时间顺序、工作发展过程或逻辑关系分设若干小问题，然后有层次地概括叙述。

(3) 重点突出，点面结合。要避免把工作报告写成面面俱到的流水账。突出重点，就是要重点撰写本机关或本部门的中心工作情况。点面结合，则指既要概括叙述整体情况，又要适当地引用数据，举出有代表性的典型事例说明工作的深度，从而使报告达到全面、具体的表述效果。

(4) 实事求是，报告中所列成绩或问题都必须属实，不夸大，也不瞒报、漏报，并能从中揭示出一定的规律。

(5) 在报告中可以写设想、提建议，但不可写请示事项。

2) 专题报告的要求

(1) 只针对某一方面的工作或某一项具体工作进行汇报，如关于技术革新工作的报告。报告写作要及时，做完一项专门工作或解决某项问题之后，应立即报告。

(2) 如果本单位出现了正常工作秩序之外的情况，譬如，发生了事故或出现了意想不到的问题等，对工作产生了一定程度的影响，应该及时将有关情况原原本本地向上级进行汇报。即使对工作没有太大影响，一些有倾向性的新动态、新风气，以及最近出现的新事物等，必要时也要向上级报告。凡此种种，又称"情况报告"。作为下级机关，有责任做到"下情上达"，以保证上级机关耳聪目明，对下面的情况始终了如指掌。如果隐瞒不报，则是一种失职的表现。写作中要将突发情况或某事项的原委、经过、结果、性质与建议表述清楚，要有助于推进当前工作的开展。

3) 答复报告的要求

针对上级的询问，一定要实事求是地回答问题，做到所答即所问。例如，《××市人民政府关于治理××河水质污染问题的报告》的开头即言明此报告是针对上级所问而答："省政府转来××××××委员会提出的关于××河水质污染状况的报告，经市政府调查研究，对报告中提出的有关问题及解决方案报告如下……"

3. 结语

报告种类不同，结语使用的程式化用语一般也不同，而且应另起段来写。如工作报告和情况报告的结语常用"特此报告"，答复报告多用"专此报告"，递送报告则用"请审阅""请收阅"等。

(四)署名及成文日期

在正文的右下方标注发文机关，成文日期标注于署名之下。

四、报告和请示的区别

报告和请示的不同主要体现在以下几方面。

(一)行文时间不同

请示涉及的事项是没有进行的，等上级批复后才能处理，必须事前行文，不能先斩后奏；而报告涉及的事项大多已过去或正在进行中，可以事后行文，也可以事中行文。

(二)行文的目的、作用不同

请示旨在请求上级机关批准、指示、支持和帮助，需要上级机关予以批复，重在呈请；报告旨在向上级机关汇报工作、反映情况、提出建议、答复上级询问，不需要上级机关进行答复，重在呈报。

(三)主送机关数量不同

请示只能写一个主送机关；报告的主送机关既可以是一个，也可以是多个，尤其是在遇到灾情、疫情等紧急状况需要多级领导机关尽快知道时，报告可写多个主送机关。

(四)写法不同

请示内容具体单一，要求一文一事，必须提出明确的请求事项。报告内容较广泛，可一文一事，也可反映多方面情况，但不能在报告中写入请示事项，也不能请求上级批复。请示起因、事项和结语缺一不可；报告内容相对复杂，容量可大可小，侧重于概括陈述情况，总结经验教训，形式多样，表述灵活，结构安排不拘一格，因文而异。

(五)结尾用语不同

请示的结语不能省略，一定要写上"以上请示，请批复"一类的惯用结语；报告的结语一般写"特此报告""以上报告，请审阅"，或者省略惯用结语。

(六)受文机关处理方式不同

请示属办件，收文机关必须及时批复；报告多数是阅件，上级机关对报告一般不必行文回复。

第二章 公文写作

报告和请示最大的相同之处是均属上行文，都应遵守"原则上主送一个上级机关，根据需要同时抄送相关上级机关和同级机关，不抄送下级机关""党委、政府的部门向上级主管部门请示、报告重大事项，应当经本级党委、政府同意或者授权；属于部门职权范围内的事项应当直接报送上级主管部门""除上级机关负责人直接交办的事项外，不得以本机关名义向上级机关负责人报送公文，不得以本机关负责人名义向上级机关报送公文"等行文规则。

五、报告的写作要求

(一)报告事项真实

报告中反映的情况必须真实，以便上级机关了解实情，从而对发文机关的工作进行正确的指导。

(二)报告时间及时

向上级机关反映工作与情况要及时，以便上级机关和有关领导能够尽快了解最新情况。

(三)报告中不得夹带请示事项

报告是报告，请示是请示，它们是两种不同的文种，不能混用。

例文 2.12

教育部年度报告

例文 2.13

河北省发展和改革委员会
关于 2021 年度法治政府建设情况的报告

2021 年，我委坚持以习近平法治思想为指导，全面落实党的十九大和十九届历次全会精神，认真贯彻省委、省政府法治建设工作部署，紧紧围绕发展改革中心工作，充分发挥法治引领和推动作用，扎实开展法治机关建设，圆满完成各项工作任务，发展改革事业法治化水平实现稳步提升。

一、全面坚持党的领导，深入学习贯彻习近平法治思想

一是深入学习贯彻习近平法治思想。委党组理论中心组专题学习习近平法治思想，进一步深化对习近平法治思想重大意义、丰富内涵、核心要义、精神实质、实践要求的认

识,进一步提升用习近平法治思想深化改革、推动发展、化解矛盾、维护稳定、应对风险能力。

二是加强党内法规学习。委党组理论中心组对《中国共产党党员权利保障条例》《中国共产党统一战线工作条例》等4部党内法规进行专题学习,准确把握法治机关建设的政治方向,切实运用党的创新理论指导法治机关建设实践。专题学习《法治中国建设规划(2020—2025年)》《关于加强社会主义法治文化建设的意见》等重要文件,进一步加强宏观层面对法治建设核心要义、主要任务的理解和把握。

三是认真履行法治建设第一责任人职责。印发《河北省发展和改革委员会2021年度法治机关建设工作要点》,明确了8方面29项具体任务,对全年法治机关建设工作进行安排部署。印发《贯彻落实党政主要负责人推进法治建设第一责任人职责意见》,进一步强化委主要负责同志切实履行法治建设重要组织者、推动者和实践者职责。委党组会专题听取2021年法治机关建设工作半年情况汇报,研究部署权责事项清单、《河北省数字经济促进条例》起草等法治工作10次,将法治机关建设工作与发展改革业务工作同部署、同推进、同督促、同考核、同奖惩。

二、着力完善制度体系,夯实依法行政制度基础

一是加快重点领域立法。会同省委网信办、省工业和信息化厅研究起草《河北省数字经济促进条例》,已通过省人大常委会第二十七次会议一审,正在进一步修改完善。牵头推进《河北省省级重要商品储备管理办法》修订工作,已经省政府第135次常务会议审议通过。

二是加强规范性文件管理。修订《河北省发展和改革委员会规范性文件管理办法》,完善规范性文件管理制度。印发《河北省重大固定资产投资项目社会稳定风险评估办法》等规范性文件,着力规范地方政府在重大项目社会稳定风险判断等方面作用。对全委规范性文件进行集中清理,保留92件,延长有效期20件,限期修改56件,打包修改1件,废止16件,宣布失效30件。对我委牵头实施的省政府规范性文件提出清理意见,废止5件,失效32件,已经省政府正式公布。

三是开展立法后评估工作。组织委内有关处室对涉及我委的9部地方性法规实施情况进行了评估,对实施情况进行总结,对存在问题进行分析研判,提出改进意见,以保障地方性法规更好贯彻实施。此外,积极参加全国人大常委会、省人大常委会、省司法厅等单位组织的立法调研活动,对《破产法》《河北省公路条例》等50余件法律法规规章提出意见建议100余条。

三、更加注重程序正当,推进科学民主依法决策

一是坚持依法履行职能。科学编制全省国民经济和社会发展"十四五"规划,推动各专项规划陆续制定出台,为完善宏观调控提供政策依据。深入贯彻《优化营商环境条例》,印发《2021年优化营商环境工作要点》,开展"十大专项行动",全省营商环境水平持续提升。积极运用法治化手段和方式,推动"六稳""六保"等政策落地落实,加大项目投资、能源保供、民生物价稳定等重点任务工作力度,为国家和全省重大战略部署顺利实施提供了坚实保障。

二是健全完善决策制度体系。印发《关于进一步规范委党组会议的通知》,对委党组会的组织形式、提出议题、表决方式和决策落实进行详细规定,与《中共河北省发展和改

革委员会党组议事规则》《河北省发展和改革委员会重大行政决策实施办法(暂行)》等构成了完善的决策制度体系。

三是充分听取公众意见。对《河北省重大固定资产投资项目社会稳定风险评估办法》《河北省城镇供水价格管理实施细则》《河北省义务教育阶段学科类校外培训收费管理办法》等 8 项涉及群众切身利益的重大行政决策,通过委门户网站等形式公开征求社会公众意见,并认真听取了行业协会、市场主体意见建议。

四是规范合法性审查。对规范性文件、重要规划编制、重大项目安排、大额资金使用等重大决策事项全部进行合法性审查,全年对 100 余个行政行为出具了法律审核意见,从源头上防范违法情形发生,推进依法合规履职。充分发挥法律顾问作用,重大、疑难行政决策邀请法律顾问全程参与,出具法律意见 70 余条。

四、不断强化执法监督,严格规范行政执法行为

一是开展涉行政处罚内容法规规章清理。组织对我委实施的 9 部地方性法规、9 部省政府规章中涉及行政处罚的内容进行逐条梳理评估,提出保留、修改、删除意见,为《行政处罚法》实施扫清障碍。

二是推行权责事项清单。编制并印发《河北省发展和改革委员会权责清单(2021 年版试行)》,权责事项由原 50 项缩减至 40 项,全部事项逐一制定了服务指南和办理流程图。

三是深入推进行政执法三项制度。严格落实行政执法"三项制度"要求,对《执法人员清单》《行政执法事项清单》等 12 项清单事项在委门户网站予以公示,213 项行政许可、97 项节能监察等领域行政检查全部实现执法过程全记录、全留痕、可追溯,并在省行政执法公示平台对结果进行了公示。加大"双随机、一公开"监管力度,全部运用省双随机网上平台开展抽查检查。

四是不断加强执法能力建设。组织 35 名行政执法人员参加了公共法律知识考试和专业法律知识培训。邀请省市场监管局专家对涉及"双随机、一公开"工作相关处室工作人员进行了专题培训,对"双随机、一公开"系统使用进行了专门辅导,随机抽查工作靶向监管、精准监管水平不断提升。

五、健全完善应急体系,依法处置重大突发事件

一是完善突发事件应对制度。积极衔接国家法律法规,进一步加强网络信息、民生保障等领域突发事件应对工作,出台《河北省天然气迎峰度冬应急预案(2021—2022 年度)》《河北省煤电油气运综合协调应急预案》,进一步完善了发展改革系统突发事件应对制度体系。

二是加强应急体系指挥建设。成立了省煤电油气运综合协调机制、省天然气迎峰度冬应急保障领导小组等应急指挥体系专门机构,突发事件应急工作领导不断加强。强化突发事件依法分类施策,将预警级别分为红色、橙色、黄色、蓝色四个级别,严格按照级别启动对应的预案,确保能源保供。

三是提升舆情管理处理能力。修订完善了《河北省发展和改革委员会舆情应急处置预案》《河北省发展和改革委员会舆情监测和处置工作管理制度》,进一步规范了突发事件信息发布、审查、共享,谣言管控和信息管理制度。共起草呈报《舆情周报》47 期,舆情专报 19 期,处置敏感舆情 3 起,梳理正面宣传信息 1100 条。

六、主动自觉接受监督，确保行政权力规范有序

一是接受人大监督、民主监督。办理人大代表建议和政协委员提案 361 件，按时办复率达 100%，满意率 100%。积极配合省人大常委会开展四项联动监督，主动汇报工作，积极参加调研，以优化营商环境联动监督为契机，组织各地各有关部门排查出营商环境突出问题 120 个，有针对性地制定整改措施 182 项。

二是接受社会舆论监督。围绕委中心工作，召开《河北省国民经济和社会发展第十四个五年规划和二〇三五年远景目标纲要》等新闻发布会 8 次。组织中央和省内多家媒体实地巡访，中央媒体刊发我委政策信息 106 条次，转载报道 20 158 条次，省级媒体刊发 492 条次、转载报道 32 587 条次。

三是全面推进政务公开。进一步推进决策、执行、管理、服务、结果公开，通过委门户网站主动公开政府信息 246 件，公开政务服务事项办理结果信息 660 件，办理政府信息公开申请 140 件，以公开促落实、促规范、促服务。

七、积极化解矛盾纠纷，切实维护群众合法权益

……

八、深入推动普法依法治理，提升法治思维能力水平

……

下一步，我们将深入贯彻落实习近平法治思想和省委、省政府关于法治政府建设的安排部署，在全系统建设适应新时代要求的高水平高标准发展改革法治机关，为经济社会高质量发展提供更加坚实法治保障，为建设现代化经济强省、美丽河北作出更大贡献。

特此报告。

河北省发展和改革委员会
2022 年 1 月 7 日

(本文有删减)

【例文 2.13 简析】

本文属汇报性报告。

正文围绕"2021 年度法治政府建设情况"，有层次地写明了工作进程、工作成绩和工作经验，以及下一步的工作安排。既概括地叙述整体情况，又适当地引用数据，并列举出有代表性的典型事例说明工作的深度，点面结合。最后以惯用结语"特此报告"作结。

全文内容充实，结构严谨，显示了章法的完整性与条理性。

此文的表达也颇具特色，主要表现在以下几个方面：叙述、说明、议论有机结合运用；依据表现主旨的需要，对表达详略的处理得体适度；用语简明，言简意赅。

延安市安塞区人民政府关于承诺安塞区
2021 年度部分批次和项目用地纳入区级国土空间规划的报告

市政府：

按照建设用地审查报批相关要求，我区承诺将 2021 年度部分批次和项目用地纳入安

塞区国土空间规划，现就有关情况报告如下：

1. 延安市安塞区 2021 年度第二批次农用地转用和土地征收申请用地总面积 1.6856 公顷，其中农用地 1.1246 公顷(耕地 1.1185 公顷、草地 0.0061 公顷)、建设用地 0.5610 公顷，拟用途为工矿仓储用地。不涉及生态保护红线阶段性成果、永久基本农田、文物保护紫线。

2. 延安市安塞区 2021 年度第十批次农用地转用和土地征收申请用地总面积 0.7169 公顷，其中农用地 0.7169 公顷(耕地 0.1853 公顷、林地 0.5316 公顷)，拟用途为商服用地。不涉及生态保护红线阶段性成果、永久基本农田、文物保护紫线。

3. 延安市安塞区 2021 年度第十一批次农用地转用和土地征收申请用地总面积 1.5697 公顷，其中农用地 0.2177 公顷(均为耕地)、建设用地 1.2242 公顷，未利用地 0.1278 公顷，拟用途为交通运输用地、住宅用地。不涉及生态保护红线阶段性成果、永久基本农田、文物保护紫线。

……

我区政府承诺将上述批次和项目建设用地全部纳入安塞区国土空间总体规划，落实建设用地规模，并确保拟用地用途与国土空间总体规划用途一致。

延安市安塞区人民政府
2021 年 9 月 15 日

(本文有删减)

【例文 2.14 简析】

这是安塞区人民政府向延安市政府就承诺安塞区 2021 年度部分批次和项目用地纳入区级国土空间规划这一问题呈上的一篇答复报告。所谓答复报告，是针对上级机关向下级机关提出询问或要求，经过调查研究后所作的陈述情况或者回答问题的一种报告类型。这类报告最大的特点就是所答即所问，针对上级的问询回答相关工作。正文用分条列项的方式进行详细说明。与情况报告、工作报告相比，其针对性更强，内容更为集中、单一。

本报告以"我区政府承诺……"结尾，是因所汇报的事项要经由相关部门再次验收。

例文 2.15

关于呈送××省农村饮水安全工作有关情况的报告

水利部：

按照水利部《关于开展全国农村饮水安全工作检查调研的通知》(办农水函〔20××〕2 号)的要求，现将《××省农村饮水安全工作有关情况的报告》呈上，请审阅。

××省水利厅
20××年×月×日

【例文 2.15 简析】

呈报性报告是报告中最简短的一种，用一两句话说明报送文件或物件的依据或目的，以及与文件、物件有关的事宜即可。

第六节 函

一、函的含义

《条例》规定:"函适用于不相隶属机关之间商洽工作、询问和答复问题、请求批准和答复审批事项。"作为公文中的平行文种,函适用的范围相当广泛。

在行文方向上,函不仅可以在平行机关之间行文,而且可以在不相隶属的机关之间行文,其中包括上级机关或者下级机关行文。

在适用的内容方面,函除了主要用于不相隶属机关相互商洽工作、询问和答复问题外,也可以向有关主管部门请求批准事项,向上级机关询问具体事项,还可以用于上级机关答复下级机关的询问或请求批准事项,以及上级机关催办下级机关有关事宜,如要求下级机关函报报表、材料、统计数字等。

由于函是与主管部门而不是与有隶属关系的上级机关发生联系,所以它有别于请示。一般来说,向有直接隶属关系的上级机关请求指示、批准用"请示",向无隶属关系的主管部门请求批准用"函"。

二、函的特点

(一)沟通性

函对于不相隶属机关之间相互商洽工作、询问和答复问题起着沟通作用,充分显示了平行文种的功能,这是其他公文所不具备的特点。

(二)灵活性

函的灵活性表现在以下三个方面。

(1) 行文关系灵活。函是平行文,但是它除了平行行文外,还可以向上行文或向下行文,没有其他文种那样严格的特殊行文关系的限制。

(2) 格式灵活。除了国家高级机关的重要函必须按照公文的格式、行文要求行文外,其他一般函比较灵活自便,可以按照公文的格式及行文要求写,可以有文头版,也可以无文头版,不编发文字号,甚至可以不拟标题。

(3) 写法灵活。函的写法根据内容而定,如代行请示的函,可按请示的写法去写;代行批复的函,可参照批复的写法去写。

三、函的分类

函可以从不同的角度进行分类。

(一)按性质分

函按性质可以分为公函和便函两种。公函用于机关单位正式的公务活动往来;便函则

用于日常事务性工作的处理。便函不属于正式公文，没有公文格式要求，甚至可以没有标题，无发文字号，只需在尾部署上机关单位名称、成文时间并加盖公章即可。

(二)按发文目的分

函按发文目的可以分为发函和复函两种。发函即主动提出公务事项所发出的函；复函则是为回复对方所发出的函。

(三)按内容和用途分

函按内容和用途可以分为商洽函，问答函，请批、批答函等。

(1) 商洽函：不相隶属机关相互商洽工作或事项时使用的一种公函。这种函多用于平行机关之间或其他无隶属关系的机关之间商调人员、联系参观学习、洽谈业务等。

(2) 问答函：询问函和答复函的合成，适用于无隶属关系的机关之间或平行机关之间就某问题进行询问或解答。

(3) 请批、批答函：请批函主要用于无隶属关系的机关向业务主管机关请求批准有关事项；批答函是有关主管部门批答请批事项的函。

四、函的写作

函的类别较多，从制作格式到内容表述均有一定的灵活机动性。这里主要介绍规范性公函的结构、内容和写法。

公函的格式一般是：标题+发文字号+主送机关+正文+署名及成文日期，具体内容如下。

(一)标题

公函的标题一般有两种形式。一种由发文机关名称、事由和文种构成，如《山东省人民政府关于济南新机场名称的函》《××大学关于×××公司技术人员进修的复函》；另一种由事由和文种构成，如《关于商请派车运送民工的函》。

(二)发文字号

函的发文字号与其他公文的发文字号相似，只需在机关、单位代字中加上"函"字。如"川政函字〔2022〕8号"表示四川省人民政府2022年第8号函件。

(三)主送机关

主送机关即受理函件的机关、单位，应写全称。

(四)正文

函件正文一般由开头、主体、结尾和结语组成。

1. 开头

开头主要说明发函的缘由。一般要求概括交代发函的目的、根据、原因等，然后用

"现将有关问题说明如下"或"现将有关事项函复如下"等过渡语转入下文。复函的缘由部分，一般首先引叙来文的标题、发文字号，然后再交代根据，以说明发文的缘由。如："你局《关于明确临时工、合同工能否执罚问题的请示》(××字〔20××〕×号)收悉。现复函如下。"

2. 主体

主体是函的核心内容部分，主要说明致函事项。函的事项部分内容单一，一函一事，行文要直陈其事。无论是商洽工作、询问和答复问题，还是向有关主管部门请求批准事项等，都要用简洁得体的语言把需要告诉对方的问题、意见叙写清楚；如事项复杂，可分条列项来写。如果属于复函，还要注意答复事项的针对性和明确性，如不能满足要求，应加以解释。

3. 结尾

结尾是向对方提出希望或请求：或希望对方给予支持和帮助，或希望对方给予合作，或请求对方提供情况，或请求对方给予批准等。

4. 结语

结语在结尾下面另起一行。

商洽函的结语常用"恳请协助""不知贵方意见如何，请函告""望协助办理，并请尽快见复""望大力协助，盼复"等。

询问函的结语常用"请速回复""盼复""请予函复"等。

请批函的结语常用"请审核批准""当否，请审批"等。

答复函、批答函的结语常用"此复""特此函复""专此函告"等。

(五)署名及成文日期

落款包括署名和成文日期两项内容，并加盖公章。

五、函的写作要求

首先，要注意行文简洁明确，语言要朴素自然，把握分寸。无论是平行机关还是不相隶属机关的行文，都要注意语气平和有礼，不要仗势压人或强人所难，也不必逢迎恭维、曲意客套。至于复函，则要注意行文的针对性及答复的明确性。

其次，函也有时效性的问题，特别是复函更应该迅速、及时。应像对待其他公文一样，及时处理函件，以保证公务等活动的正常进行。

六、信函式格式的使用

理解函的定义时，关键要把握"不相隶属机关"这一概念。一个系统内部的平级机关是不相隶属机关，即凡是双方在行政或组织上没有领导与被领导关系、业务上没有指导与被指导关系的，都是不相隶属机关，无须考虑双方的级别大小。在不相隶属机关之间，级

别高的一方不能向级别低的一方发出指挥、指导性公文(个别晓谕性的通知例外),级别低的一方也无须向级别高的一方发出请示和报告。双方之间如果有事项需要协商或有请求需要批准,都要使用"函"这种平行文体。

函除作为平行文种出现之外,有时也可用于有隶属关系的上下级机关之间。例如,上级机关向下级机关询问有关情况,用其他的文体显然不合适,可以用函;但下级的答复最好用报告。上级机关向下级机关催办有关事宜,如要求下级机关呈报有关报表或材料时,也可以用函;下级同样要回以报告。

按照《国家行政机关公文格式》的规定,函的特定格式是"信函式格式"。但这并不意味着只有函才可采用"信函式格式",《国家行政机关公文处理办法》规定:办公室(厅)除外的部门内设机构与相应的其他机关进行工作联系确需行文时,只能以函的形式行文,并且"以'函的形式'行文应注意选择使用与行文方向一致、与公文内容相符的文种"。于是,我们看到很多公文明明不是"函"(如批复、通知等),却在发文字号里注明"函"。如《河北省人民政府关于同意涿州市承办河北省第六届农民运动会的批复》(冀政函〔2006〕97号)。

例文 2.16

关于商请调整××市未成年人保护委员会办公室成员的函

××市未成年人保护委员会各成员单位:

近年来,我市未成年人保护委员会成员单位进行了机构调整,部分成员工作岗位有所变动。为密切联系,加强沟通,明确职责,落实责任,推动全市未成年人保护工作深入开展,市未成年人保护委员会办公室组成人员将按需调整。

拟请贵单位按照部门职责分工,委派处室负责人担任市未成年人保护委员会办公室成员,具体负责未成年人保护工作,请于20××年4月20日前将《回执》电子版发送到指定邮箱。

联 系 人:李××,联系电话:80×××××××
电子邮箱:81××××××@qq.com
附件:回执

××市未保办
20××年4月12日

【例文2.16简析】

这是一则商洽函,用于平级机关之间。语言简洁而朴实。正文的缘由部分开门见山地交代了发函的原因、目的,继而提出事项要求及落实完成时间。用语简洁明确,交代事项清楚明白。

例文 2.17

国家发展改革委关于同意深圳市开展基础设施高质量发展试点的复函

发改基础〔2021〕1662号

深圳市人民政府：

　　来函收悉。经研究，同意你市组织开展基础设施高质量发展试点，并就有关事项函复如下：

　　一、以习近平新时代中国特色社会主义思想为指导，深入贯彻党的十九大和十九届二中、三中、四中、五中、六中全会精神，认真贯彻落实习近平总书记出席深圳经济特区建立40周年庆祝大会和视察广东重要讲话精神，抢抓建设粤港澳大湾区和中国特色社会主义先行示范区、实施综合改革试点的重大机遇，按照基础设施高质量发展方向，统筹存量和增量、传统和新型基础设施，推动跨界引领发展、跨区域一体发展、跨领域协调发展、跨前沿技术融合发展，全面提高基础设施供给能力、质量和效率，打造系统完备、高效实用、智能绿色、安全可靠的现代化基础设施体系，尽快形成可复制可推广经验，发挥先行示范作用。

　　二、切实加强对基础设施高质量发展试点的组织领导，科学制定年度计划和目标，压实相关部门单位责任，适时开展实施情况评估，及时总结经验做法，推动各项任务落到实处。

　　三、我委将会同各有关部门单位加强试点工作的协调指导，在重大项目建设、重大政策制定和体制机制创新等方面给予积极支持，为试点工作创造良好条件。

　　特此函复。

国家发展改革委
2021年11月18日

【例文 2.17 简析】

　　此文为复函，用于两个不相隶属机关之间。标题由完整的三要素构成，并于标题中表明了回函的态度，即"同意"。开头简洁明了，表明态度，使用过渡语"并就有关事项函复如下"引出下文。文中第二、三、四段为复函的主要内容，强调了落实方案应注意的问题，同时表明了积极支持的态度。用"特此函复"作为结语。全文简洁明了，结构完整。

例文 2.18

湖州市人民政府关于商请支持设立浙江湖州人力资源服务产业园的函

浙江省人力资源和社会保障厅：

　　在贵厅的大力支持和指导下，湖州人力资源服务产业园自开园以来，始终注重产业集聚、政策扶持和环境营造，以拓展人力资源服务供给、完善产业服务链为重点，积极助推和服务地方企业转型升级，形成了"立足区位合理定位、政府主导市场运营、线上线下扶

持众创"等契合湖州人力资源服务业发展的特色品牌。目前,湖州人力资源服务产业园核心园区已集聚企业 43 家,总注册资本超过 1 亿元,20××年产值突破 4 亿元,累计服务用人企业 2.7 万余次,输送员工 12.8 万余名,培训企业人力资源经理 3690 余人次和大学生 2850 余人次,孵化大学生人力资源创业项目 13 个,成功申报相关高层次人才项目 11 个,产业园已成为中国人力资源服务产业园联盟观察员单位,成功入选《中国人力资源服务业发展报告(20××)》典型案例。

为进一步加快我市人力资源服务业集聚发展,有效提升湖州人力资源服务产业园区建设水平,打造具有浙北区域影响力、省内乃至国内一流的地方性人力资源服务平台,特商请贵厅支持设立浙江湖州人力资源服务产业园。下一步,我市将在贵厅的指导下,切实加强组织领导,加大扶持力度,不断探索创新,努力将浙江湖州人力资源服务产业园建成适应产业发展、具有湖州特色的地方性产业园区,为我省人力资源服务业发展作出积极贡献。

特此致函,请予支持。

湖州市人民政府
20××年 12 月 26 日

【例文 2.18 简析】

此文为去函,希望对方给予帮助。收文单位应就此函的问题给予答复。

国务院办公厅关于同意建立国务院参事建言献策成果外部评估机制的函

国办函〔2022〕19 号

国务院参事室:

你室《关于建立国务院参事建言献策成果外部评估机制的请示》(国参字〔2021〕30 号)收悉。经国务院同意,现函复如下:

国务院同意建立由国务院参事室牵头的国务院参事建言献策成果外部评估机制。评估机制不刻制印章,不正式行文。请按照党中央、国务院有关文件精神认真组织开展工作。

附件:国务院参事建言献策成果外部评估机制

国务院办公厅
2022 年 2 月 17 日

【例文 2.19 简析】

用复函的形式代替批复,这种情况经常出现在工作中。通常是因上级办公厅(办公室)替代上级机关回文(批复),这样发文部门与收文单位就属于同级机关。此文中涉及事宜是国务院参事室向上级机关(国务院)请示,但回文的是经国务院授权的国务院办公厅,二者属于同级机关,故用了复函。这种复函的写法与批复的写法相同。

第七节 纪 要

纪要文种知识及例文请扫二维码。

本 章 小 结

党政公文是机关的通用文书。结合大学生的特点,本书只介绍了几种常用公文:通知、通报、请示、报告、函和纪要。

学习党政公文,首先,要熟悉并掌握相关的行文规则和公文的格式,做到格式符合标准、行文正确;其次,要根据所拟写的内容、行文关系,恰当地选择文种,拟好标题;再次,要准确选择主送单位和抄送单位;最后,要能够正确撰写公文,语言要准确、简明、得体。

作为在校学生,学习中最大的"拦路虎"应是实践应用和语言运用问题。缺少必要的社会常识、社会实践,平时较少接触公文,使得学生难以准确选择文种;而对事务语体的感知、体会不深,运用不熟练,则很容易使写出的文章带有明显的文艺语体的特征,从而给人"四不像"的感觉。

针对这些问题,本章在介绍写作知识的基础上,编入了一些例文,目的在于通过对范文的阅读,使大家对所学知识有所印证和掌握,增加感性认识,并借以熟悉公文的语言特点。

各节例文后还编有一篇病文分析,通过对瑕疵文书中问题的分析,初步总结出公文写作中常犯的错误,具体内容如下。

1. 标题常见的错误

(1) 文种选用错误。

(2) 文种混用。

(3) 事由不明确。

(4) 书名号使用不当。

(5) 三要素省略不当。

2. 主送机关常见的错误

(1) 多头请示。

(2) 直接送领导者个人。

(3) 标点符号使用错误。

(4) 收文对象不明确。

3. 正文常见的错误

(1) 缘由不明确。

(2) 主旨不明确。

(3) 主旨不单一。

(4) 结束语使用错误。

(5) 语言表达有语病：不明晰、不准确、不简朴、不庄重。

(6) 正文数目字的使用不符合规定。

(7) 结构层次序数的使用不符合规定。

4. 落款常见的错误

(1) 发文机关名称没有写全称。

(2) 缺少印章。

希望通过这些分析，能够进一步提高大家的鉴别与写作能力。

多读、多练是提高应用写作水平的有效途径，希望学生能结合综合练习及社会实践，较快地掌握公文的写作方法。

附：病文举例 关于转发的通知

附：病文举例 关于解决问题的请示

附：病文举例 关于申请的报告

附：病文举例 函

综 合 练 习

一、单项选择题(每道选择题只有一个选项是正确的)

1. 公文的作者指_____。
   A. 单位第一负责人　　　　　　B. 单位秘书
   C. 公文的执笔者　　　　　　　D. 制发公文的单位

2. 上行文的行文方向指_____。
   A. 给比本机关级别高的单位发文　　B. 给比本机关级别低的单位发文
   C. 给具有隶属关系的上级单位发文　D. 请示和报告

3. 对有关问题协商未果而各部门单独向下的行文，上级单位应_____。
   A. 责令纠正或撤销　　　　　　　　B. 肯定一方的公文，撤销另一方的公文
   C. 另行行文　　　　　　　　　　　D. 与这些部门再次联合行文
4. 受双重领导的下级机关向上行文，应当_____。
   A. 给两个领导机关主送公文
   B. 给负责答复的领导机关主送，另一领导机关抄送
   C. 越级给更上一级机关行文，两个机关均为抄送
   D. 任选其一主送，另一抄送
5. 请示可以抄送给_____。
   A. 主送机关之外的另一个领导机关　　B. 本机关的下级机关
   C. 其他比自己级别低的机关　　　　　D. 本机关的同级机关
6. 下列不能联合行文的情况是_____。
   A. 同级政府　　　　　　　　　　　B. 同级政府与党委
   C. 政府部门与同级人民团体　　　　D. 政府与其下一级政府
7. 落款发文机关应使用_____。
   A. 全称或规范化简称　　　　　　　B. 规范化简称或规范化统称
   C. 全称或规范化统称　　　　　　　D. 非规范化简称
8. 发文字号指_____。
   A. 文件印刷的份数序号　　　　　　B. 文件格式的代码
   C. 文件收文标识　　　　　　　　　D. 由发文机关编制的该年度发文序号
9. 需要标识签发人的是_____。
   A. 令、会议记录和批复　　　　　　B. 报告、请示和上行的意见
   C. 函、通知、通报　　　　　　　　D. 公告和通告
10. 发文字号中的年度括号是_____。
    A. 方括号　　　　B. 六角括号　　　　C. 大括号　　　　D. 圆括号
11. 公文的主送机关指_____。
    A. 负责办理和答复的受文机关　　　B. 上级机关
    C. 下级机关　　　　　　　　　　　D. 同级机关
12. 成文日期指_____。
    A. 公文生效的日期　　　　　　　　B. 完成稿件的日期
    C. 文件发出的日期　　　　　　　　D. 开始撰稿的日期
13. 抄送机关指_____。
    A. 下级机关　　　　　　　　　　　B. 有必要了解公文内容的机关
    C. 同级机关　　　　　　　　　　　D. 多级上级机关
14. 公文用纸应采用_____。
    A. 16开型　　　　B. A3型　　　　C. B5型　　　　D. A4型
15. 批转下级公文，应使用_____。
    A. 函　　　　　　B. 通知　　　　C. 通报　　　　D. 意见
16. 要求下级机关办理有关事项，应使用_____。
    A. 函　　　　　　B. 通知　　　　C. 通报　　　　D. 意见

17. 任免一般干部，应使用_____。
    A. 函　　　　　　B. 通知　　　　　　C. 通报　　　　　　D. 意见
18. 答复上级机关的询问，应使用_____。
    A. 报告　　　　　B. 通报　　　　　　C. 意见　　　　　　D. 请示
19. 向无隶属关系机关请求批准事项，应使用_____。
    A. 请示　　　　　B. 意见　　　　　　C. 通知　　　　　　D. 函
20. 公文标题中除法规、_____名称加书名号外，一般不用标点符号。
    A. 规章　　　　　B. 指令　　　　　　C. 公告　　　　　　D. 决定

二、多项选择题(每道选择题至少有两个选项是正确的)

1. 能够联合行文的机关是_____。
   A. 同级政府　　　　　　　　　　　B. 同级政府各部门
   C. 上级政府部门与下一级政府　　　D. 上级政府部门与下一级政府部门
2. 书写主送机关应当使用_____。
   A. 全称　　　　B. 规范化简称　　　C. 规范化统称　　　D. 非规范简称
3. 公文的主体部分包括_____。
   A. 公文标题　　　　　　　　　　　B. 主送机关
   C. 公文正文和附件　　　　　　　　D. 成文日期、印章和附注
4. 对于成文日期，_____为准。
   A. 一般文件以领导人签发日期
   B. 会议文件以讨论通过日期
   C. 联合发文以最后签发的领导人签发日期
   D. 电报以发出的日期
5. 适合请示的事项有_____。
   A. 向上级汇报工作情况，请求上级指导
   B. 下级无权解决或无力解决的问题，请求上级机关作出指示或帮助解决
   C. 按规定不能自行处理，应经上级批准的事项
   D. 工作中出现的一些涉面广而下级无法独立解决必须请求上级机关协调和帮助的问题
6. 请示应当_____。
   A. 一文一事　　　　　　　　　　　B. 抄送下级机关
   C. 一般只写一个主送机关　　　　　D. 不考虑上级机关的审批权限和承受能力
7. 下列事项中，应该用请示行文的有_____。
   A. ××县教育局拟行文请求上级拨款重建被洪水冲毁的学校
   B. ××县政府拟行文向上级汇报本县旱情
   C. ××集团公司拟行文请求上级批准引进牛奶加工自动化生产线
   D. ××市政府拟行文向上级反映今年夏收工作情况
8. 下列标题中正确的有_____。
   A. ××县人民政府关于解决新开发区原住户搬迁经费的请示
   B. ××分公司关于请求批准开发新产品的报告

C. ××县人民政府关于请求将××风景区列为省级自然保护区的请示报告

D. ××公司关于解决生产车间用地的请示

9. 请示的下列结语中，正确的有_____。

　　A. 特此请示，请批复　　　　　　B. 妥否，请批准

　　C. 妥否，请批复　　　　　　　　D. 请审批

10. 适合做报告结尾的习惯用语有_____。

　　A. 特此报告　　　　　　　　　　B. 以上报告，请批复

　　C. 以上报告，请审示　　　　　　D. 如无不妥，请批准

三、判断题(判断下列各题正确与否，并说明理由)

1. ××市政府拟用批转性通知把市卫生局《关于做好灾后防疫病工作的意见》发给下级机关。　　　　　　　　　　　　　　　　　　　　　　　　　　　　　　　　（　）

　　判断：

　　理由：

2. 为避免文件满天飞的现象，可以集中几件事一次性向上级机关请示。　　（　）

　　判断：

　　理由：

3. 报告中不得夹带请示事项，但有一种请示性报告，叫"请示报告"，可夹带请示事项。　　　　　　　　　　　　　　　　　　　　　　　　　　　　　　　　　　（　）

　　判断：

　　理由：

4. 中共××市委与市政府就学习贯彻中共第十九次代表大会精神，联合向下发出通知。　　　　　　　　　　　　　　　　　　　　　　　　　　　　　　　　　　（　）

5. 某大学向省教育厅写例行报告，一是汇报 2021 年的工作，二是请求增拨教育经费 1000 万元，三是建议招生权力下放。　　　　　　　　　　　　　　　　　（　）

　　判断：

　　理由：

6. ××大学申请举办高级秘书研修班的报告。　　　　　　　　　　　　　（　）

　　判断：

　　理由：

7. 卫生部关于允许个体开业行医问题给国务院的请示报告。　　　　　　（　）

　　判断：

　　理由：

8. 《××部关于召开落实××会议精神的通知》。　　　　　　　　　　　（　）

　　判断：

　　理由：

9. 《××法学研究所关于××地区发案情况的总结报告》。　　　　　　（　）

　　判断：

　　理由：

10. ××区人事局就商洽联合举办公务员知识培训班问题，给××学院发函。（　）

　　判断：

　　理由：

四、应用单项选择题(每道选择题只有一个选项是正确的)

(一)给下面标题选择合适的文种。
1. ××大学关于增加财政拨款的_____。
   A. 报告　　　　　B. 请示　　　　　C. 意见　　　　　D. 函
2. ××市高教局关于同意××大学增加财政拨款的_____。
   A. 报告　　　　　B. 请示　　　　　C. 批复　　　　　D. 复函
3. ××市教育局关于××××年中考情况的_____。
   A. 通知　　　　　B. 意见　　　　　C. 通报　　　　　D. 通告
4. ××研究所关于召开××科研项目的规划会议的_____。
   A. 通知　　　　　B. 通报　　　　　C. 请示　　　　　D. 报告
5. ××省农业厅关于××××年度农村工作座谈会_____。
   A. 通知　　　　　B. 通报　　　　　C. 纪要　　　　　D. 报告

(二)分析下面公文标题的错误。
1. ××厂关于购置××设备的申请。(　　)
   A. 文种不正确　　　　　　　　B. 事由不全面
   C. 事由不明确,有歧义　　　　D. 事由语序有错误
2. ××食品厂关于召开加强成品检验工作的通知。(　　)
   A. 文种不正确　　　　　　　　B. 事由不全面
   C. 事由语序有错误　　　　　　D. 缺少"会议"二字
3. 关于举办第三期营销培训班的请示报告。(　　)
   A. 文种不正确　　　　　　　　B. 事由不全面
   C. 事由不明确,有歧义　　　　D. 事由语序有错误

(三)分析下面事例的错误。
某县与其所属的企业管理处联合发文,就乡镇企业占用耕地一事发出通知。(　　)
A. 文种使用错误,应使用决定　　　B. 违反联合发文的行文规则
C. 文种使用错误,应使用通报　　　D. 文种使用错误,应使用意见

五、写作训练题

(一)根据下列素材拟写文件标题。
1. 国务院同意文化和旅游部《关于加强旅游行业管理若干问题的请示》,并批示转发给各省、自治区、直辖市人民政府和国务院各部委贯彻执行。
2. ××省委定于2022年4月召开全省统战工作研讨会,特发文告知与会者所在单位。
3. 为了培养高级文秘人才,××大学准备从2021年9月起增设高级文秘专业,为此,向该省教育主管部门行文请求批准。
4. ××市人民政府为了美化环境,提高本市绿化水平,适应现代化城市建设的需要,拟在市中心修建一座具有一定规模的街心公园,为此行文至××省人民政府,请求批准。
5. ××区人事局就商洽合作举办军转干部培训班问题致函给××区成人教育局。
6. 为了将××地区商洽协会会议基本情况、主要精神和决定事项,向上级机关作汇报并向与会单位传达贯彻,在会议记录及其他会议文件的基础上加工整理出正式文件。
7. ××学院就中文系学生王××2020—2021学年第一学期沉迷网络,无故旷课,严重破坏学校纪律,给予记过处分一事通报全校。

8. 我院保安王××恪尽职守、智擒盗贼，保护了学校的财产安全，学校发文表彰他的事迹。

9. ××市财政局回文，批准该市文化局申请拨款购买图书一事。

(二)指出下列公文中的错误，并加以修改。

病文 1：

关于召开布置开展增产、劳动竞赛会议的通知

各分公司、分厂、各车间党支部、公司中直属各部门：

为贯彻上级精神，总公司董事会研究决定在全公司范围内广泛开展增产节约、劳动竞赛活动。现在把会议有关问题通知如下。

一、会议时间：10月4—8日。

二、会议地点：总公司招待所。

三、与会人员：各分公司、分厂、总公司各直属部门主管生产的负责同志、工会主席等。

四、请各单位准备好本单位开展劳动竞赛活动的经验材料，限5000字，报到时交给会务组。并请与会人员于10月4日前来报到。

××省石化总公司
二〇二一年九月十五日

病文 2：

关于要求解决学生宿舍拥挤等问题的请示

市人民政府、市教育局：

我校今年由于住宿生急剧增加，已有的学生宿舍已无法容纳，现在住宿生基本上是一个床位两个人睡，这严重影响了学生的身心健康。为解决这一困难，我校决定再建一栋学生宿舍楼。另外，我校图书馆也尚未达到省"两基"标准，望上级部门给予适当支持。

特此请示，请回复。

××市××职业学院
20××年10月9日

病文 3：

××市地方税务局关于批转税收管理员制度实施方案的通知

××县地方税务局征管科：

经市局研究决定，对你局报来的税收管理员制度实施方案的请示重新进行了修改、补充。现予批转(修改后的实施方案附后)。

请按修改后的实施方案积极投入运行，运行中有何问题，请及时向市局反馈。

附件：《××县地方税务局税收管理员制度实施方案》

2021年2月5日

病文 4：

表彰通报

市×××化工厂，采取有力措施，切实贯彻《安全生产条例》，建立安全生产岗位责任制，实现全年生产无事故，成为市属安全生产年企业。为此，政府决定对×××化工厂通报表彰。

××市政府
2021 年 1 月 20 日

病文 5：

关于更正×××同志出生年月信息的请示

区委组织部：

2021 年 2 月，工资网信息预警，提示我单位离岗待退干部×××同志即将办理退休手续，按照相关规定及工作流程，区卫计局于 2021 年 2 月 15 日通知×××本人，将于 3 月办理退休手续。

工资网显示：该同志出生年月为 1961 年 2 月 2 日，×××对其出生年月信息提出异议，认为工资网显示的出生年月为农历日期，应以阳历日期为准办理退休手续。随后我局将此意见向组织部干部科汇报，请示组织部对该同志出生日期信息确认给予明确答复。

根据阴阳历换算，×××阳历出生日期为：1961 年 3 月 3 日。该同志将于 2021 年 4 月办理退休手续。该同志可否按阳历日期为准办理退休手续，请组织部给予书面答复。

当否，请批示。

经办人：×××
2021 年×月×日

六、写作练习

1. 某总公司最近决定召开一次全公司会议，传达党的二十大会议精神，并部署下年度工作。请为此拟发通知。

   要求：格式正确，字句通顺，未尽事项自行补全。

2. 我省 2022 年第××届大学生运动会由××大学承办，而该校比赛场地简陋，比赛器材不足，为保证运动会如期顺利进行，需要改善设备、补充器材，经核算，共需经费 180 万元，该校目前已筹集 150 万元，尚缺少 30 万元。请你以该校身份向省教委拟发公文，用来解决此问题。

3. 根据下面提供的材料，请以××市商业局的名义向××省商业厅起草一份报告。

   (1) 20××年 2 月 20 日上午 9 点 20 分，××市××商城发生重大火灾事故。

   (2) 事故后果：未造成人员伤亡，但烧毁三层楼房一幢及大部分商品，直接经济损失 792 万元。

   (3) 施救情况：事故发生后，市消防队出动 15 辆消防车，经过 4 个小时，火灾才被扑灭。

   (4) 事故原因：直接原因是电焊工××违章作业，在一楼铁窗架电焊致使火花溅到易

燃货品上引起火灾,但也与××××商城管理局及员工安全思想模糊、公司安全制度未落实、许多安全隐患长期得不到解决有关。

(5) 善后处理:市商业局副局长带领有关人员赶到现场调查处理;市人民政府召开紧急防火电话会议;市委、市政府对有关人员视情节轻重,作了相应处理。

4. 根据下列素材拟写文件。要求:格式规范,内容具体,表达准确,简练通畅,语气得体。

(1) 北国超市教育培训部王主任对身为秘书的你说:"小×,咱们超市因扩大经营,急需培训 30 名收银员。××学院会计系培训收银员素有经验,你来写正式文书,请他们给办个培训班吧。记着格式一定要规范啊。"

(2) ××学院接到《北国超市关于培训收银员的商洽函》(北超函字〔2021〕5 号)文件后,同意为其开办培训班,请你以该院名义回复北国超市。

5. 在河北省高校第 14 届"希望之星"英语演讲大赛上,我院英语系马××同学敢闯敢拼,战胜 60 多名选手,荣获一等奖。同时还获得 20××年 CCTV 杯全国英语演讲大赛二等奖,再次为我院争得荣誉。为此,学院对该同学作出通报表扬,并同时奖励人民币 2000 元,以资鼓励。

请你根据通报的写作要求,拟写该通报。

6. 将自己所在学校或系、班的某次会议记录改写成纪要。

第二章练习答案

第三章 事务文书

学习目标：

- 了解事务文书各文种的概念、特点、作用、种类，重点理解和掌握其内容格式、写作要求。
- 坚持理论联系实际的学习原则，多读例文、多分析、多练习，达到学以致用的目的。

第一节 计 划

一、计划的作用

"凡事预则立，不预则废。"计划对于人们做好某件事或完成一定时期的工作和学习任务，具有十分重要的现实意义。

(1) 使方针政策和上级工作部署得以更好地贯彻落实。

党和国家的方针政策、上级工作部署是制订计划的依据，计划通过提出本单位系统工作的安排或打算，具体化地反映方针政策、任务要求等内容，既能避免对方针政策的随意性，又能通过实施计划推进贯彻落实的进程，提高贯彻落实的效果。

(2) 避免盲目性、增强主动性，统一工作步调，提高工作效率。

有了切实可行的计划，就会目标明确，要求清楚，开展起工作来才能有准备、有组织、有秩序，才能提高自觉性，避免盲目性，提高成功的概率。反之，事先没作任何打算和安排，或者安排不周，工作就有可能遭受挫折，甚至归于失败。

(3) 便于加强监督指导和检查考核工作。

计划形成以后，就成为约束和指导计划实施者检查工作进度和考核工作质量的现实依据，人们既可以在其行政效力的作用下按计划提出的任务、步骤、要求等积极主动地去工作，又可以依此对照检查和考核，看是否按时保质保量完成了工作任务，使计划成为推动工作前进的动力。同时，计划预先规定了今后工作的具体内容，又为工作总结提供了分析研究的依据和线索。

二、计划的特点

(一)科学的预见性

预见性是指制订计划前要对该项计划在数量、质量、时间、步骤、措施、内部与外部的工作条件等诸方面作出成功与不成功因素的分析，对发展趋势和所能达到的目标、可能出现的问题作出科学的预见，以保证计划的科学性和成功率。只有根据实际情况对未来作出科学的预见，才能制订出周密可行的计划。

(二)明确的目的性

计划的最终目的是实现目标。没有明确的目的，就谈不上计划。计划的目标应该是经过努力后能够实现的。目标定得太高，经过努力也无法实现，容易挫伤人们的工作积极性；目标定得太低，缺乏挑战性，则不易调动人们的工作热情。要杜绝单凭理想和愿望定目标、提要求。

(三)措施的可行性

制订计划要坚持实事求是的原则，要在调查研究的基础上进行。计划中的每一项内容都要为保证实现目标而服务。指标要恰当，措施要得力，步骤要明确具体，既不盲目，也不保守，切合实际情况，只有这样才能保证目标的实现。

(四)执行的约束性

计划是建立正常工作秩序、提高工作效率的重要前提。计划一经制订，就要对完成任务的实际活动起指导和约束作用。工作的开展、时间的安排等，都必须按计划严格执行。即使是自己制订的个人学习计划、工作计划，也应具有自我约束力。

三、计划的种类

计划按不同的标准可分为不同的种类。
(1) 按性质分，计划有综合性计划和专题性计划。
(2) 按内容分，计划有工作计划、生产计划、学习计划、科研计划等。
(3) 按时间分，计划有长期计划、短期计划、年度计划、季度计划、月计划等。
(4) 按范围分，计划有国家计划、部门计划、单位计划、个人计划等。
(5) 按表达方式分，计划有表格式计划、文表结合式计划、条文式计划等。

四、计划的写法

(一)表格式计划

制作表格式计划时，要先把各项内容划分为几个栏目，再把制订好的各项具体计划内容填入栏目中，形成表格。这种方式适用于时间较短、范围较小、方式变化不大、内容较单一的具体安排，如销售计划、值班计划等。

(二)文表结合式计划

文表结合式计划即表格式和条文式相结合的计划。一般是将各项目的内容填进表格后，再用简短的文字作解释说明。

(三)条文式计划

条文式计划又被称为"公文式计划",一般由标题、前言、主体、结尾和落款组成。

1. 标题

标题一般由四个要素组成:单位名称、适用期限、计划内容和计划种类,如《××学院 2022 年招生工作计划》。有时候,标题也会省略其中的某些要素,或省略时限,或省略单位,或省略单位和时限,如《××公司会议方案》《2000—2005 年城市规划》《计算机培训计划》等。

若计划是尚不成熟或未经批准的,则要在标题后加"草案""讨论稿"等字样,并加上圆括号。

2. 前言

前言是计划的总纲,主要内容包括:制订计划的政策依据、指导思想,包括党和国家的方针政策、上级的指示精神等;本单位的基本情况,包括当前的形势、特点和分析得出的有利因素和不利因素;计划的总目标或总任务。其中,指导方针和目标要求是计划的原则性部分,既要写得鼓舞人心,又要写得坚定有力。前言要与计划的内容有紧密的联系,要用精练的语言概要地阐述。前言与后文的主体之间,常用"为此,特制订本计划如下"或"为此,要抓好以下几个方面的工作"等承上启下的习惯语过渡。

内容单一的表格式计划或安排等可省略前言部分。

3. 主体

主体是计划的核心,回答"做什么、怎么做、什么时候做"的问题,即具体的任务、目标、措施、步骤,可采用序号或小标题的方法展开内容。主体一般包括以下几个方面。

(1) 任务和目标。通俗地讲,任务是指"做什么",目标是指"做到的程度"。计划应写出一定时间内要完成的工作任务,及要达到的目标。这一部分要写得主次分明、重点突出、具体明确,让人一看就知道"应该做什么,完成到什么程度"。

(2) 措施和方法。写明采取什么方法、利用什么条件。措施和方法要具有科学性、具体性,使人明白"怎么做"。

(3) 步骤和注意事项。写明实现计划分哪几个步骤、计划的进展程度及完成期限、实施计划应该注意的问题,使人明白"什么时候,做到何种程度"。这一部分内容较多,要写得周全、简明、有条理,以便执行、检查。

4. 结尾

结尾即结束语,可提出希望,发出号召,以鼓励本单位全体人员为实现计划而努力,也可视情况不写此部分。

5. 落款

在正文的右下方署上制订计划的单位名称,在署名的下行写上日期。如果标题中已经写明作者和日期,此部分可以省略。

五、计划的写作要求

(一)从实际出发,统筹兼顾

无论是撰写长期计划还是短期计划,都必须从实际出发;要充分分析客观条件,所撰写的计划既要有前瞻性,又要留有余地,使计划执行者通过一番努力能够完成。事关全局性的计划,还应该注意与其他部门相配合,把方方面面的问题考虑周全;计划分解到部门,要处理好大计划和小计划之间的关系、整体与局部的关系;要集思广益,深入调查研究,广泛听取群众意见,博采众长,做到统筹兼顾。

(二)突出重点,主次分明

一段时间内要完成的事情很多,先做什么,后做什么,主要做什么,次要做什么,必须分清轻重缓急,突出重点,以点带面,不能眉毛胡子一把抓;要有重有轻,点面结合,有条不紊。这样才有利于工作的全面开展,从而达到事半功倍的效果。

(三)目标明确,表述准确

计划在时间、数量、质量上要力求准确,目的、任务、要求、方法、措施、步骤、分工都要具体写明,以便于执行检查。例如,在任务要求中,不能含糊、笼统地写"力争提高产品数量和质量,降低成本",而要具体说明产量要达到多少,质量要达到什么标准,成本要降低多少等。

例文 3.1

苏州市商务局 2022 年普法工作计划

为服务和保障苏州商务高质量发展、高水平开放,根据苏州《市委宣传部、市司法局关于开展法治宣传教育的第八个五年规划(2021—2025 年)》和《2021—2025 年全省商务系统法治宣传开展送法进企业法治宣传教育工作方案》的内容和要求,推动"谁执法谁普法""谁管理谁普法""谁服务谁普法"工作责任制落实,制定苏州市商务局 2022 年度普法工作计划。

一、普法任务目标

紧紧围绕服务"十四五"时期苏州商务高质量发展需要,坚持将普法工作融入构建双循环新发展格局,在打造向世界展示社会主义现代化"最美窗口"中发挥更大示范带动作用。通过局党组中心组集中学法、商务局(贸促会)机关法治大讲堂、旁听案件庭审、行政执法人员专题培训等多种方式分类分层次开展机关法治教育,进一步提升机关工作人员的法治素养和依法行政工作能力,推动局机关运用法治思维和法治方式开展工作。加强商务领域法律法规的普法宣传工作,提高普法工作针对性和实效性,推动全社会尊法学法守法用法的主动性和自觉性不断增强,对法律法规的知晓度、法治精神的认同度、法治实践的参与度不断提高,为苏州打造向世界展示社会主义现代化的"最美窗口"提供坚强的法治保障。

二、普法内容

1. 深入学习宣传习近平法治思想。习近平法治思想是习近平新时代中国特色社会主义思想的重要组成部分，是全面依法治国的根本遵循和行动指南。必须坚持用习近平法治思想武装头脑、指导实践。坚持用习近平法治思想武装全党、教育人民，引导人们把握重大意义、科学内涵、核心要义、基本精神和实践要求，打牢推进全面依法治市的思想理论根基。把习近平法治思想贯彻落实到全民普法全过程和各方面，引导全社会增强推进全面依法治国、建设社会主义法治国家的道路自信、理论自信、制度自信和文化自信。

2. 深入学习宣传宪法。全面落实宪法宣誓制度，加强宪法学习宣传，弘扬宪法精神，维护宪法权威，推动宪法全面实施，教育引导全社会不断增强走中国特色社会主义法治道路的自信和自觉。加强国旗法、国歌法、国徽法等宪法相关法的宣传教育，弘扬爱国主义精神，形成尊崇宪法、学习宪法、遵守宪法、维护宪法、运用宪法的社会氛围。

3. 深入学习宣传国家基本法律。把宣传中国特色社会主义法律体系作为基本任务，宣传国家基本法律，强化"十四五"时期制定和修改的法律法规宣传教育，做好地方性法规的宣传教育；宣传《民法典》，让平等、自愿、公平、诚信等民事活动基本原则深入人心；宣传《行政处罚法》，让公平、公正、公开的行政执法理念贯穿行政执法全过程；宣传《个人信息保护法》，规范个人信息处理活动，依法保护个人信息权益，促进个人信息合理利用。

4. 深入学习宣传商务领域法律法规。宣传《外商投资法》《电子商务法》《对外贸易法》《出口管制法》等商务领域法律法规，积极开展监管执法活动，加强以案释法工作力度，加强对行政相对人的法律法规讲解和政策宣讲，把案件依法处理的过程变成普法公开课。加强部门法宣传案例整理编辑工作，定期面向社会公众发布各类典型案例，引导企业依法规范经营。

5. 深入学习宣传党内法规。以党章、准则、条例等为重点，深入学习宣传党内法规，将党内法规宣传与国家法律宣传同部署、同落实。建立党内法规学习宣传责任制，把学习掌握党内法规作为合格党员的基本要求，列入党组织"三会一课"内容，促进党内法规学习宣传常态化、制度化。

三、普法活动及时间安排

1. 开展习近平法治思想"四个专题"活动。深入学习宣传贯彻习近平法治思想，按《商务局关于学习习近平法治思想"四个专题"活动工作计划》，组织开展习近平法治思想专题学习、专题报告、专题研讨和专题培训"四个专题"活动。一是组织专题学习。3—10月，局党组会和局办公会参会人员集体学习习近平法治思想。二是举办专题报告。上半年，邀请专家学者为市商务局(贸促会)机关全体工作人员专题解读习近平法治思想。三是开展专题研讨。三季度，市商务局机关全体党员以支部为单位组织集中学习和个人自学《习近平法治思想学习纲要》，选派代表参加习近平法治思想学习心得专题交流活动。四是组织专题培训。当年度新提拔科职干部参加习近平法治思想和法律知识专题培训并参加考试。

2. 组织党组中心组专题学法。落实全市普法工作计划安排，重点学习习近平法治思想、宪法、民法典等基本法律和党内法规等，平均每季度安排一次学习。局主要领导严格按照推进法治建设第一责任人职责的要求，认真履行普法领导责任，亲自研究部署普法工

作,定期听取汇报,研究解决普法工作中的难题。

3. 开展局机关工作人员法治教育培训。落实国家工作人员学法用法制度,引导国家工作人员树牢宪法法律至上、法律面前人人平等、权由法定、权依法使等基本法治观念。举办市商务局(贸促会)机关法治大讲堂,平均每季度组织一次专题法治讲座,全年举办四次关于习近平法治思想、《中华人民共和国个人信息保护法》以及商务领域法律法规专题培训。组织局机关工作人员开展旁听法庭庭审活动,局机关工作人员每人每年至少现场旁听或在线观看法院庭审活动一次。对涉及本部门的行政诉讼案件或同类案件,集中组织现场旁听或在线观看。集中组织开展商务系统行政执法人员法律知识和执法业务专题培训,提升执法人员的执法能力和执法水平。

4. 推动商务领域法律法规宣传。贯彻落实"谁执法谁普法"和"以案释法"责任制要求,开展《外商投资法》《电子商务法》《商业特许经营管理条例》《对外劳务合作管理条例》《汽车销售管理办法》《单用途商业预付卡管理办法》等商务领域法律法规和《江苏省成品油流通管理办法》《中国(江苏)自由贸易试验区条例》等地方性法规规章的普法宣传活动。组织开展送法进企业普法宣传活动,联动市司法局会同市电子商务协会和跨境电商协会针对我市电子商务企业开展《电子商务法》普法宣传。

5. 落实机关法治文化建设。充分发挥部门网站、宣传栏、电子显示屏等宣传载体,开展法律宣传、学法竞赛、警示教育等法治宣传活动。组织开展各类法治文化作品、法治宣传作品的创作、征集和宣传应用,善于借助广播、电视等大众传媒开展部门法、法治文化作品的传播,扩大影响力。

积极参与全国、省、市法宣办组织竞赛答题、创作评比等普法宣传教育活动。

苏州市商务局
2022年3月1日

【例文 3.1 简析】

该计划属于专项活动计划。标题由单位名称+时限+内容+文种组成。前言说明制订本计划的依据和目的。主体部分先明确了普法活动的内容,然后写明了具体活动方式和时间安排,目标明确,任务具体,措施到位,具有很强的操作性。全文结构完整、格式规范、语言精练。

例文 3.2

2022年六五环境宣传月系列活动方案

例文 3.3

××项目线上培训教学安排表

2022年7月4日上午8:00准时开始,请各位学员提前10分钟进入会议,及时签到。

会议安排如下。

时间	课程名称	学时	内容要点	授课教师	单位	职称	会议号	主持人
7月4日（上午）8:00—11:30	开班仪式	1	项目介绍、团队介绍、培训内容、学员交流	王××	××大学	副教授	123-234-456	王××
	依据××的××方案制订与实践	4	如何制订与实践××方案	张××	××大学	教授	123-234-456	王××
（下午）14:30—17:30	××背景下××开发与建设	4	如何做好××开发与建设	刘××	××大学	教授	123-234-456	王××
7月5日（上午）8:30—11:30	××××比赛讲解	4	回顾历届××大赛赛项规程及比赛要点	夏××	××学院	教授	123-234-456	李××
（下午）14:30—17:30	××××备赛经验分享	4	××获奖人员分享经验与备赛技巧	吴××	××学院	讲师	123-234-456	李××

【例文 3.3 简析】

表格式计划一般用于短时间或任务较为固定的安排，说明任务分配、时间安排等内容，其好处在于时间性强，任务目标、责任分工明确，一目了然。由于表格式计划具有便捷性，因此越来越多地被用于日常工作安排。

附：病文举例

学 习 计 划

知识经济时代，社会日趋信息化，高科技产业迅猛发展，学习能力已成为社会、企业、单位和个人适应时代、把握变化的核心能力。只有不断学习，与时俱进，开拓创新，才能紧握成功的钥匙，掌握发展的主动权。搞好自身学习，首先要由外在的要求转化为内在的自觉，成为自己的一种兴趣、一种习惯、一种精神需要、一种生活方式，需要在思想观念上实现根本转变，变职前学习为终身学习。

一、学习目的

在现代社会，学习不再是获取职业的一次性"敲门砖"，也不是仕途升迁的"加油站"，而是陪伴终身的永久性动力源。正如北京师范大学一位教授所说："一辈子只在工作前接受教育的状态已经成为过去。教育已经不仅仅是个人为未来所作的准备，它也贯穿着个人社会生活的始终。"通过持之以恒的学习，使自己变成政治理论水平高、党性意识强、立场坚定、目光敏锐、充满活力、有工作能力及适应新时代、新形势的有为青年。

二、学习内容

计算机、外语、驾驶是现代社会每个公民应掌握的基本技能。根据自己的实际情况，今明两年学习经费分别拟定为 3000 元、6000 元左右，主要学习计算机、英语口语，继续学习会计专业知识。通过两年的努力，分别拿到全国计算机等级二级、三级证书，提高英语听力和口语水平，取得江苏省高等教育自学考试本科文凭。同时，学习、贯彻、落实马克思列宁主义、毛泽东思想、邓小平理论，努力提高自己的政治理论水平和道德修养。

三、学习方法和具体安排

陈毅同志曾有"应知学问难，在乎点滴勤"的诗句，因此必须增强学习的自主性，养成持之以恒的良好习惯，不能仅仅满足于参加社区组织的集体学习，要做到每天两小时，周日三小时，月月有进步。

(1) 认真参加单位和上级部门组织的各项学习、交流、培训活动，每天阅读《南京日报》，每晚收看《新闻联播》栏目，从而增强党性观念，关心国家大事。不断加强政治学习，积极参加各部门组织的党的知识竞赛，在学习中提高，在竞赛中获益。

(2) 2022年7—9月，每个星期六参加全国计算机等级考试培训班；同时，利用每天的业余时间自学会计本科段的"高等数学二""会计报表分析"课程。

(3) 开阔眼界，广泛学习。自费订阅《南方周末》《扬子晚报》，以关注政治、经济、文化、生活、体育等，做到国事、家事、天下事事事关心。在优秀文章中吸取精华，逐步提高自己的文字功底，分析事物既要有深度，又要有广度。

(4) 2022年10月至2023年1月，利用双休日和晚上的时间参加英语口语培训班，最终达到与外国人进行简单交流的水平。

李××
1月17日

【病文评析】

此计划的主要问题有以下几点。

(1) 标题结构不完整，缺少了适用期限。

(2) 文中的"一、学习目的"内容仍属前言部分，因此应与首段合二为一，删减不必要的说教成分，使其简洁凝练，并应以"特制订本计划如下"引起下文。

(3) "学习内容"应改为"学习目标"，分条列出更为明晰。另外，应删去对具体任务意义的阐述。

(4) "学习方法和具体安排"应与上文的学习目标呼应，有层次地列出。

(5) 落款日期应完整。

制订个人学习计划，不需要长篇大论，应当简明扼要，便于执行和对照。内容一般包括如下三点：一是要有明确的目的，目的应根据自己的学习情况确定；二是要有学习内容和完成时间，也就是自己规定在某段时间内要做哪些事情；三是要有保证完成学习任务的方法和措施。

(6) 语言表达力求精准、书面化。如"外国人"表述为"外籍人士""进行简单交流"表述为"进行简单口语交流"。

制订计划要从实际出发，计划订好之后，要贴在显眼的地方，经常对照，检查自己的执行情况。如果完成任务很轻松，余地较大，可以考虑进度加快一点。如果没有按计划完成任务，要分析是什么原因，对症下药，采取措施。必要时可调整计划，降低标准，减慢速度，使计划切实可行，为学习服务。

第二节 策划书

一、策划书的含义

根据已经掌握的相关信息，推测判断事物发展的趋势，分析需要解决的问题和主客观条件，在行动之前，对指导思想、目标、对象、方针、政策、战略、策略、途径、步骤、人员安排、时空利用、经费开支、方式方法等作出构思和设计，并形成系统、完整的方案，就叫作策划。简言之，策划就是为行动谋划方案。而由此形成的书面文件，便称为策划书或策划案，有时也简称为策划。

近年来，随着市场经济发展的需求，策划书被广泛地应用于各个领域，某些专业现在已经将策划纳入专业课程，如"营销策划""广告策划"等。这类文书既包括一般计划文书的基本构成，即指导思想、基本情况、目标任务、步骤措施等，又在其各部分形式和内容方面与一般的计划有着明显的不同。在此，本书只以活动策划书的写法为例，对其进行简单的介绍。

二、策划的作用

在现代社会中，任何成功的活动都离不开高水平的策划。具体地讲，策划的作用有以下几个方面。

(一)策划是实践活动取得成功的保证

策划的过程，就是认识、分析客观现实，发挥人的主观能动性的过程。建立在科学基础上的策划，能使人的主观意志更加符合客观现实，同时，为人们的行动提供一个指南和纲领，使之不再是盲目的、紊乱的，而是有计划、有步骤、有方法的。策划提供的纲领能指引人们的实践行为，从成功走向成功。

(二)策划可以增强竞争力

在策划过程中，人们要对事物的发展趋势、自身的主观条件等进行分析，明确自己的努力方向和目标；既要符合客观实际，又要有所创新，对各种不利因素进行回避和克服，对各种有利因素、有利资源进行优化组合，使这些因素、资源能够发挥更大的效用，从而增强自身的竞争力。

(三)策划可以改善管理

一个好的策划，对改善内部管理起着积极的作用。策划的过程，是发现问题、寻找对策的过程，行动目标、战略、策略、途径、方法等都在这一过程中被提了出来，这些对加强和改善内部管理是很有帮助的。

三、策划书的种类

策划书按不同的标准,可分为不同的种类。按策划书的内容分,策划书有政治策划、文化策划、军事策划、企业策划等。其中各类又可分为若干小项,如文化策划又可以分为影视策划、图书出版策划、文艺演出策划、旅游活动策划、联欢会策划等;企业策划又可分为产品策划、广告策划、企业形象策划、营销策划等。

四、策划书的写法

(一)策划书名称

策划书名称应置于页面中央,尽可能具体地写出策划书名称,如《20××年×月××大学××活动策划书》。

也可以使用正副标题的写法,如以"培训策划书"为正标题,以"2019年4月××公司全体营销人员第三期培训策划书"为副标题;或以"××公司第三期营销培训策划书"为正标题,以"于2019年4月以全体营销人员为对象"为副标题。

(二)活动背景

这部分内容首先应根据策划书的特点在以下项目中选取内容重点阐述:基本情况简介、主要执行对象、近期状况、组织部门、活动开展原因、社会影响以及相关目的动机。其次应说明问题的环境特征,主要考虑环境的内在优势、弱点、机会及威胁等因素,对其做好全面的分析,将内容重点放在环境分析的各项因素上,对过去及现在的情况进行详细的描述,并通过对情况的预测制订计划。如环境不明,则应该通过调查研究等方式进行分析并加以补充。

(三)活动目的、意义和目标

用简洁明了的语言将目的要点表述清楚。在陈述目的要点时,该活动的核心构成或策划的独到之处及由此产生的意义(经济效益、社会利益、媒体效应等)都应该明确写出。活动目标要具体化,并要满足重要性、可行性和时效性。

(四)资源需要

列出所需人力资源、物力资源,包括使用的地方,如教室或活动中心都应详细列出。可以列为已有资源和需要资源两部分。

(五)活动开展

作为策划的正文部分,表现方式要简洁明了,使人容易理解,但表述方面要力求详尽,写出每一点能设想到的东西,不要遗漏。在此部分,不仅仅局限于用文字表述,也可适当加入统计图表等;对策划的各工作项目,应按照时间的先后顺序排列,绘制实施时间表，这样有助于方案核查。人员的组织配置、活动对象、相应权责及时间地点也应在这部分加以说明，执行的应变程序也应该在这部分加以考虑。

这里可以提供一些参考：会场布置、接待室、嘉宾座次、赞助方式、合同协议、媒体支持、校园宣传、广告制作、主持、领导讲话、司仪、会场服务、电子背景、灯光、音响、摄像、信息联络、技术支持、秩序维持、衣着、指挥中心、现场气氛调节、接送车辆、活动后清理人员、合影、餐饮招待、后续联络等。

(六)经费预算

活动的各项费用在根据实际情况进行具体、周密的计算后，用清晰明了的形式列出。

(七)活动中应注意的问题及细节

内外环境的变化，不可避免地会给方案的执行带来一些不确定因素，因此，当环境变化时是否有应变措施，损失的概率是多少，造成的损失有多大，应急措施等也应在策划中加以说明。

(八)活动负责人及主要参与者

注明组织者、参与者、嘉宾、单位(如果是小组策划应注明小组名称、负责人)。

五、策划书的写作要求

(一)策划内容要简单明了而且具体

策划书正文部分关于策划实施步骤、程序的说明，既要做到具体明确，便于操作，使执行者一看就能明白，又要在表达上力求简单明了，必要时可适当地利用数字或加入一些图表来说明。

(二)要有效果与结果的预测

(1) 策划的期待效果、预期效果。对于该策划实行之后所能期待的效果与预测可得到的效果，应尽可能依据足以信赖的根据来提出。同时，费用与效果所表示出来的效率，或对公司内外无形、有形的效果等，也要说清楚。

(2) 对本策划问题症结的想法。不论什么策划，要达到十分完美是很困难的。对策划中出现的短处、问题症结不应回避，要在汇报中一一列明，并写明自己的想法。

(3) 可供参考的策划案、文献、案例等。从说服的观点来看，如果能把本公司或其他公司的成功例子，或文献上记载的成功案例拿来作为参考，合格的可能性就会增加。

(4) 如有第二、第三被选方案时，列出其概要。如果策划不止一个(其实这是更加科学的态度和做法)，在策划书中也应一并说明，以起到参考作用。

(5) 对策划实施应注意之处及希望事项。策划书是以事实为前提而编制的，有许多需要特别注意的事项，对于这些事项，要将其做成备忘录，并且要有技巧地把它们整理出来附在策划书后面。

(三)同时准备第二、第三方案

当拟定策划书时,并没有硬性规定一定只能做一个策划案。对于同一个主题,同时做出两个或三个策划案也是可以的。当然,有时策划人员会过于自信,认为自己的工作是完美无缺的。但从企业的实践来看,在对策划进行审查时,一定会有各种不同的意见出现,所以事先准备替代方案是明智的选择。

有经验的策划者会预测审查者可能会提出的反对意见,或者先摸清审查者的习惯,然后再准备第二、第三方案。万一第一、第二方案都通不过,还可以利用最后一套方案来达到目的。总之,与其让第一方案一遭否决便使自己全军覆没,倒不如事先准备好后备方案,以提高成功的概率。

(四)突出重点,切忌面面俱到

在策划过程中,过分贪求是要不得的。贪得无厌会使一个策划中纳入太多的构想,致使目标过多。当然,对一个善于思考的人来说,就某个问题产生很多的想法是个优点,但如果把过多的想法纳入策划之中,就会十分危险。要学会把构想浓缩,即使有很好的方案,只要与主题无关,也要舍得删除。适当的舍弃是重要的策划技术。

六、策划书写作时应注意的问题

(一)主题要单一

在进行策划活动的时候,首先要根据企业本身的实际问题和市场分析情况作出准确的判断,并且在进行 SWOT 分析之后扬长避短地提取当前最重要的,也是当前最值得推广的一个主题,而且只能是一个主题。这样才能把最想传达的信息充分地传达给目标消费群体,才能引起受众群体的关注,使其能够比较容易地记住所表达的信息。

(二)活动要集中

并不是只有丰富多彩的活动才能引起消费者的注意,活动必须围绕主题进行,不然,容易造成主次不分,很难达到预期的效果。而且太多的活动,不仅要投入更多的人力、物力和财力,直接导致活动成本的增加,还容易造成操作人员执行不力,最终导致策划案的失败。

(三)安排应周密

安排要做到具有良好的执行性,除了需要进行周密的思考外,详细的活动安排也是必不可少的。对活动的时间、方式、地点、人员等情况都必须进行仔细的分析,在具体安排上应尽量周全。另外,还应该考虑外部环境(如天气、民俗)的影响。

(四)表述忌主观

在进行活动策划的前期,市场分析和调查是十分必要的。同样,在策划书的写作过程中,也应该避免主观想法,切忌出现主观类字眼。因为策划案没有付诸实施,任何结果都可能出现，策划者的主观臆断将会直接导致执行者对事件和活动形式产生模糊的概念。

例文 3.4

大型公益活动策划方案

例文 3.5

石影雕体验短训营活动策划方案

第三节 总　　结

一、总结的含义及作用

(一)总结的含义

总结是单位或个人对以往一定时期内的工作、生产、学习等进行全面回顾、分析、研究，评价得失，探求规律性认识，以利于指导下一阶段实践活动的一种应用文。

总结是实际工作中使用频率较高的一种应用文体，它的应用范围很广。"小结""回顾""体会"等，都属于总结的范畴，只是所反映的内容较简单，时间较短，范围较小而已。

(二)总结的作用

总结的主要作用如下。

(1) 总结经验教训，指导和推动下一步工作。"前事不忘，后事之师。"总结是对实践的认识，是由感性认识上升到理性认识，是对实践的本质概括。通过总结，可以分析出成功的因素和失败的原因，取得经验，找出教训，从而认识到工作的规律性，把今后的工作推进到一个新的更高的阶段。

(2) 为领导部门提供情况，作为改进工作、推广经验、制定政策的依据。总结写好后，一般都要作为汇报材料上交。领导部门通过这些总结材料可以了解下情，及时发现新经验或新问题，从而有利于及时推广经验，解决问题，制定相关政策，推动工作的进展。

(3) 沟通信息，交流经验，取长补短。总结是对实践活动的概括和反映，通过交流与上报，各单位、各部门之间可以互通情况，及时学习别人的经验和长处，弥补自己的短处和不足。

二、总结的特点

总结通常由本人或本单位撰写，一般用第一人称的口气，它必须反映实践的全过程，在文笔上叙议并重，并且语气较谦虚。与其他应用文体相比较，总结具有以下主要特点。

(一)客观性

总结以回顾实际情况为内容，任何一篇总结都是实践的产物。其内容完全来自实践，观点和结论也是从实践中概括提炼出来的；反过来，它对实践又有直接的指导作用。因此，客观性是总结最基本的特点。

(二)理论性

总结以找出规律为目的，不能只是材料的简单罗列或流水账般的叙述，必须对客观事物本质和内在规律进行概括；也不能就事论事，而应就事论理，将感性认识提高到理性认识。在总结的行文中要进行较多的分析，从实践中找出规律性的经验和教训。所以，总结的理论性较强。

(三)时效性

人们通过总结能认识到工作成败的原因，提高认识水平，增强前进的信心；领导机关从下级的总结中能及时发现典型，推广经验，发现问题并及时指导，防止错误和失败。所以总结特别讲究时效性。

三、总结的分类

总结的种类很多，其分类方法与计划相同。

(1) 按性质分，总结有综合性总结和专题性总结(也称作全面总结与专题总结)。

所谓"综合性总结"(全面总结)，是对某单位、某部门、某个人的工作进行的全面性总结，它要展现该单位、该部门或该个人一定时期工作的全貌。它包括的内容比较广泛，既要反映工作的概况和取得的成绩、存在的问题和缺点，也要写经验教训和今后如何改进的意见等。但写作时也不能面面俱到，而是要有所选择，突出主要工作和重要经验。一般年度总结就属于此类。

所谓"专题性总结"(专题总结)，是对一定时期的某项工作或工作的某一方面进行的专门性总结。这类总结往往偏重于总结某一方面的成绩和经验，其他方面则可少写或不写。与综合性总结相比，专题性总结的内容较具体、细致、集中、单纯，针对性强。

(2) 按内容分，总结有工作总结、生产总结、学习总结和科研总结等。
(3) 按时间分，总结有年度总结、季度总结和月总结等。
(4) 按范围分，总结有单位总结、班组总结、科室总结和个人总结等。

四、总结的写法

总结的结构由标题、正文和落款三部分组成。

(一)标题

标题必须准确、简洁，一般有以下几种写法。

(1) 公文式标题。由单位名称+时限+内容+文种构成，如《××学院基础部 2021 年教学工作总结》。

(2) 文章式标题。根据总结的内容概括而成，多用于经验性总结，如《抓住机遇，发挥优势，促进电力事业的发展》。

(3) 双行标题。正题采用文章式标题，点明总结的主要观点或主要内容；副题采用公文式标题，补充说明单位、时限、内容。如《抓改革　促管理　增效益——××印刷厂 2021 年工作总结》。

(二)正文

正文由开头、主体和结尾三部分组成。

总结的正文包括基本情况(前言)、成绩和体会、存在的问题或教训、今后努力方向四部分。

1. 开头

开头(也称为前言)要求概述基本情况。一般是交代在什么情况下做了什么工作，取得了哪些成绩等，写明工作依据、指导思想、综合成果等，给人一个总的印象。开头要写得简明扼要，高度概括。一般采用"20××年，我们在××××的领导下，认真贯彻……关于……的精神，开展了……工作，实现了……"这种导语式的开头，对全文的展开能起到提纲挈领的作用。不论用哪一种形式开头，都要做到开门见山，简明扼要，紧扣中心，统领全文，有吸引力。

2. 主体

主体一般包括以下三方面的内容。

1) 基本做法、成绩、经验和体会

成绩，是指在工作实践中所得到的物质成果和精神成果。物质成果一般要用一些准确而重要的数据表现出来。精神成果一般用前后对比的典型事例来说明人们精神面貌的变化和思想觉悟的提高，使精神成果在总结中看得见、摸得着，具有感染力和说服力。

经验，是指在工作实践过程中取得优良成绩的原因和条件。有成绩就会有经验。如某学院创办省级绿色学院成功的原因和条件为：领导重视，教师教学的渗透，社团的积极活动，学生的热情参与等。

体会，是在通过摆事实、讲道理，谈过程、讲成绩的基础上概括出来的具有规律性的东西。即通过对实践的总结，找到成绩与做法之间的内在联系，把感性认识上升到理性认识。

这部分是总结的主要部分，是总结的重点。要写明在什么思想指导下，做了哪些工作，采取了哪些措施，取得了哪些成绩，其主客观原因是什么，有哪些体会等。其中做法与成绩的说明是基础，经验和体会的总结是重心。因为抓住了基本经验，总结就有了主题，而从做法和成绩取得的过程中找到规律性的东西则是写好总结的关键。要写好这部分的内容，一定要注意点面结合，详略结合，叙议结合，重点突出，数据具体，叙议得当。切忌面面俱到，不分主次，或者写成流水账。

此部分常用的写法有以下两种。

(1) 先提出经验、体会，再用具体的例证、数据、措施进行印证。

(2) 先从回顾工作成绩入手，然后再归纳出经验、体会，并进行简要阐述。

形式上可采取列小标题形式，也可以用序数逐条标出，还可以根据内在的逻辑关系分段表达。它的逻辑思路是：做了什么，怎么做的，做得怎样。

2) 存在问题或教训

存在问题，是指在工作实践中切实感到应该解决而暂时没有解决或没条件解决、没办法解决的问题。

教训，是指由于思想不对、方法不对，或其他原因犯了错误，造成了工作上的损失而得出的反面经验。

此部分内容，可以单列一项阐述，也可以结合经验附带说明，或在整个总结的结束语中概括地提及。

专题性总结的此部分可略写或不写。

3) 提出新的工作目标或今后努力的方向

这是总结的结尾部分，根据不同的内容，这一部分也有多种写法，常见的有以下几种。

(1) 根据已经取得的经验，针对存在的问题，具体而明确地指出今后的努力方向及具体任务、要求和措施。

(2) 不写具体目标、任务和要求，只是一般性地表明态度和决心。

(3) 有的总结，特别是专题性总结，写完成绩、经验即结束，而不写今后的努力方向。

总结的主体部分通常运用以下结构形式。

一是板块式。这是总结最常用的结构形式。把全篇分成若干板块，即基本情况、主要成绩和经验、存在问题和教训、今后努力方向等。为使层次清楚，每个板块可用小标题、段首句、序号等。这种结构形式的整体性较强，容量较大。

二是条文式。即在开头部分简略地概述情况，然后把总结的主要内容按其性质和主次，分成若干部分，使用一、二、三……序号逐条排列，边叙述，边分析，边归纳出经验教训。采用这种结构形式，每条之间逻辑关系清楚，层次分明。这种结构形式适用于专题性总结。

三是小标题式。即围绕主旨，把正文分为若干部分，分别列出小标题，每个小标题都是对每个部分中心内容的概括。这些小标题鲜明醒目地显示出总结各部分的主要内容，使人一目了然。这种结构形式灵活自由、概括性强、中心突出、脉络清楚。

四是全文贯通式。一些内容简单、篇幅短小的总结，从开头到结尾，既不用小标题，也不用分条列项，而是围绕主旨，叙述情况，总结经验，找出差距。全文结构紧凑严谨，一气呵成。内容简单的专题性总结、个人总结等，宜采用这种形式。

不论采用哪一种结构形式，都要以有利于全面、深入地表现总结内容为根本原则。

3. 结尾

结尾可以概述全文，可以说明好经验带来的效果，可以提出今后的努力方向或改进意见，也可以不要结尾段，主体收尾，全文结束。总之，不要用空洞的套话去收束全文。

(三)落款

总结的落款,一般在正文右下方写明总结的单位名称或个人姓名以及总结的日期,也可以在标题下正中或偏右处书写。

五、总结的写作要求

(一)实事求是

工作总结中常常会出现两种倾向:一种是好大喜功,只提成绩,不谈问题;另一种是将总结写成"检讨书",把工作说得一无是处。这两种倾向都不是实事求是的态度。写总结要从实际出发,实事求是地反映事物的本来面目,概括总结出事物本身固有的规律,而不是主观臆造的东西。

(二)找出规律

总结的根本任务就在于总结经验,找出具有规律性的东西,不断地推进工作。在占有材料的基础上深入地进行分析,探求出规律性的认识,这是写好总结的关键。如果像记"流水账"一样罗列材料,或一味地就事论事,则写出的总结就不可能对今后的工作有太大的指导意义。

(三)突出重点

总结往往要反映多方面的情况,因此要有所侧重,要根据具体的写作目的和实际工作的状况取舍内容,确定重点,不能平均使用笔墨,面面俱到地泛泛而谈。总结的语言要简洁概括,不能追求华丽,不要重复啰唆,摒弃大话、套话。

六、总结与计划的区别和联系

计划确定任务目标、制定实施方案,明确时限、方法、步骤。总结是对计划完成情况的检查、回顾和反思,归纳经验、不足,以便于下一步工作的实施。

两者的区别:内容上,计划是事前的安排,总结是事后的回顾;语言上,计划一般使用"将来式",总结使用"过去完成式"。

两者的联系:计划是总结的前提,总结是计划的结论。计划是衡量工作完成程度的尺度,总结中对于"超额完成""圆满完成""基本完成"等字眼的使用要依据计划中目标任务完成的情况确定。

民政局 2021 年依法治市工作总结

例文 3.7

宁国市开展"智慧助老"行动阶段性总结

为深入贯彻落实《国务院办公厅关于切实解决老年人运用智能技术困难实施方案的通知》(国办发〔2020〕45 号)、《安徽省老龄工作委员会办公室关于开展"智慧助老"行动的通知》(皖老龄办〔2021〕1 号)、《关于开展"智慧助老"行动的通知》(宣卫老健〔2021〕1 号)精神,切实解决老年人在运用智能技术方面遇到的突出困难,维护老年人在信息时代下的合法权益,帮助老年人跨越"数字鸿沟",进一步提升老年人获得感、幸福感、安全感,宁国结合实际开展"智慧助老"行动,现将阶段的工作总结如下:

一、高度重视,精心组织

宁国市卫健委深刻认识到解决老年人运用智能技术困难问题的重要性、紧迫性和长期性,下发《关于开展"智慧助老"行动的通知》(宁老龄办〔2021〕1 号)文件,将开展"智慧助老"行动、切实解决老年人运用智能技术困难相关工作列为年度工作要点,认真研究、精心策划,扎实有效推进工作。

二、加大宣传力度,确保宣传到位

一是利用悬挂宣传横幅、宣传栏、橱窗板报、电子屏和流动车辆进行了广泛的宣传,大力营造全民参与"智慧助老"的良好社会氛围,同时积极宣传党和国家关于老年人的权益保障、方针政策等法律法规。

二是引导家庭成员帮助老年人提升智能技术运用能力。尊重老年人保持原有的生活方式,宣传普及相关业务办理的渠道和方法,动员家庭成员为老年人代办相关智能业务。

三是积极宣传《老年人防网络诈骗指导手册》,切实增强防范风险意识。加大对网络诈骗、电子通信诈骗案件的曝光力度,发挥典型案件的警示作用。

三、多措并举,强化工作落实

一是深入开展走访慰问活动。重点走访慰问贫困、高龄、独居、空巢、失能及独生子女特殊家庭老年人,为他们献爱心、解难事、办实事,帮助他们解决基本生活、医疗保障等方面存在的困难和问题。

二是积极动员社会各界、各行各业立足于自身的行业和职能优势,在走访慰问中向老年人提供方便可及的送家政、送医药、送图书、送保险、送娱乐、送培训等多种形式的助老服务活动。

三是根据老年人在运用智能技术方面的实际困难,优先接待老年人,简化服务事项,优化办事流程,为老年人办事提供便利。在新型冠状病毒肺炎疫情常态化防控前提下,"安康码"作为通行凭证,帮助老年人申请"安康码",教他们如何操作,对无智能手机或无法提供健康码的老年人,可采取凭有效身份证登记等替代措施。在导诊台设立"老年人服务台",配备导医、志愿者、社会工作者等人员,保留人工服务窗口,设立人工缴费窗口,不得拒绝老年人使用现金、银行卡等方式支付,为老年患者提供"一站式"就医帮助服务。

"智慧助老"工作让老年人在信息时代下的合法权益得到充分保障,使命光荣,责任重大,虽然取得一些成效,但老年人享受智能化服务水平还没有显著提升,下一步认真总

结经验,完成工作计划,推动"智慧助老"行动各项任务落实到位。

宁国市卫健委(市中医药局)
2021 年 3 月 10 日

【例文 3.7 简析】

这是一篇专题性总结。针对该市"智慧助老"阶段性工作进行了专门性总结,偏重于总结工作的成绩和经验。开头第一段概括介绍了该项工作的背景、依据、目的。主体部分从三个方面总结了具体做法和取得的成绩,并在此基础上提炼出了本次活动成功的经验(体会)。与综合性总结相比,专题性总结内容较具体、细致、集中、单纯,针对性强。

附:病文举例

总　结

2021 年度我部门工作总结如下。

1. 坚持贯彻"党要管党,从严治党"的方针,抓好党的自身建设,特别是抓好基层组织建设和党员队伍建设。在基层组织建设方面,……在党员建设方面,我们主要抓了四个环节……以提高素质、增强党性为目标,加强和改进党员的教育管理工作……

2. 面对新形势,积极探索党建工作的新途径、新办法……

3. 进一步完善了我校党员管理信息系统。

4. 研究制定了《××大学中层干部任前公示制暂行办法》……

5. 承担了 2021 年中层正职干部考核的各项具体工作,并进行了反馈。

6. 承担了 2021 年管理类岗位津贴评定的各项工作,并进行了反馈。

7. 推进公开选拔干部和干部竞争上岗……

8. 积极推进向外推荐干部工作,并配合省委组织部做好考察工作。

9. 配合中央组织部、教育部党委、省委组织部做好本校下届校长人选的考察工作。

10. 做好转接党员组织关系的工作,在广泛听取意见、认真研究的基础上,制定、印发了《党费收缴、管理和使用办法》,对学校以及党委的党费收缴、管理、使用工作进一步规范化、制度化,做到"管好党费、用好党费"。做好扶贫工作。……做好离休干部的有关工作。抓好组织部的自身建设。利用组织生活和政治学习时间加强理论和业务学习;不断改进服务态度和工作作风,提高管理水平和工作效率。

中共××大学党委组织部
×月×日

【病文评析】

这是一篇部门工作的年度全面总结(综合性总结),主要对 2021 年度的组织工作进行了回顾、分析和评价。此例文主要存在以下问题:

(1) 标题应补充完整。可采用公文式标题形式,即单位名称+时间+内容+文种。应改为《××大学党委组织部 2021 年度工作总结》。

(2) 前言部分交代本阶段的指导思想、工作依据、工作内容及其意义,应简明扼要,但此病文过于简单,应作进一步的充实。

(3) 病文的主体部分只是将2021年所做的工作简单罗列，条理不清晰。可将所做工作归结为三方面，即党建工作、干部工作和其他工作，这样有主有次，且条理清晰。层次划分应以"一．""（一）""1．"为序号。

(4) 落款部分的时间应改为"2021年×月×日"。

第四节 述 职 报 告

一、述职报告的概念和特点

(一)述职报告的概念

述职报告是指担任领导职务的干部或单位负责人，根据制度规定或工作需要，定期或不定期地向选举或任命机构、上级领导机关、主管部门以及本单位的干部职工，如实陈述本人或单位在一定时间内履行岗位职责情况的书面报告。

(二)述职报告的特点

1. 汇报性

述职报告是对干部本职工作完成情况的检验，也是考察干部能否很好地履行职责以及是否称职的一种手段。述职者要对自己在前一段时间或整个任职期内完成的工作，作一个综合的自我评述性的汇报，突出表现德、能、勤、绩、廉等方面，表现履行职责的能力，目的是接受考核和监督。

2. 真实性

述职报告是干部考核、评价、晋升的重要依据，述职者一定要实事求是、真实客观地陈述，力求全面、真实、准确地反映述职者在岗位上履行职责的情况，既不要夸大成绩、回避问题和失误，也不要过分谦虚、妄自菲薄。

3. 述评性

述职报告既要述说自己在任职的一定期限内履行职责的情况，即说明自己做了什么；又要结合有关标准，解剖、评价自己的工作，即说明工作做得怎么样。这样既可以全面展现述职者的工作情况，也有利于领导和群众对述职者作出公正客观的评价。

二、述职报告的种类

述职报告按时间可分为年度述职报告、阶段述职报告和任期述职报告，按内容可分为个人述职报告和集体述职报告。

三、述职报告的写法

述职报告一般由标题、主送机关、正文和落款组成。

(一)标题

述职报告的标题有单标题和双标题之分。

单标题一般为《述职报告》，也可以在"述职报告"前面加上任职时间和所任职务，如《王强 2019—2022 年担任中文系主任的述职报告》。

双标题由正标题和副标题组成，副标题的前面加破折号。正标题是对述职内容的高度概括，副标题与单标题的构成大体相似，如《抓住机遇，迎接挑战——×××厂长的述职报告》。

(二)主送机关

标题之下第一行顶格写主送机关。向上级机关呈送的述职报告，应写明收文机关；向领导和本单位干部职工作述职报告，则应写明称谓。

(三)正文

述职报告的正文由前言、主体和结尾三部分组成，具体内容如下。

1. 前言

前言包括两方面的内容：一是任职介绍，说明自己的任职时间、担任职务和主要职责，简要交代述职的内容和范围；二是对自己任职期间成绩的总体评价，简明扼要地介绍任职以来的工作情况。这一部分力求简洁明了。

2. 主体

主体是述职报告的核心，主要陈述履行职务的情况。重点需要写出：①对党和国家的路线方针政策、法纪和指示的贯彻执行情况；②对分管工作任务完成的情况；③对上级交办事项的完成情况；④在工作中出了哪些主意，采取了哪些措施，做出哪些决策，解决了哪些实际问题，纠正了哪些偏差，做了哪些实际工作，取得了哪些业绩；⑤个人的思想作风、职业道德、廉洁从政和关心群众等情况；⑥写出存在的主要问题，并分析问题产生的原因，提出今后改进的意见和措施。

主体部分要写得具体、充实，有理有据、条理清楚。由于这部分内容涉及面广、量多，所以宜分条列项来写。"条""项"的内在逻辑关系要安排好。

3. 结尾

结尾一般要求用格式化的习惯语来结束全文，可采用谦逊式结尾、总结归纳式结尾或表决心式结尾等形式。如"特此报告，请审查""以上报告，请领导和同志们批评指正""以上是我的述职，谢谢各位"等。

(四)落款

落款包括署名及成文或述职时间两项，也可以将署名放在标题之下。

四、述职报告的写作要求

(一)陈述工作成绩要"一分为二"

不要把述职报告写成经验总结，或者以偏概全，对缺点轻描淡写，要真实客观地反映工作情况，切忌华而不实，在肯定成绩的同时，也应指出不足。

(二)要把集体成绩和个人贡献区分清楚

不要把个人的述职报告写成组织的工作报告。不要把集体的功绩占为己有。

五、述职报告和工作总结的区别

(一)目的作用不同

述职报告是考核述职干部的重要文字依据，其不仅有利于述职者进一步明确职责、总结经验、吸取教训、提高素质、改进工作，还有利于增强民主监督的良好风气。而工作总结则是为了总结出带有规律性的理性认识，借以指导今后的工作；同时，工作总结也有助于针对性地克服工作中存在的问题，不断提高自身的工作能力。

(二)写作的侧重点不同

述职报告要回答的是有什么职责，职责履行得如何，是如何履行职责的，称职与否等问题。述职报告着重于陈述职责，围绕职责这个基点精选材料，职责范围外的概不涉及。而工作总结是对一项工作或一段时间里的工作给予的归纳，一般以归纳工作事实、汇总工作成果为主。

(三)结束语不同

述职报告结束时一般在指出存在的问题后，阐述自己的态度，欢迎大家对自己的述职报告进行评议，常用"以上报告请批评指正""述职至此，谢谢大家""专此报告，请审阅"等字样。工作总结则是在指出存在的问题后，还要写出下一步的工作打算、努力方向及解决问题的措施等。

例文 3.8

述学述职述廉述法报告

第五节　调　查　报　告

一、调查报告的含义和特点

(一)调查报告的含义

调查报告是针对某一现象、某一事件或某一问题进行深入细致的调查，对获得的材料

进行认真分析研究，发现本质特征和基本规律之后写成的书面报告。它是机关团体常用的一种实用文体，也是新闻媒体中常用的一种文体。调查报告有时也叫作"考察报告"或"××调查"。

调查报告可以通过对典型事例的分析、总结，得出具有方向性和普遍意义的经验，来推动工作。它是领导掌握和研究某种情况，制定方针政策、措施的重要依据。调查报告可以用调查的事实教育说服群众，明确有关问题的真相，分清是非。

(二)调查报告的特点

1. 针对性

调查报告应针对社会的实际需要而产生。在党和国家的各项方针、政策贯彻执行中，常常会出现新情况、新问题需要研究解决，也常常有好的经验需要推广，调查报告正是从这一客观需要出发，就现实工作中急需解决的各种问题，有针对性地进行调查研究之后所作的书面回答。

2. 真实性

调查报告的关键在于用事实说话，材料的真实性和准确性是首要的。任何社会调查的目的都是为了了解客观实际，发现问题，解决问题，掌握规律。调查报告采用的材料必须是经过科学处理和认真核实鉴别的，而不是道听途说的。如果了解的仅仅是事物的表象，那么得出的结论，要么是假的，要么就是非本质规律的，反而不利于工作。

3. 典型性

所谓典型性，就是有代表性，能够反映客观事物的全貌和本质。所揭示的问题是否具有普遍性，所运用的材料是否具有代表性，是调查报告成败的关键。调查报告的典型性表现在两个方面：一是调查对象典型，二是文章所运用的材料典型。好的调查报告不仅对调查对象总结工作、提高认识具有指导意义，更重要的是对全局性工作具有现实意义和普遍的指导意义。因此，调查报告必须恰当地选择典型，深入研究，探索总结规律，找出解决问题的办法。

4. 论理性

运用调查所得到的材料说明事物的真相或本质规律是调查报告的最终目的。调查报告必须对调查的大量材料进行综合的分析，从中概括出看法或观点，达到揭示事物本质和规律的目的。因而，撰写调查报告常常是由事及理，在表达上多采用夹叙夹议、叙议结合的方式。

二、调查报告的种类

调查报告的应用范围广泛，涉及的对象和写作目的不同，很难用一个统一的标准分类。习惯上一般将其划分为以下几类。

(一)总结典型经验的调查报告

总结典型经验的调查报告主要是以总结先进经验和宣传典型事物为主，目的在于推广

经验、指导全局性工作，利用先进经验和典型事物推进生活和工作。其特点是具体、形象、生动，便于群众接受，可以收到事半功倍的效果。

(二)揭露问题的调查报告

揭露问题的调查报告以批评和揭露社会生活中的丑恶现象和工作中的不良作风、重大失误为主，目的在于揭示事实真相，指出问题的严重性，让人民群众看清其本质及危害性，从而引起人们的重视，以吸取教训，推进工作。

(三)反映情况的调查报告

反映情况的调查报告依据调查目的、范围和用途的不同可分为两种：一种是反映具体情况的个案性调查报告。其调研的目的是把某一个具体问题界定清楚，调研范围单一、具体，报告的内容一般用来作为处理某一具体问题的依据或重要参考。另一种是反映基本情况的综合性调查报告。其调研的目的是掌握某一领域或某一方面的概貌，调研范围相对宽广，涉及的对象较多，报告的内容主要用作宏观决策参考，或者用于说明某种客观现象、某一学术观点。

三、调查研究的方法

搞好调查研究是写好调查报告的前提，因此，掌握科学的调查方法，将有助于调查工作的进行，使调查报告的写作更为全面、客观。

随着科学技术的进步，调查研究的方法和技术有了一些新的发展。当前常用的方法有以下几种。

(一)会议调查

会议调查是调查研究的基本方式之一。为了做好会议调查，一要确定好人选，参加人数不宜过多，但要有代表性，并且是能正确反映情况的人；二要有调查提纲，并事先将调查的内容通知与会者，请他们做好准备；三要注意调查的方式，要和与会者平等地交谈，虚心听取他们的发言，也可与他们就某些问题进行讨论，对于个别问题则可以在会下交谈。

(二)个别访问

个别访问是一种自由灵活的调查方式。访问之前要有明确的目的，并要选好访问的对象。交谈要在自然融洽的气氛中进行。对于重点问题可采用讨论的方式，以获得更深入、更丰富的材料。个别访问可以是面对面的，也可以采用电话等方式。

(三)问卷调查

问卷调查是现代常用的一种调查方式，简便易行。它根据调查的内容，列出具体、简明的问题，请有关人士回答。这种调查方式涉及面广泛，灵活自由，限制较少，得到的材料真实性较大。为获得较好的调查效果，应正确选择调查的群体，问题的设计要科学，要

便于回答。问卷调查可以采用抽样式,也可以采用普遍式。一份完整的问卷包括标题、问卷说明、被调查对象的相关信息、调查内容等。

(四)查阅文献

查阅文献就是进行书面材料的查阅。查阅资料的范围很广泛,包括历史材料、现实材料,以及各种图书、报刊等,凡是与调查内容相关者,均可以查阅。只有把这些书面资料与其他调查方式获得的材料相互印证、相互补充,通过比较分析,才能更准确地了解真实情况。

(五)网上调查

网上调查是最现代化、最快捷的一种调查方式。利用计算机联网的便利,将调查问卷发布到网上,在较短的时间内便可获得所需的材料。

调查的方式、方法是多种多样的,根据调查的目的和内容,可以采用某一种调查方式,也可综合利用多种方式调查。无论采用哪种方法都要保证材料的真实性。

四、调查报告的写法

调查报告一般由标题、署名和正文三部分构成。

(一)标题

调查报告的标题形式多样,总的来说可分为两种类型:一种是单行标题,一种是双行标题。

1. 单行标题

单行标题又分为公文式标题和文章式标题两种。

公文式标题,如《关于普通高中教育成本的调查》。

文章式标题,如《青少年究竟需要什么样的网络游戏?》《"航空母舰"逐浪经济海洋》。

2. 双行标题

双行标题由正、副标题组成,其中正标题一般采用文章式标题的写法;副标题则采用公文式标题的写法,由调查对象、调查事由、文体名称组成,如《营造和谐社会,仍需努力——2021年常规民意调查报告》。

(二)署名

调查报告的署名就是写上作者的名字、单位名称,放在标题下一行居中位置。个人署名可以署于文尾右下方,也可署于标题右下方。

(三)正文

调查报告的正文分为开头、主体和结尾三部分。

1. 开头

开头又称前言。调查报告的前言一般要根据主体部分组织材料的结构顺序来安排，常用的有以下几种类型。

(1) 提要式。把调查对象最主要的情况进行概括后写在开头，使读者入篇时就能对其基本情况有一个大致的了解。

(2) 交代式。在开头简单地交代调查的目的、方法、时间、范围、背景等，使读者在入篇时就能对调查的过程和基本情况有所了解。

(3) 问题式。在开头就提出问题，从而引起读者对调查课题的关注，促使读者思考。这样的开头可以采用提问的方式引出问题，也可以直接将问题摆出来。

2. 主体

主体内容是一篇调查报告的主干。主体通常以叙述为主，叙议结合，围绕前言所提出的问题依次展开。调查报告的主体要解决两个问题：一是观点材料的组织，二是布局结构的安排。

(1) 观点材料的组织。写任何调查报告都要确立明确的观点，全篇要确立总观点，各个组成部分也要确立服从总观点的分观点。总观点应当具有典型性、普遍性和针对性，应当反映客观事物的本质和社会现实的主流，应当具有较强的指导性和教育意义。总观点要包容分观点，分观点要说明总观点。总观点和分观点都是从调查的材料中经过分析研究而得出的，要根据总观点和分观点去组织材料，使材料为观点服务，将材料和观点有机地统一起来。

(2) 布局结构的安排。调查报告是文字篇幅较长的应用文体，应当精心地安排好布局结构。一般来说，调查报告的结构主要有以下几种。

① 横式结构。这种结构是把材料分成几个部分来写，每个部分观点鲜明，中心突出。采用这种结构形式，需要处理好各部分之间的关系，如并列关系、因果关系、分总关系、主从关系等，都应妥善安排。

② 纵式结构。这种结构是按调查事件发生、发展的先后顺序，从头至尾加以阐明。

③ 综合式结构。这种结构安排兼有横式、纵式的特点，相互结合地安排材料。

3. 结尾

调查报告的内容不同，结尾的写法也不同。一般来说，调查报告的结尾有以下几种写法。

(1) 针对调查的内容，提出意见或深入研究的问题。对某些问题的调查报告，多以表明意见、建议作为结尾；对某些新生事物的调查报告，多是提出有待深入研究的问题作为结尾。

(2) 概括全文的基本思想，深化调查报告的主题。对某些方面基本情况的调查报告，推广某些成熟典型经验的调查报告，多采取这种写法结尾。

(3) 补充式结尾。有些情况和问题，与调查报告的中心内容和主旨关系不大，在正文部分没有提及，但又需要讲清的，可以在结尾处附带加以补充说明。

例文 3.9

××省消保委预制菜消费调查报告

例文 3.10

××职业学院传媒艺术系 202×年高职广告专业
人才需求情况调查问卷

为了解广告专业职业技能培养及就业需求等情况，特向贵单位进行本次调查。恳请您填写以下调查项目，对您选中的答案打"√"(选项可以是单个，也可以是多个)，非常感谢您的积极配合！

单位基本情况：

单位名称　　　　　联系方式

单位性质

行业、规模　　□民营私企　　　□国有企业

□制造业　　　□金融业　　　□餐饮服务业　　　□流通企业　　　□其他

□大型企业　　□中型企业　　□小企业　　　　　□其他

1. 招聘岗位

□广告策划与文案　　□美编　　　　□平面广告　　　□UI 设计

□广告设计与制作　　□网页美工　　□其他_____(可多选)

2. 人才需求

需求数量：□1~3 人；□4~6 人；□6~10 人；□更多

变化趋势：□上升；□下降；□无变化

薪酬标准：□1000~2000 元；□2000~3000 元；□3000~5000 元；□更多薪酬

3. 贵单位对人才的学历要求

□中专　　　　　　□大专　　　　　　□本科及以上　　　　□无所谓

4. 贵单位要求具备的职业资格证书

□广告设计师证书　　□Adobe 系列证书

□无所谓　　　　　　□其他_____

5. 贵单位工作中常用的软件

□Photoshop　　　□Illustrator　　　□InDesign　　　□AutoCAD

□3DS-MAX　　　　□Dreamweaver　　□Flash　　　　其他_____(可多选)

6. 贵单位最看重的基本素质

□沟通协调能力　　□吃苦耐劳精神　　□学习能力　　□适应能力

□人际交往能力　　□团队合作精神　　□创新能力　　□其他_____(可多选)

7. 贵单位是否愿意接纳广告专业学生毕业前的顶岗实习:
□愿意　　　　　　□不愿意

8. 贵单位是否有兴趣与我院共同探讨校企合作、课程开发等问题:
□有　　　　　　　□没有

9. 您认为高职广告专业学生在校期间应重点加强哪些方面能力的培养(可多选):
□手绘插画的能力　　　□熟练操作设计软件的能力
□良好的沟通能力　　　□参与企业管理的能力
□英语听、读、写、译的能力

10. 贵单位对广告毕业生的实践能力还有哪些要求?

_____

_____

最后,再一次感谢您的合作!

20××年4月15日

【例文3.10简析】

该问卷采用封闭式和开放式相结合的问题设计方式,利于被调查者全面表达自己的意愿。问卷结构完整,在开篇表明了问卷设计的目的,并写出对被调查者的衷心感谢,有利于调查的完成。围绕"广告专业职业技能培养及就业需求"设计问题,内容涉及较全,点面结合,针对性很强。通过调查数据分析,能够较全面地了解广告行业对大学生就业所具备的职业素养及技能的要求,对学校制定人才培养方案及指导大学生就业等具有一定的指导意义。

第六节　简　　报

简报文种知识及例文请扫二维码。

简报文种知识及例文

第七节　会 议 记 录

会议记录文种知识及例文请扫二维码。

会议记录文种知识及例文

本 章 小 结

事务文书是党政机关、社会团体、企事业单位及个人用来处理日常事务、沟通信息、总结经验、研究问题、指导工作、规范行为的实用性文书。尽管它们不是《条例》中的法定文种，但却是日常工作中使用最为普遍和广泛的文书。

人们工作学习的过程实际上是一个螺旋式上升的过程，在这个过程中，计划是阶段的起点，总结是阶段的终点，同时新的计划又是在前一个总结的基础上形成的。而调查报告、简报、会议记录等，则记录、反映着我们工作的进展情况及对工作的反省、研究。因此，写好这些文书是我们工作学习之必需。学习中要做到了解各文种的概念、特点，重点理解和掌握内容格式、写作要求。教学中应坚持理论联系实际的学习原则，结合专业特点，多创造情境，多练习。如针对"十一黄金周"期间留校的学生，设计一个活动。先以小组为单位进行相关情况调查，写出调查报告，然后召开筹备会议进行策划，并做好会议记录，整理出纪要，写出活动策划书；活动过程中要发布简报，活动结束时要及时总结，通过步步落实相关写作，在实际运用中锻炼写作能力，以提高学习的趣味性、实用性，达到学以致用的目的。

事务文书的格式虽然不像行政公文那样程式化，但许多文种的格式也有约定俗成的共同点。事务文书在结构方面，要求开门见山、突出重点、层次分明；在语言方面，要求用语准确，不能出现歧义。

综 合 练 习

一、单项选择题(每道选择题只有一个选项是正确的)

1. 表述全局性的长远设想的文件，称作_____。
   A. 规划　　　　B. 方案　　　　C. 安排　　　　D. 设想

2. 某同学在学习计划中写道："我在本学期内，除了课堂知识外，还要大量学习计算机知识，包括'C语言与编程''网络信息安全''视频剪辑'和'3D动画'。"
   对该做法最恰当的评论是_____。
   A. 该同学学习热情高，应该予以鼓励
   B. 该学习计划脱离实际，目标任务过高，在一个学期内是完不成的，应当修改
   C. 学习计划是给教师看的，与实际无关
   D. 世上无难事，只要肯登攀

3. 对标题"××省国民经济和社会发展五年计划"修改正确的一项是_____。
   A. ××省国民经济和社会发展五年规划
   B. ××省国民经济和社会发展五年安排
   C. ××省国民经济和社会发展五年打算
   D. ××省国民经济和社会发展五年方案

4. 某企业负责会议记录的记录员小王在会后整理记录时，将×××在会议上提意见比较激烈的部分进行了删除，她认为这些话太过分。

对该做法最恰当的评论是_____。

  A. 为了维护安定团结，鼓励在工作中朝前看，应当删去这些"消极"部分
  B. 记录员有权对记录进行删改
  C. 会议记录最重要的就是真实，不能随意更改、删除
  D. 会议记录大体真实就可以了

二、写作练习

写作练习包括分析写作、材料写作、实践练习，详细资料如下。

(一)分析写作

1. 有一篇《关键是强化管理——广东舜丰机械厂调查报告》，全文有四个层次：①提高认识，动真碰硬，是强化管理的前提；②争创优质是强化管理的目标；③分级核算是实现强化管理的手段；④联利无级分配是强化管理的保证。请问：这份调查报告属于什么类型？写作这类调查报告一般应注意什么？

2. 下面是某同学为自己拟订的一份学习计划，请指出其中存在的问题，并加以改写。

本人学习计划

  新学期又要开始啦，我们又有了新的学习任务。为了使自己在学习上有一个美好的提高，我为自己制订了一个学习计划。

  (1) 专业课放首位。随着我们年龄的增大，专业课也逐渐变得由浅入深。根据上学期对专业课的初步学习，我懂得了只有踏实学好每一节课上讲的内容，戒骄戒躁，认真完成课后作业，才能使自己真正掌握上课所讲的内容。另外也要多请教老师和同学，多与同学交流，坚持晚上上自习，以对白天的知识进行巩固，同时也对第二天所要讲的知识进行预习，争取在这一学期的考试中全科通过。

  (2) 尽量控制自己，减少上网时间。我是个网迷，过去因为上网经常旷课，也受到家长和老师的批评和警告，今后要尽量控制自己，减少上网时间。网络虽然使我快乐，但也耽误了我的学习，既然认识到这一点，就应该控制自己，尽量做到非礼拜天不去网吧。

  以上是我为自己制订的学习计划，本人自知控制能力差，还望老师、同学多多帮助、监督我。谢谢！

×××
×月×日

3. 分析下面这篇实习总结中存在的问题，并试作改写。

酒店实习总结

  7月4日我来到了深圳乐雅花园酒店开始我长达一年的实习生活。在这一年的实习中让我感受很深，认识很多，收获很大，切身体会到工作的辛苦，社会的复杂，实践的重要和读书的必要，实习期间我严格按照酒店的安排和计划一步一步地开展工作，努力地学习，积极地工作。

  实习期间我的工作范围是在酒店前厅部。一开始的时候我被分配到总机，总的来说这方面的工作是最为简单的，而且工作也没有压力。经过了一个月的工作我觉得我的激情都要被这无聊的工作给磨灭了。但那时有一个机会出现在我面前，通过自己不懈努力以及酒店领导的帮助与关怀，我成功地在 2021 年广东省乐语杯服务技能大赛中获得前台问询的亚军。比赛回来我换了实习岗位。在礼宾部待了 12 天。礼宾部主要的工作就是迎宾，为客人开门，微笑致意，指引客人。虽说到礼宾部收获不多，但很高兴认识了那个胖胖可爱的督导。

　　接下来的九个月就稳定在前台实习，相对而言前台是一个很锻炼人的地方，每天要面对形形色色的客人，解决客人提出的任何问题，不管是合理还是不合理的要求，都要尽量交出满意的答卷。顾客是上帝，这是服务行业尊崇的守则。前台琐事较多，是整个酒店的枢纽部门，而且还接触到收银。在我刚来前台学习的时候小错大错不断。部门领导给予了我耐心的教导以及很大的帮助，让我很快地成长。但我自身也很努力，不负领导的期望，很快走上正轨，独立工作，并能独当一面。在这九个月里我们先后经历了五一国庆长假、元旦，以及春节等这些重大的节日。在这繁忙的节日中我们学到了很多，并顺利地度过。就像他们说的经历了这些，证明我们就真正长大了，出师了。

　　工作是累的、辛苦的，但也是开心的、幸福的。工作的繁忙与困难有时候会让我们受挫、退缩。但你面对了，解决了，那就是成长了。同事之间和睦地相处，在这个大家庭中我们互相扶持，一起面对困难，一起出去玩。一年中把深圳该玩的地方几乎都玩遍了。世界之窗、大梅沙、桔钓沙、欢乐谷，……都留下了我们的欢声笑语。

　　总之，一年多的实习转眼就结束了。在这期间，我也曾经因困难而想退缩过，也自豪过。一年多的实习也让我学到了书本上没有的知识，我也为真正的酒店服务，一年多的实习更是丰富和巩固了我大学的理论知识，但一年多的实习经历是我最大的收获。我可以这次经历中的事情来指导我今后的学习和工作，无论是对社会的认识和对社会人的认识都更深了一步，这种财富是宝贵的、无价的！它可以教导我将来走向社会应该怎样做人，应该做什么样的人，做人应该怎么样。尤其是在即将毕业的时间里让我们清楚了目标，明确了方向，赢得了动力，找到了不足，看到了差距，坚定了信心。这才是我们最大的收获，最大的财富，最好的结果。

2022 年 8 月

(二)材料写作

　　1. 请根据下列材料中显示的内容，设计调查问卷。要求格式完整，问题项中除个人信息调查项外，至少要列出 5 个调查项。

2021 年佛山市阅读情况调查报告发布：户均藏书 172.76 册，共享意愿强烈

　　全年人均阅读 12.26 册纸质书，每周花 12.86 小时开展亲子阅读，家庭年均阅读消费 915.72 元……这些数据，潜藏着佛山市民对阅读的热爱。

　　2021 年，超过六成佛山读者在接受调查时表示，阅读的主要目的是提高修养、开阔视野、增长知识。超过五成读者希望以阅读这种方式主动学习新知识、新技能，不断适应多变的时代。

　　随着互联网与数字化技术的不断发展，人们获取知识和资讯的方式日趋多元，疫情防控常态化更加速了阅读的数字化进程。调查显示，佛山市民 2021 年人均阅读 10.49 册电子书，较 2020 年增加 0.44 册；人均听书量为 5.29 册，较 2020 年增加 0.76 册。与此同时，2021 年佛山市民人均纸本阅读量为 12.26 册，同比减少 1.8 册。

数字阅读并不是年轻人的"专利"。调查显示，60岁以上的佛山读者中，52.54%以手机作为主要的阅读载体，37.29%善于借助平板电脑阅读，听书这一迅速兴起的阅读方式也受到这个群体的喜爱。

随着数字阅读的兴起，各类阅读机构纷纷推出系列线上阅读活动，2021年，58.12%的受访者表示曾参与其中。

佛山市民的阅读消费旺盛。调查显示，2021年佛山家庭年度阅读消费平均值为915.72元，同比上涨24.76%。不同年龄层家庭中，子女正处于求学阶段的"80后"家庭年度阅读消费最高，其中纸质书消费为622.30元，kindle、电子书、听书会员等消费为306.57元。

2. 根据下列材料以学生会的名义编发一份简报。可根据需要补充内容，要符合简报的格式要求，并根据逻辑顺序安排、组织材料。

(1) 2022年度评优工作顺利结束。全校共评出三好学生128名，优秀学生干部45名，社会活动积极分子87名，先进集体10个。

(2) 12月24日，学生科召开全校团干部会，进行了总结并公布了评优结果。

(3) 在评选的过程中先组织学生学习有关文件，由辅导员组织了评选工作。

(4) 12月29日召开了全校表彰大会，校长讲话，领导颁奖。

(5) 这次评优活动在全校造成了良好的影响。

(三)实践练习

1. 结合实际为自己制订一份课外读书计划。

2. 元旦即将到来，请以小组为单位策划本班元旦联欢会。

3. 大学生涯即将结束，回忆漫长而短暂的三年，其间有成功的喜悦也有失败的痛楚，试结合自身实际拟写一篇校园生活的全面总结。

4. 大学生的日常消费水平越来越成为社会关注的一个问题，请拟制一份调查问卷，对自己所就读的学校开展一次调查。

5. 做一次班会会议记录，并根据会议情况编写一份简报。

第三章练习答案

第四章 日常文书

学习目标：
- 了解日常文书的概念、特点、作用及种类；理解日常文书的写作要求。
- 掌握各类日常文书的结构特点及书写规则。
- 体会例文，模拟写作，培养撰写日常文书的能力。

日常文书是党政机关、社会团体、企事业单位和个人，在日常工作和生活中广泛使用的用来沟通信息、联络感情、表达意愿的实用文书。

常见的文书有书信类文书、致辞类文书、求职类文书、条据类文书、宣告类文书和演讲稿。它们虽不像公文那样具有法定的规范标准，但自有约定俗成的规律特点，写作时应严格遵循，不可随意增添项目。语言的恰当运用、得当的语气、简明扼要的叙述、规范的措辞和文字都不可忽视。

第一节 书信类文书

一、申请书

(一)申请书的概念和特点

申请书是个人或单位为实现其愿望，对上级有所请求时所写的一种专用书信。

申请书表现为内容单一，主题明确，一般一事一书，即一份申请书只提出一个问题。

(二)申请书的写法

申请书的结构由标题、称谓、正文、结尾、落款、日期组成。

1. 标题

在申请书第一行的正中要写上申请书的名称。有的只写"申请书"字样。有的由申请事项和文种构成，如《入党申请书》等。标题的字体可以稍大，也可与正文相同。

2. 称谓

称谓也称"抬头"或"称呼"，即在标题下空一两行顶格写上接受申请的组织、机关、团体的名称或有关负责同志的姓名，如"××团支部""××市工商局""××同志"等，名称后面要加冒号。

3. 正文

正文一般包括以下三部分内容。

(1) 申请事项。开篇就要向领导、组织提出申请什么。要开门见山，直截了当，不能含糊其词。

(2) 申请缘由。即为什么申请。通常是先说明申请的目的、意义及自己对申请事项的认识，再谈自身已具备的条件。在撰写缘由的时候站位一定要高，让人感觉是从大局出发，以集体利益为先，而不是以"小我"的利益为重。

(3) 决心和要求。再次提出请求，进而表明自己的决心、态度，以便组织了解写申请书人的认识和情况。

4. 结尾

申请书可以有结尾，也可以没有。结尾一般是写"此致、敬礼"之类表示敬重的话。在正文下一行空两格写"此致"，另起一行顶格写"敬礼"；还可以写表示感谢、祝颂的话。此外，还可写"敬祈核准""请领导批准"等语。

5. 落款

在正文的右下方，写上申请人姓名或申请部门名称(要盖章)。

6. 日期

在落款下面写上申请的年、月、日。

(三)写申请书应注意的事项

(1) 申请事项要具体、清晰，一文一事。

(2) 理由要充分、合理，实事求是，不能虚夸和杜撰，否则难以得到上级领导的批准。

(3) 申请语言要诚恳有分寸、朴实准确，简洁明了。

转正申请书

尊敬的公司领导：

我于202×年×月×日成为公司的试用员工，至今3个月试用期已满，根据协议和公司的规章制度，现申请转为公司正式员工。

入职三个月以来，在领导的关怀与同事的指导下，经过一系列的培训，再加上个人的努力，我的业务能力有了较大提升。从最初由前辈同事指导完成，到基本能独立完成自己的本职工作，我终于顺利地完成了从学生到职业人的第一步蜕变。现将三个月以来完成的工作及其他方面情况总结汇报如下：

一、费用报销审核工作。根据公司财务审批制度及费用开支标准对差旅费、业务招待费、汽车费、电话费、报关费等费用的发票进行审核，盖章。

二、处理凭证工作。出纳对单，制定银行对账单明细，在ERP系统分批打印凭证，整理并分册装订，归档。

三、开具普通发票，将产品资料录入税控机，打印，并盖章。

四、日常事务工作。负责部门员工出勤表；申请领取办公用品；负责开票系统、客户资料的日常维护；负责资料室的档案管理工作。

三个月以来，我深深地感受到了公司人性化的管理和积极奋进、和谐温暖的企业文化，使我从初来时的漂泊之感到如今产生家的眷恋，感谢公司领导、同事的悦纳与包容！我热爱这份工作，更热爱这里的工作氛围，因此我对目前的工作倍感珍惜！今后，我一定尽自己最大的努力去学习去工作，不断总结反思，积极研究新情况，解决新问题，从而拓展思维，不断提升自身业务能力，提高工作质量和效率，立足岗位，为公司发展奉献光和热！

最后，我再次郑重地向公司领导提出转正申请，希望能够成为公司的一名正式员工。恳请领导能给我继续奉献自己、实现理想的机会。

此致
敬礼！

申请人：×××
202×年×月×日

【例文 4.1 简析】

转正申请书是员工实习期满后依据公司规定提交的一份文书。通过申请书表达情意，把个人转正的愿望、要求向组织或领导表达出来。它是公司人资部确定实习员工能否转正的依据之一，一般包括四部分：申请人从事现工作起止时间、工作期间基本情况、转正条件、转正决心。行文要层次分明，表述详尽，态度恳切。

例文 4.2

助学金申请书

尊敬的学校领导：

你们好！

我是 20××级××专业×班的学生张××，来自××省××县××村，因家境困顿无力承担上学费用，为能顺利完成学业，成为建设祖国的有用人才，不辜负父母、老师对我的殷切期望，特提出国家助学金申请。

我家有奶奶、父亲、母亲、我和妹妹五口人。父母都是农民，全家以务农种田为生，没有副收入，且由于奶奶常年多病，母亲身体也不好，家里开支几乎由父亲一人承担，一直过着清苦贫困的生活。但父母为了让下一代有文化、有出息，十几年来一直省吃俭用，给我们创造上学的条件和机会。我深切感受到父亲和母亲的不易和伟大，上学期间一直刻苦努力，初、高中学习成绩一直比较优秀；积极参加班级和学校组织的各项活动，每年都被评为三好学生。今年×月×日，当我接到大学录取通知书的时候，全家人相拥一起喜极而泣。但是，相对于一个贫困县的贫困家庭来说，大学学费也成了天文数字，它远远超出了我们全家的收入。父母向亲戚朋友四处告借，凑来了我的学费。

我希望可以得到这次的国家助学金，以减轻父母愈加沉重的家庭负担，得到一些生活上的补助，使我能够全身心投入到学习中去。今后的四年大学生活，我会刻苦学习，奋力拼搏，勤工俭学，争做一名优秀学生，将来报效祖国，奉献社会，服务人民，用行动回报

父母、学校和祖国的培养。恳请学校批准我的助学金申请!

此致

敬礼

申请人:张××
202×年9月9日

【例文 4.2 简析】

助学金申请书的写作重在理由的申述。本文在开门见山提出申请后,从两方面叙述了申请的理由,一是自己家境的介绍,二是自身学习状况的介绍。这两点都是助学金申请所必需的条件。申请书贵在简洁明了地说明事实本身,不必赘述煽情。结尾段再次重申请求并表明态度,真诚恳切。

二、倡议书

(一)倡议书的概念和特点

倡议书是个人或集体提出建议并公开发起,希望共同完成某项任务或开展某项公益活动所运用的一种专用书信。

对象的广泛性和群众性是倡议书的根本特征。

(二)倡议书的写法

倡议书一般由标题、称呼、正文、结尾和落款五部分组成,具体内容如下。

1. 标题

倡议书的标题一般有三种形式:①由文种名单独组成,即在第一行正中用较大的字体写上"倡议书"三个字;②由倡议内容和文种名共同组成,如《全民阅读倡议书》;③由发出倡议者、倡议内容和文种三部分组成,如《山东大学诚信考试倡议书》。

2. 称呼

倡议书可依据倡议的对象而选用恰当的称呼,如"广大的青少年朋友们""广大的妇女同胞们"等。有的倡议书也可不用称呼,而是在正文中指出。

3. 正文

倡议书的正文内容包括以下几个方面。

(1) 写明倡议的背景、原因和目的。因为发出倡议是要大家响应的,只有交代清楚倡议活动的原因、目的、意义,人们才会理解和信服,才会自觉地响应和行动。这些因素交代不清就会使人觉得莫名其妙,难以引起人们的响应。

(2) 写明倡议的具体内容和要求。这是正文的重点部分。倡议的内容一定要具体化。开展怎样的活动,做哪些事情,具体要求是什么,它的价值和意义都有哪些,均需一一写明;最好分条开列,这样才显得清晰、明确。

4. 结尾

结尾要表示倡议者的决心和希望,有的还会写出某种建议。

5. 落款

落款即在右下方写明倡议者单位、集体或个人的名称或姓名,署上发出倡议的日期。

(三)倡议书写作注意事项

倡议书写作时的具体注意事项如下。

(1) 倡议书的内容要有新时代精神,要切实可行,不能违背国家的方针政策。
(2) 倡议书的背景目的要写清楚,理由要充分。
(3) 倡议书的措辞要确切,情感要真挚,同时要富于鼓动性。
(4) 倡议书的篇幅不宜太长。

例文 4.3

喜迎冬奥会 文明过大年
——首都文明办致广大市民的倡议书

亲爱的市民朋友们:

金牛开锦绣,玉虎展宏图。值此虎年春节来临之际,首都文明办提前给您拜年啦!

过去的一年,意义非凡。咱们国家大事不断、喜事连连。咱北京圆满完成建党百年庆祝活动服务保障,全力冲刺冬奥会和冬残奥会筹办,统筹推进疫情防控和首都经济社会发展,各项事业都取得了新进展新成效。这其中,自然离不开各位的理解支持和辛苦付出,我们要向您表示由衷的感谢!今年春节,欣逢举世瞩目的北京冬奥会盛大开幕,北京也将成为历史上第一个双奥之城,责任重大、使命光荣。为了让您能在共襄盛举的同时,过一个欢乐、祥和、安宁的新春佳节,首都文明办倡议:

张开双臂拥抱冬奥盛会。主动了解冬奥知识,亲身体验冰雪运动,争当奥林匹克精神的传播者;踊跃投身志愿服务,助力文明城区创建,争当良好社会环境的建设者;衣着打扮得体,言谈举止大方,观赛有礼有序,友好招待四方宾朋,争当文明礼貌的主人翁。作为东道主,要处处展现热情开朗、大气开放、积极向上、助人为乐的精气神儿和北京范儿。

喜气祥和过出浓郁年味。激情冬奥会邂逅传统中国年,为本来喜庆的节日增添一抹动感。屋里屋外归置利落,鲜花绿植扮靓庭院;贴上寓意吉祥的春联,挂起象征团圆的灯笼,包饺子、唠家常、看比赛,家人闲坐,灯火可亲。当我们欢聚一堂的时候,不要忘记还有很多人在默默坚守、无私奉献,见到志愿者、快递小哥、环卫工人时,请您主动向他们道声辛苦,送上祝福,传递融融暖意。

绿色低碳养成环保习惯。勤俭节约是中华民族的优良美德,保护环境是人与自然和谐共生的内在要求。无论是平时工作生活还是逢年过节,我们都要大力提倡简约适度,拒绝铺张浪费,践行绿色生活,让光盘行动、绿色出行、垃圾分类、节能减排成为家庭和个人的行动自觉,为实现碳达峰、碳中和的目标贡献我们的"绿色"力量。

文明健康守护平安底线。北京人向来有里儿有面儿。在自家门口办奥运，咱更得响应政府号召，遵守政策规定，尽量就地过年，非必要不出京，保持"戴口罩、勤洗手、常通风、少聚集、一米线、用公筷"的文明健康生活习惯，始终绷紧疫情防控的弦儿。不燃放烟花爆竹，不搞封建迷信祭祀活动，公共空间不堆物堆料，上网传播正能量，外出开车礼让行人，共同维护文明和谐、安全顺畅的城市秩序。

市民朋友们，同在蓝天下，共爱一个家。新的一年孕育新的希望。让我们行动起来，共建首都美好家园，共享文明建设成果，用热情点燃梦想，一起向未来！

首都文明办
2022 年 1 月 25 日

【例文 4.3 简析】

该倡议书采用正副标题的形式，正标题写出了倡议的目的和意义，副标题写出了倡议者、倡议对象以及文种。

开篇首先以热情洋溢的新年贺词带入喜庆的氛围；接着回顾祖国和首都北京过去一年取得的新成效，并真挚感谢广大市民的辛苦付出，引发情感共鸣，激发主人翁意识；随之写明倡议活动的原因、目的、意义，获得大家的理解信服，进而积极响应。

用简洁明快的语言，从"张开双臂拥抱冬奥盛会"到"喜气祥和过出浓郁年味"，再从"绿色低碳养成环保习惯"到"文明健康守护平安底线"，采用条款式清晰地提出了倡议的内容，写明了行动的方向，并呼吁"新的一年共建首都美好家园，共享文明建设成果，用热情点燃梦想，一起向未来"。

该倡议书的语言极具亲和力、号召力和感染力。

三、慰问信

(一)慰问信的概念和特点

慰问信是以组织或个人的名义向对方表示关切、问候和安慰的一种书信。

慰问信可分为三种类型：对作出突出贡献的集体或个人的慰问，对遭受困难或蒙受损失的单位或个人的慰问，节日慰问。

无论是对有突出贡献者的慰问还是对遭遇困难者的慰问，情感的沟通是支撑慰问信的一个深层基础。慰问正是或通过这种赞扬表达崇敬之情，或通过同情表达关切之意的方式来达成双方的情感交流和相互理解的。慰问信可以直接寄给本人，但大多是以张贴、登报或在电台、电视上播放的形式出现的。

(二)慰问信的写法

慰问信的结构由标题、称谓、正文、尾语和落款五部分组成，具体内容如下。

1. 标题

标题一般只写文体名，即"慰问信"三个字，也可具体写成"××致××的慰问信"。标题要居中书写，字体要大些；如果字数较多，也可以分两行排列，将"慰问信"三个字置于第二行正中，以便看起来醒目。

2. 称谓

称谓写被慰问的单位名称或个人姓名。称谓要顶格写，个人姓名之后还应加上必要的称呼，如"先生"或"同志"，后面加上冒号。

3. 正文

正文另起一行，空两格书写，应分段写以下几个方面的内容。

(1) 说明写慰问信的原因、背景。有的是节日来临，有的是对方突遇不幸等，如"节日来临之际"或"正当……的时候"。然后写表示深切慰问的话，如"致以节日的慰问""致以亲切的慰问"等。

(2) 概述和赞扬对方的先进思想、先进事迹，或者鼓励他们战胜困难继续前进，然后表示慰问和学习。

4. 尾语

尾语一般要写表达良好祝愿的话，如"祝愿取得抗灾斗争的胜利""祝您节日快乐""此致敬礼"等。

5. 落款

落款要写清单位名称或个人姓名，日期写在署名下方，年、月、日都应写全。

(三)慰问信写作时应注意的事项

写慰问信时应具体注意以下几方面。

(1) 感情要真挚，使对方透过书信能够充分地感受到组织的无限关怀和温暖，以及同志之间的深情厚谊。

(2) 基调要昂扬向上，全文的内容以激励和鼓舞为主。即使面对巨大的困难和不幸，也不要过分地渲染，更不能写得过于悲切，使对方只感到伤感，缺乏鼓足同困难顽强斗争的勇气。

(3) 语言要精练，表达要朴实，篇幅要短小。

例文 4.4

中共廊坊市委 廊坊市人民政府
致全市教师和教育工作者的慰问信

全市广大教师、教育工作者：

　　金风送爽，丹桂飘香。在第 37 个教师节来临之际，市委、市政府向全市广大教师和教育工作者致以节日的祝贺和亲切的慰问！

　　百年大计，教育为本。市委、市政府始终高度重视教育事业发展，紧紧围绕"办人民群众满意的教育"这一宗旨，全面提高义务教育水平，大力发展学前教育、高中阶段教育和职业教育，各类教育协调发展。这其中，饱含着全市广大教师和教育工作者的智慧和汗水，在平凡的岗位上做出了不平凡的业绩，展现了爱岗敬业、无私奉献、奋发争先的新时期人民教师形象，不愧为人类灵魂的工程师！

教育大计，教师为本。习近平总书记强调，教师承担着教书育人、立德树人这一最庄严、最神圣的使命。全市广大教师要做信仰之师，要以人格魅力引导学生心灵，以学术造诣开启学生的智慧之门，学为人师，行为示范，做学生健康成长的指导者和引路人；要做品行之师，不断提升自身的人格修养，树立责任意识、发扬担当精神，方正做事、厚重为人，弘扬高尚师德，潜心立德树人，以高尚品格和良好情操为广大学生确立示范和榜样，做教化学生品德、启迪孩子心灵的良师益友；要做仁爱之师，躬耕不辍，潜心育人，热爱、尊重、信任学生，用关爱的真情感染学生，使学生"亲其师，信其道"，努力成为学生喜爱的优秀教师。

为人师表，立德为本。"赓续百年初心，担当育人使命"是今年教师节的主题。习近平总书记明确要求，广大教师要牢固树立中国特色社会主义理想信念，带头践行社会主义核心价值观，自觉增强立德树人、教书育人的荣誉感和责任感。社会主义核心价值观是我们国家和中华民族最持久、最深层的力量来源，广大教师肩负着带头践行、传播、弘扬的重大责任和神圣使命。只有教师率先自觉地勤学、修德、明辨、笃实，教育和引导学生砥砺品德、陶冶情操、刻苦学习、全面发展，才能更好地促进全社会形成健康向上、崇德向善、文明和谐的新风尚。

振兴民族的希望在教育，振兴教育的希望在教师。希望广大教师和教育工作者，勇于投身教育创新和教学改革，不断转变执教理念、改进教育方法、创新教学模式，激发学生的学习热情，培养出更多更优秀的人才，为全面建设"五个廊坊"、争当"三个排头兵"贡献智慧和力量！

最后，祝愿全市教师和教育工作者节日愉快、身体健康、工作顺利、阖家幸福！

中共廊坊市委
廊坊市人民政府
2021年9月9日

【例文4.4简析】

此慰问信由标题、称谓、正文、尾语、落款五部分组成。

正文第一段说明写慰问信的原因、背景，然后表示诚挚的慰问；第二段概述并高度赞扬被慰问者的成就，慰问内容具体，彰显感情真挚恳切；第三、四段阐述教育事业的重要性以及教师肩负的重大责任和历史使命，表明市委、市政府对教育工作及教育工作者的期望和嘱托，鼓励广大教育工作者继续努力，勇创佳绩。尾语真诚的祝福再表慰问之意。

此慰问信旨在沟通感情，鼓舞干劲。因此感情充沛丰盈，语言热情洋溢，使广大教育工作者能够透过书信充分感受到组织的无限关怀和温暖，倍感工作的神圣与重要，从而起到激励与鼓舞的作用。

四、贺信

(一)贺信的概念和特点

贺信是表示庆贺的书信的总称，可分为贺词、贺信(电)等。

贺信是发信方因节日、庆典、开业、晋升、获奖、乔迁、结婚等喜事，向受信方表达祝贺的文书。贺词一般是在隆重的集会上，当着受祝贺者的面宣读。如果距离较远，则用贺信(电)，可以直接发给对方，也可以通过登报或广播发布。

(二)贺信的写法

贺信的结构由标题、称谓、正文、结尾和署名五部分组成，具体内容如下。

1. 标题

居中写"贺信"。

2. 称谓

另起一行顶格写明收看信函的对象，即被祝贺单位或个人的称呼。另外，称谓后应加上冒号。

3. 正文

贺信正文需写明向谁祝贺、祝贺什么、为什么祝贺。大致包括以下内容：简略交代当时的背景或其他有关情况，为颂扬成绩作铺垫。充分肯定和热情赞扬对方所取得的主要成绩，以及取得成就的根本原因和重大意义，并作出肯定性评价。

由于对象不同，场合不同，内容和措辞也有不同。如果祝贺会议，侧重说明会议召开的重要意义和深远影响。如果祝贺寿辰，侧重赞颂受祝贺者的品德和贡献，并表示热烈的祝贺和赞扬。此外，祝贺者和受祝贺者的关系不同，措辞、语气也有所不同。例如上级对下级，可以提出希望和要求；同级之间，可以表示向对方学习，以求共同进步；下级对上级，可以表示完成某项任务的信心。

4. 结尾

结尾应写上表示祝愿的话，如"此致""祝您健康长寿"等。

5. 署名

另起一行，在右下方写明发信单位名称或个人姓名。署名下方写年、月、日。

(三)写贺信应注意的事项

写贺信时具体应注意以下事项。

(1) 表示祝贺的感情要饱满、充沛，给人以鼓舞、力量。冷冰冰的陈述、说明是表达不出祝贺者的心愿的。

(2) 贺信的内容要实事求是，评价要恰如其分，表示决心要切实可行，不可言过其实。

(3) 语言要精练、明快、通俗、流畅，不能堆砌华丽的辞藻，篇幅要短小，要迅速及时。

习近平致首届全民阅读大会举办的贺信

值此首届全民阅读大会举办之际，我谨表示热烈的祝贺！

阅读是人类获取知识、启智增慧、培养道德的重要途径，可以让人得到思想启发，树立崇高理想，涵养浩然之气。中华民族自古提倡阅读，讲究格物致知、诚意正心，传承中华民族生生不息的精神，塑造中国人民自信自强的品格。希望广大党员、干部带头读书学习，修身养志，增长才干；希望孩子们养成阅读习惯，快乐阅读，健康成长；希望全社会都参与到阅读中来，形成爱读书、读好书、善读书的浓厚氛围。

习近平
2022 年 4 月 23 日

【例文 4.5 简析】

贺信一般都热情洋溢，简短精悍。正文开头表祝贺，"值此……之际"是背景。第二段首先充分强调阅读使人获知、启智、增慧、养德，然后热情赞扬中华民族在阅读的历史长河中所传承的民族精神和塑造的民族品格，最后提出希望和要求，让"爱读书、读好书、善读书"蔚然成风。

结构紧凑、语言凝练、鼓舞性强是本文的亮点。

五、感谢信

(一)感谢信的概念和特点

感谢信是在得到有关单位和个人给予的关心、帮助和支持后向对方表示感谢的信函。感谢信要有真诚的感激之情，阐述已发生的真实事件及其影响和效果。它具有确指性、事实性和感激性三个特点。

(二)感谢信的写法

感谢信一般由标题、称谓、正文、署名及日期组成。

(1) 标题。有三种写法：①只写文种"感谢信"三个字。如果写给个人也可省略标题。②由受文单位和文种组成，如"致××公司的感谢信"。③由发文机关、受文单位和文种组成，如"××公司致××大学的感谢信"。

(2) 称谓。第二行顶格写对方单位和个人姓名，姓名后可适当加称呼，如"女士""先生"等。

(3) 正文。第三行空两格起写正文，写清楚对方在什么时间，什么地点，由于什么原因，做了什么好事，对自己或单位有什么支持和帮助，事情有什么好的结果和影响。还要写清楚从中表现了对方哪些好思想、好品德、好风格。最后表示自己或所在单位向对方学习的态度和决心。

(4) 署名和日期。署名与日期写在正文的右下角。必要时可加盖公章。

(三)感谢信的写作要求

感谢信的写作要求主要有以下几方面。

(1) 正文主要写两层意思，一是写感谢对方的理由，即"为什么感谢"，二是直接表达感谢之意。

(2) 以说明事实为主，切勿不着边际地大发议论。语言要适度，详略要得当。

(3) 感谢信与表扬信有一定区别，两者都是对别人的某种行为的肯定与表扬，但侧重

第四章 日常文书

点不一样。表扬信是侧重表扬某人，表扬某人做了什么好事，可以站在当事人之外的角度书写；而感谢信则是表达对某人帮助的感谢，要站在当事人角度书写。

致疫情防控爱心捐赠人的感谢信

尊敬的捐赠人：

疫情阻隔了空间的距离，却阻挡不了爱心的汇聚和真情的问候。请允许我们以"见字如面"的方式表达对您的崇高敬意和衷心感谢！

岁末年初，一场突如其来的疫情肆虐荆楚大地，牵动着社会各界的心。疫情发生以来，以习近平同志为核心的党中央高度重视，始终把人民群众的生命安全和身体健康放在第一位，把疫情防控工作作为当前最重要的工作来抓。市委、市政府坚定不移地贯彻落实中央、省委部署要求，以必胜的信心带领全市上下展开坚决斗争，凝聚起共同抗击疫情的磅礴力量。沙澧大地爱心涌动，许多爱心企业、团队、个人积极捐款捐物，用实际行动彰显了社会情怀和责任担当，展现了携手同行、众志成城的大爱精神。

截至3月5日12时，漯河市红十字会共收到社会各界捐赠款物6 092 356.79元，其中捐款1 904 726.79元，接收捐赠物资价值4 187 630元。源源不断的捐款从四面八方汇聚而来，一批又一批医用酒精、消毒液等急需物资以及牛奶、方便面等食品送到了疫情防控一线。从刚入职的教师捐出第一个月工资到各爱心企业捐款，从几百只口罩到急需的防护服……同时，也有越来越多的人加入红十字志愿者队伍中，投入到捐赠物资分发、社区消杀预防、无偿献血动员等志愿服务中。病毒无情，人间有爱，是你们让这个春天更加温暖，让沙澧大地充满希望。

接收的这些捐赠款物，除定向捐赠遵照捐赠人意愿使用外，全部由漯河市疫情防控指挥部统一调配使用，有的为一线医护人员提供人道救助，有的购买了急需物资点点滴滴都转化为疫情防控的坚实力量。信任无比珍贵，责任重于泰山。我们将不辜负每一份信任，把责任扛在肩上记在心里，把所有爱心捐赠用在疫情防控一线，让每一份爱心善意都及时得到落实。同时，依法进行公开，真诚欢迎社会监督。

一线的白衣天使不畏艰险，逆行而上，是美丽的逆行者。我们每天都被为战"疫"提供支援保障的捐赠者、志愿者的善行义举温暖着、感动着、激励着。每一位捐赠人、志愿者身上的无私大爱精神，将成为激励我们弘扬"人道、博爱、奉献"红十字精神和践行为国奉献、为民造福的坚强动力。

疫情终将过去，春天必会到来。我们坚信，有以习近平同志为核心的党中央坚强领导，有社会各界众志成城、共克时艰的昂扬斗志，我们必将彻底战胜疫魔，全面打赢这场疫情防控的人民战争、总体战、阻击战。

人间有爱，因您同在。谨以人道的名义再次向您致敬！

漯河市红十字会
202×年3月5日

【例文4.6简析】

感谢信是文明的使者，是一种不可缺少的公关手段。一方受惠于另一方，应及时地表达谢忱,使对方在付出劳动后得到心理上的收益。在日常生活和工作中,如果我们得到他人的帮助和支持,可用这种文体表示"感谢"。感谢信要简单明了地介绍事迹或情况,并说明在对方帮助下所产生的效果,并对对方的品德及行为表示颂扬,最后写明向对方学习的决心和态度。

本篇感谢信是以红十字会的口吻向众多捐赠人表达感谢,激动、赞扬、敬佩、感谢之情跃然纸上,真挚的感情如行云流水般倾泻而出,发自肺腑,感人至深!

六、致歉信

(一)致歉信的概念和特点

致歉信一般是因自己失误或拒绝,引起对方的不快,以表示赔礼道歉,消除曲解,增进友谊和信赖的信函。其内容是向对方陈述自己不当行为给对方造成不利影响的歉意,或者无法答应对方不违常理的请托的原因。对不愿为的事,可声明自己的一贯主张;对不能为的请托,更应陈述理由,说明自己为什么不能为。其特点在于及时、迅速和诚恳。

(二)致歉信的写法

致歉信一般由标题、称谓、正文、署名及日期组成。

(1) 标题。第一行的正中用较大的字体写上"致歉信"三个字。

(2) 称谓。第二行顶格写对方姓名,姓名前要加尊称,如"尊敬的张××先生"。

(3) 正文。诚恳说明造成对方不愉快的原因,表示真诚的歉意,并请求得到对方的原谅。

(4) 落款,包括署名和日期。如代表单位集体向对方致歉的,要有负责人签字或加盖公章。

(三)致歉信的写作要求

(1) 致歉信的发出一定要及时、迅速。致歉信作为处理危机的有效手段,应在危机事件发生后的第一时间发出。其实很多危机事件发生后媒体与受众甚至是受害者并不十分关心事件本身,他们更在意的是责任人的态度。迟缓会使人觉得你冷漠、傲慢,会增强公众的愤怒,把事件本身严重放大。

(2) 致歉信的目的在于得到对方的谅解,希望对方能够一如既往地支持自己,不要因为此事而改变对己方的友好态度,因此态度务必要真诚,语言一定要真挚、郑重。

致 歉 信

尊敬的×××易城通科技有限公司,尊敬的广大顾客:

由于我公司法律观念淡薄,在印制×××旅游年票一卡通宣传资料时,擅自将×××旅游年票一卡通票版样式中发行商×××易城通科技有限公司的名称替换为×××海生活文化传播有限公司,给广大游客造成了混淆,给×××易城通科技有限公司造成了伤害,

在此郑重向×××易城通科技有限公司、向广大顾客,致以深深的歉意。对不起!我们对自己的无知给各位造成的影响深感不安,请各位原谅我们。鉴于已经产生的伤害事实,我们决定采取以下措施,弥补已经造成的损失。

1. 发布道歉信,向×××易城通科技有限公司和广大顾客道歉,使广大顾客清晰明白×××易城通科技有限公司是×××旅游年票一卡通的唯一发行商,×××海生活文化传播有限公司只是经销商之一,并非×××旅游年票一卡通的发行单位。

2. 在×××海生活文化传播有限公司为推广旅游年票而设立的网站的显要位置对致歉信进行链接,时间至少1个月。

3. 在本公司网站的显要位置展示×××旅游年票一卡通真实样板(标注有×××易城通科技有限公司名称)。

4. 收回全部还未发出的宣传资料,并销毁。

5. 新印制宣传资料必须经×××易城通科技有限公司认可才可印制。

我们再次为自己的无知道歉,并自愿承担因此对×××易城通科技有限公司造成的损失。

此致

敬礼!

×××公司(盖章)
202×年×月×日

【例文4.7简析】

该例文首先诚恳地说明对"×××易城通科技有限公司"造成相关不愉快的原因,以及给游客带来的困惑,表示真诚的歉意,并请求得到对方的原谅。之后马上切入正题,列明弥补对方损失所采取的具体措施,用郑重的承诺和行动表达自己真诚的歉意,补偿行动迅速有实效,使对方能感受到歉意不只是停留在口头上,而是发自内心的、真诚的。如此一来更易于获得兄弟公司和客户的好感,有效地解除了危机,降低了社会不良影响。危机出现后,不管起因是什么,己方有没有委屈,都不要急于辩解,主动承认错误比解释更加有效。结尾郑重承诺:"我们再次为自己的无知道歉,并自愿承担因此对×××易城通科技有限公司造成的损失。"表达诚意和信誉,彰显负责任、有担当的企业形象,甚至可以化腐朽为神奇,赢得对方信任,获取新的商机。知错就改,知耻而后勇正是我们中华民族的传统美德。其实,从某种意义上讲,危机也是一种机遇。因此,致歉获得谅解并不是最终目的,重新树立企业形象、展示企业文化更为重要。

七、介绍信

(一)介绍信的概念和特点

介绍信是把己方的同事或业务关系介绍给对方,以便进行联系和沟通的常用信函。它具有介绍和证明的双重作用。

(二)介绍信的写法

1. 书写式介绍信

书写式介绍信也称为普通介绍信,用一般公文信纸书写。其格式如下。

(1) 标题。书写式介绍信的标题一般是在第一行居中写上"介绍信"三个字,有些也可省略。

(2) 称谓。称谓在第二行,要顶格写,并且写明联系单位或个人的单位名称(全称)或姓名,称呼后要加上冒号。

(3) 正文。正文要另起一行,空两格写介绍信的内容。介绍信的内容要写明如下几点。

① 要说明被介绍者的姓名、年龄、政治面貌、职务等。如被介绍者不止一人还需注明人数。其中,政治面貌和被介绍者的年龄有时可以省略。

② 写明要接洽或联系的事项,以及向接洽单位或个人提出的希望和要求等。

③ 要在正文的最后注明本介绍信的使用期限。

(4) 结尾。介绍信的结尾要写上"此致""敬礼"等表示祝愿和敬意的话。

(5) 署名。出具介绍信的单位名称写在正文右下方,并署上介绍信的成文日期,加盖单位公章。这种介绍信写好之后,一般装入公文信封内。信封的写法与普通信封相同。

2. 填写式介绍信

填写式介绍信是一种正式的介绍信,铅印成文,内容格式等已事先印制出来,使用者只需填写姓名、单位及事项,另加盖公章即可。

填写式介绍信又可细分为两种:一种为有存根的介绍信,另一种为不带存根的介绍信。

带存根的介绍信通常一式两联,存根联由开介绍信的一方留档备查,正式联由被介绍人随身携带。格式统一制作的介绍信使用时简单方便,只需填写个别内容,可以有效提高工作效率,是公用介绍信使用较多的一种。

不带存根的介绍信内容格式与带存根的介绍信在正文的印制上无甚差别,也是随用随填,只是不留存根而已。

带存根的印制式介绍信一般由存根联、间缝和正式联三部分组成。

(1) 存根部分。

存根部分第一行正中写"介绍信"三个字,字体要大;紧接"介绍信"文字后,用括号注明"存根"两个字。

在第二行右下方写"××字××号"字样。如市教委的介绍信就写"市教字××"号,县政府商业局的介绍信可写"县商字××号"。"××号"是介绍信的页码编号。

正文要另起一行写介绍信的内容,具体由以下几项构成:被介绍对象的姓名、人数及相关的身份内容介绍,还要写明前往何处、何单位;具体说明办理什么事情,有什么要求等。

结尾只需注明成文日期即可,不必署名,因为存根仅供本单位在必要时查考。

(2) 间缝部分。

存根部分与正文部分之间有一条虚线,虚线上印有"××字第××号"字样,这就是介绍的间缝。这里可按照存根第二行"××字××号"的内容填写。要求:数字要大写,如"壹佰叁拾肆号";字体要大些,以便从虚线处截开后,字迹在存根联和正文联各有一半。同时,应在虚线正中加盖公章。

(3) 正式联部分。

第一行正中写"介绍信"字样,字体要大。

在第二行右下方写"××字××号"字样,内容按照存根联填写。

称谓。要顶格写,写明所联系的单位或个人的称呼或姓名。

正文。应另起一行,空两格起写介绍信的具体内容。其内容与存根内容相同,主要写明持介绍信者的姓名、人数、要接洽的具体事项、要求等。

结尾。写明祝愿或敬意的话。一般要写些诸如"请接洽""请指教""请协助"等类的话,后边还要写"此致""敬礼"。最后要注明该介绍信的有效期限。

署名。在右下方要署上本单位的全称,并加盖公章;同时,另起一行署成文日期。这类介绍信写好后,也应装入公文信封内。信封的写法与普通信封相同。

(三)介绍信的写作要求

介绍信的具体写作要求如下。

(1) 不得虚假编造,冒名顶替。

(2) 要简明扼要,不可太长。

(3) 务必加盖公章。查看介绍信时,也要核对公章和介绍信的有效期限。

有存根的介绍信,其存根联和正式联内容要完全一致。存根底稿要妥善保存,以备日后查考。介绍信书写不得涂改,要书写工整。有涂改的地方,可加盖公章。

例文 4.8

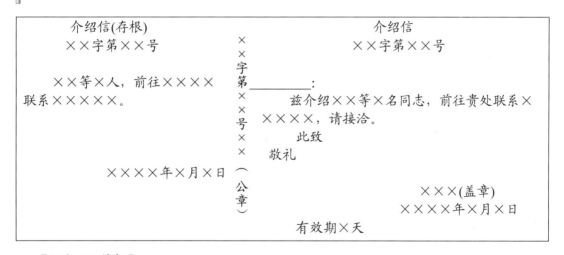

【例文 4.8 简析】

这是带存根的介绍信。间缝正中加盖公章,间缝中间的"第××号"字样,号码要大写,便于裁开后存根联和正文联各留一半字迹。存根与介绍信内容应完全一致。

带存根的介绍信,也可以是存根部分在上半页,其余部分在下半页。

例文 4.9

```
                  介　绍　信
_____:
　今介绍_____同志等_____人, 前往贵公司洽谈有关_____
_____事宜, 请予接待。
　此致
敬礼
                                        ××公司(盖公章)
                                        20××年×月×日
```

【例文 4.9 简析】

这是不带存根的介绍信，联系人或单位的称呼要顶格写，其他内容按实际情况填写。

八、证明信

(一)证明信的概念和特点

证明信是以行政机关、社会团体、企事业单位或个人的名义凭借确凿的证据证明某人的身份、经历或某件事情的真实情况时所使用的一种专用书信。证明信一般也称作证明，具有凭证的作用。有的证明信有长久的证明作用，可归档。

(二)证明信的种类及写法

1. 证明信的种类

证明信大致有三类：单位证明信、个人证明信、随身携带的证明信。其写法大致相同，具体内容如下。

(1) 单位证明信是指以组织名义所发的证明信。这类证明信，可以证明此人的身份、经历、职务，以及同该单位的所属关系等真实情况。这种材料一般源于该单位的档案，或来自调查研究。

(2) 个人证明信是指以个人名义所发的证明信。这类证明信，由个人书写。证明信的内容完全由个人负责。写这样的证明信，个人一定要严肃认真，仔细回忆，不得信笔由缰，马马虎虎。

(3) 随身携带的证明信。这类证明信由被证明者随身携带，具有证件的作用。它区别于前两种的是，其注明了有效期，过期将自动失效。

2. 证明信的写法

不论是哪种形式的证明信，其结构都大致相同，一般由标题、称呼、正文和落款等构成。

(1) 标题。证明信一般都单独以文种名作标题，即在第一行中间冠以"证明信""证明"等字样。

(2) 称呼。称呼要顶格写在第二行，一般是写上受文单位名称或受文个人的姓名称呼，然后加冒号。有些供有关人员外出活动证明身份的证明信因没有固定的受文者，开头可以不写受文者称呼，而是在正文前用公文引导词"兹"引起正文内容。

(3) 正文。正文要在称呼写完后另起一行，空两格书写。要针对对方所要求的要点写，需要证明什么问题就证明什么问题，其他无关的不写。如证明的是某人的历史问题，则应写清人名、何时、何地及所经历的事情；若要证明某一事件，则要写清参与者的姓名、身份及其在此事件中的地位、作用和事件本身的前因后果，也就是要写清人物、事件的本来面目。

正文写完后，要另起一行，顶格写上"特此证明"四个字。也可直接在正文结尾处写出。

(4) 落款。落款即署名和成文日期。要在正文的右下方写上证明单位或个人的名称或姓名，成文日期写在署名下另起一行，然后由证明单位或证明人加盖公章或签名、盖私章，否则证明信将是无效的。

(三)证明信的写作要求

证明信的写作要求如下。

(1) 实事求是，严肃认真，要言之有据。

(2) 对于随身携带的证明信，一般要求在证明信的结尾注明有效期。

(3) 语言要准确，不可含糊其词。不能用铅笔、红色笔书写，若有涂改，必须在涂改处加盖公章。

证　明　信

××××公司：

　　你公司×××同志，原系我院 18 级计算机应用专业学生，在校期间，学习刻苦，成绩优异，积极进取，乐观向上，工作认真负责，多次被评为校级三好学生和优秀班干部，2020 年被授予省级"优秀三好学生"。

　　特此证明

××××学院
20××年×月×日

【例文 4.10 简析】

此证明信为证明某人的身份、经历、有关事实真相，措辞确切肯定，格式规范标准，正文后有"特此证明"字样。

第二节 致辞类文书

致辞又可以称作"致词"。致辞是在举行某种仪式时对人或对事表示祝愿、庆贺的言辞或文章。现代的致辞，一般包括祝人的致辞和祝事的致辞两大类。祝人的致辞，一般是祝愿某人健康、长寿、前程远大等，如祝寿词等；祝事的致辞，一般是祝贺某项事业顺利进行、胜利成功等。在祝事的致辞中，一般又可以分为会议致辞和活动致辞两类。会议致辞是对重要的或有意义的会议的隆重召开表示祝贺，如开幕词等；活动致辞是对某项活动的顺利进行表示祝贺，如欢迎词、欢送词、答谢词、祝酒词等。

致辞的对象——人或事并不是截然分开的。祝人时也涉及事，祝事时也离不开人。但是，祝人的致辞应该侧重对人的祝愿、祝福；而祝事的致辞则应该侧重对事的期望和祝愿。在写作致辞时，要注意把握好这一点。

致辞在日常工作中具有非常重要的地位。致辞的种类也很多，这里仅介绍最常见、最常用的几种，包括开幕词、闭幕词、欢迎(送)词、答谢词、祝词等。

一、开(闭)幕词

(一)开(闭)幕词的含义和作用

开幕词是指在比较庄重的大中型会议开始时，由与会主要领导或会议主持人宣告会议开始、交代会议议程、阐述会议宗旨的致辞。它旨在阐明会议的指导思想、宗旨、重要意义，向与会者提出会议的中心任务和要求，对会议有着重要的指导作用，具有宣告性和指导性。

闭幕词是在比较隆重的大中型会议闭幕时，由党政机关、社会团体、企事业单位的主要领导人所作的总结性讲话。闭幕词的目的是总结会议召开的情况，评价会议的成果、意义以及影响，号召与会人员发扬会议的精神，作出更大的成绩，具有总结性、评估性和号召性。

(二)开(闭)幕词的特点

1. 宣告性

开(闭)幕词的重要标志在于它宣布了会议的开幕或闭幕。主要领导亲临大会并致开(闭)幕词，显示了组织者对大会的重视。开(闭)幕词适用于较为隆重的会议，一般性会议可以不致开幕词。

2. 指导性

开幕词所提出的会议宗旨，是大会的主导思想，所阐明的目的、任务、要求等，引导着会议的进程，对会议有着重要的指导作用。闭幕词旨在总结会议召开的情况，评价会议的成果、意义以及影响。会议结束以后，与会者传达会议精神时，开(闭)幕词也是其重要的内容之一。

(三)开(闭)幕词的格式和写法

开(闭)幕词一般由标题、称谓和正文三部分组成,具体内容如下。

1. 标题

开(闭)幕词的标题书写相似。注意同一会议的闭幕词的标题书写格式要与开幕词标题相一致。

开(闭)幕式标题的写法有以下几种形式。

(1) 由"会议全称+文种"组成,如《中国共产党第十六次全国人民代表大会开幕词》。

(2) 由"致辞人姓名+大会名称+文种"组成,如《×××同志在×××大会上的致辞》。

(3) 有的采用复式标题。主标题揭示会议的宗旨、中心内容,副标题与前两种标题的构成形式相同,如《我们的文学应站在世界的前列——中国作家协会第四次代表大会开幕词》。

(4) 只写文种"开(闭)幕词"三字。开(闭)幕词标题中如果没有时间和致辞人姓名,则应在标题的下一行居中书写。

2. 称谓

称谓是礼节、礼貌的体现,闭幕词的称谓与开幕词写法类似。称谓要根据会议的性质和出席会议的人员来确定,一般用泛称,顶格书写,后面加冒号。如"同志们""各位代表、各位来宾""各位老师、各位同学""运动员同志们"等。如果是党的会议,称呼比较简单,就是"同志们"三个字。如果是国际会议,要按照国际惯例来排序,较常见的是"各位嘉宾、女士们、先生们"。称呼的选用要涵盖全体人员,不能遗漏。也可以在称呼后面再加上礼节性的问候,如"大家好""晚上好"。

3. 正文

开(闭)幕词的正文均包括开头、主体和结尾三部分。

1) 开幕词正文的写法

(1) 开头部分。开头部分的主要内容是宣布会议开幕。

一般的写法是:开门见山地宣布会议开幕,宣布会议名称要写全称,以示庄重。也可以对会议的规模、意义、召开的背景、出席会议人员情况和会议筹备情况作简要的介绍,并对会议的召开以及与会人员的到来表示热烈的祝贺和热情的欢迎,以渲染会议气氛,激发与会者的热情。写作时,应单列为一个自然段,与主体部分区分开。

(2) 主体部分。这一部分内容是开幕词的核心部分,通常包括以下三方面的内容。

一要阐述会议召开的意义,通过对以往工作情况的概括、总结和对当前形势的分析,说明会议是在什么形势、背景下,为解决什么问题或达到什么目的而召开的。

二要阐明会议的指导思想,提出会议的任务,概括会议的议程和安排。

三是为保证会议的顺利进行,向与会者提出会议的要求。

(3) 结尾部分。通常用祝词发出号召和希望,预祝会议顺利、圆满成功。一般采用"预祝大会圆满成功!"等作为结束语。

正文写作要紧扣会议中心议题,语言简洁,篇幅不宜过长,对会议各项内容只作原则

性交代。语言要有感染力。

2) 闭幕词正文的写法

(1) 开头部分。先用概括性的语言对会议作一个总的评价，然后简要说明大会的经过，以及是否圆满地完成了预定的任务或胜利闭幕。

(2) 主体部分。这是闭幕词的核心部分，通常包括以下三方面的内容。

一是对大会进行概括、总结，概述会议的基本情况，以及会议通过的主要事项和基本精神。

二是恰当地评估会议的收获、意义，以及会议的深远影响。

三是指出会议主题对今后工作的指导意义，并向与会人员提出贯彻会议精神的基本要求，增强人们贯彻会议精神的信心和决心。

(3) 结尾部分。结尾部分一般要向与会者发出号召，提出希望，表示祝愿，还可以向保障大会顺利进行的有关单位以及人员表示衷心的感谢。一般以郑重宣布会议胜利闭幕为结束语。

闭幕词写作要与开幕词前后呼应、首尾衔接，以显示按要求完成了大会既定的目标，开得很圆满、很成功。

(四)撰写开(闭)幕词的基本要求

撰写开(闭)幕词时的具体写作要求如下。

(1) 重点突出，详略得当。开幕词写作时应该把握会议的性质，掌握会议的主题、精神，了解会议的全面情况，重点阐述会议的意义、任务和要求，而对于会议本身的情况，如筹备情况、会议议程等，则要概括说明，点到为止。闭幕词是对会议的概括总结，对今后工作具有重要的指导意义。写作时应有针对性地对会议的内容予以阐述和给予恰当的评价，以突出会议的中心议题。

(2) 行文要热情洋溢，简洁有力，富于号召力、鼓动性，语言要高度综合、概括，富有鼓动性和号召力，感染力要强，给与会者留下深刻的印象。在开(闭)幕词的写作中，常犯的毛病是书面化有余而口语化不足，语言冗长难懂，影响了表达效果，削弱了开(闭)幕词应有的号召力和鼓动性。因此，在写作中要语言明快流畅，礼貌得体；语气要热情友好，感情热烈；尽量使用口语，具有口语色彩，体现出开闭幕词的号召力和鼓动性。

(3) 闭幕词与开幕词应前后呼应、首尾衔接。

范诗银社长在十九届青春诗会上的开幕词

2022 年 6 月 12 日

各位青年诗友，各位指导老师，各位同仁朋友：

中华诗词杂志 2022 年第十九届青春诗会，以这样一种形式开幕了。我们中华诗词杂志社全体同仁，对 11 位青年诗友来到线上表示热烈欢迎，预祝本届青春诗会圆满成功！

我们这届青春诗会 11 名优秀青年诗人雏凤奖获得者，来自山东、天津、浙江、广东、湖北、江苏、安徽等 8 个省、直辖市，还有一位远在澳大利亚墨尔本。11 位青年诗人

们分别在 10 个岗位学习或工作。有 2 名在校大学生，有执行总经理，有打工者，有教练员，有销售员，可谓行行有诗人，处处有诗词。

我们这届诗会的优秀青年诗友们，在诗词曲的创作上有着不同的特点。其中，6 人诗词都写，诗略多于词；3 人只写诗，1 人只写词，1 人诗词曲都写。8 人用旧韵，2 人新旧韵都用，1 人写诗用新韵，填词却用旧韵。这样一种用韵情况，也与当前社会上的用韵情况相吻合。

中华诗词杂志社为青年诗友们提供了一个展示才华的平台。大家把自己的诗词作品投过来，接受编辑老师的审视，又经过编辑老师们的推荐，接受主编、专家、学者们的审视。最终从 300 多位青年诗友中脱颖而出，可以说每一位都是佼佼者。

中华诗词杂志青春诗会已举办了 18 届，发现了不少好诗人，也推出了不少好诗词。不少青春诗会的诗人已经将青春活力上升为诗词创作能力，承担起了传承发展诗词事业的重任。如今天在座的高昌主编和林峰副主编，都是第一、二届的青春诗会的优秀青年诗人。高昌主编还是既参加过诗刊社的新诗青春诗会，又参加了中华诗词青春诗会的优秀青年诗人。

这届青春诗会的指导老师们，都有着几十年的诗词创作经历，都创作了大量的诗词，出版了不少诗词集，也都担负着中华诗词学会各种诗词培训班的指导老师。比如胡迎建老师诗词创作与诗词理论研究在全国享有盛誉，周啸天老师是第一位也是目前唯一的一位以传统诗词集《将进茶》获得鲁迅文学诗歌奖的诗人。他们都将倾自身所学，在我们这届诗会上尽到指导老师的责任。

1942 年的 5 月，毛主席《在延安文艺座谈会上的讲话》倒数第二段中说："鲁迅的两句诗，'横眉冷对千夫指，俯首甘为孺子牛'，应该成为我们的座右铭。""一切共产党员，一切革命家，一切革命的文艺工作者，都应该学鲁迅的榜样，做无产阶级和人民大众的'牛'，鞠躬尽瘁，死而后已。"在这之前的 1939 年 1 月 31 日，毛主席在给延安鲁艺诗社"路社"的信中写道："无论文艺的任何部门，包括诗歌在内，我觉得都应是适合大众需要的才好。"路社和 1941 年 9 月在边区主席林伯渠倡议下成立的"怀安诗社"的诗，弥漫着战火硝烟，沸腾着岁月热血，是号角，是战鼓，"反映出当时边区人民的乐观主义和愉快的战斗生活，对敌战斗的英雄和对伟大领袖毛主席的热爱情绪"。毛主席以他独特的诗词创作实践着他的文艺思想，他的诗词已成为引领新中国诗坛的旗帜，还将引领更长的时间。

2014 年 10 月，习近平总书记在北京文艺座谈会发表的重要讲话中，点到了诗经、楚辞、汉赋、唐诗、宋词、元曲，点到了屈原、王羲之、李白、杜甫、苏轼、辛弃疾、关汉卿、曹雪芹、鲁迅、郭沫若等人，引用了屈原、杜甫、李绅、范仲淹、岳飞、陆游、文天祥、郑板桥、林则徐等人的诗句，赞许他们不仅为中华民族提供了丰厚滋养，而且为世界文明贡献了华彩篇章。要求文艺工作者要努力创作生产更多传播当代中国价值观念、体现中华文化精神、反映中国人审美追求，思想性、艺术性、观赏性有机统一的优秀作品，形成"龙文百斛鼎，笔力可独扛"之势。"以古人之规矩，开自己之生面"，实现中华文化的创造性转化和创新性发展。

诗友们，我们赶上了好时候，赶上了诗词的春天！我们应该紧贴时代脉搏，适应社会发展，以当下情怀、当下意象、当下语言、当下思维，创作出具有新思想、新情感、新意境、新韵味的新诗词。以奇情壮彩、奇思异想、奇章佳构，创作出具有独特面目、个性鲜明的好诗词。以高度的文化自信和文化自觉，围绕讲好中国故事，唱响爱国主义主旋律，书写人民的伟大实践，创作出不辜负时代的"有筋骨、有道德、有温度"的上品佳作，为我们的人民和祖国放歌！

祝愿所有青年诗人都茁壮成长，成为中华诗词之林中的参天大树！

【例文4.11简析】

这篇开幕词结构完整，写作规范。开幕词简明扼要地介绍了"诗会"召开的背景、主题和意义，并简要说明了青年诗友们在诗词曲的创作上不同的特点，介绍了诗会指导老师的情况，总结了诗会取得的积极成果，并结合1942年的5月毛主席《在延安文艺座谈会上的讲话》和文艺创作指导系列要求，以及2014年10月，习近平总书记在北京文艺座谈会发表的重要讲话精神，勉励广大(青年)诗词爱好者及所有文艺工作者要做无产阶级和人民大众的"牛"，创作适合大众需要的好作品，"努力创作生产更多传播当代中国价值观念、体现中华文化精神……的优秀作品"，创作出不辜负时代的"有筋骨、有道德、有温度"的上品佳作，为我们的人民和祖国放歌！最后，在对青年诗人的祝愿和希冀中结束。语言感情色彩浓烈，激情飞扬，极具鼓舞性，为大会营造了良好的气氛。

细品全篇，层次分明，用词讲究。"以'当下情怀、当下意象、当下语言、当下思维'，创作出具有'新思想、新情感、新意境、新韵味'的新诗词"……词汇之丰富，用词之准确，构思之巧妙，充分显示出作者深厚的文字功底。

北京冬奥会闭幕式上的致辞

(2022年2月20日，北京)

国际奥林匹克委员会主席 托马斯·巴赫

谢谢中国！

尊敬的中华人民共和国主席习近平阁下，北京冬奥组委主席蔡奇先生，奥林匹克运动的朋友们，亲爱的运动员们：

在过去的16天里，我钦佩你们的出色表现，你们每一个人都力争取得最佳成绩，但你们也希望竞争对手取得最佳成绩，并为他们加油，我们为此深受感动。

你们不仅彼此尊重，还相互支持，即使有的地方因为冲突而对立，但你们彼此拥抱。你们克服了这些分歧，证明了无论我们有着怎样的面容，无论我们来自何方，我们在这个奥林匹克大家庭里人人平等。奥运会团结的力量，比那些试图分离我们的力量更加强大。你们给和平提供了一个机会，愿你们树立的团结与和平的榜样鼓舞全世界的政治领导人。

我们与所有因为疫情而无法实现奥运梦想的运动员们分享这份奥林匹克精神，你们的缺席令我们伤心，但是，你们现在是，并且永远都会是我们奥林匹克大家庭的一分子。要最终战胜这次疫情，我们必须追求"更快、更高、更强——更团结"。本着奥林匹克运动的团结、友爱精神，我们呼吁国际社会，请为全世界每个人提供平等的疫苗接种机会。

奥林匹克精神之所以如此闪耀，得益于中国人民为我们出色地搭建了安全的奥运舞

台。本届奥运会的奥运村独具匠心,场馆令人叹为观止,组织工作非凡卓越,国际奥委会、国际单项体育联合会、全球合作伙伴、特权转播商对我们的支持坚定不移。

我们要向北京冬奥组委、中国政府部门,以及我们在中国所有的合作伙伴和朋友们致以最诚挚的谢意。我谨代表全球最优秀的冰雪运动员们,向你们表示感谢。谢谢你们,中国朋友!我要对所有的志愿者说,你们眼中的笑意温暖了我们的心田,你们的友好善意将会永驻我们心中。志愿者,谢谢你们!

我们之所以能够有如此难忘的经历,都要归功于我们热情好客的东道主——全体中国人民。目前中国已经有三亿多人参与冰雪运动,中国的冰雪运动员们取得了巨大成功。这是一届真正无与伦比的冬奥会,我们欢迎中国成为冰雪运动大国,祝贺中国!现在,我不得不为这段令人难忘的奥运经历画上句号,我宣布,北京 2022 年第二十四届冬季奥林匹克运动会闭幕。

按照奥林匹克传统,我号召全世界青年 4 年之后在意大利米兰——科尔蒂纳丹佩佐相聚,与我们所有的人一起参加第二十五届冬季奥林匹克运动会。

【例文 4.12 简析】

这篇闭幕词结构完整,主体内容上,一是对冬奥会运动员出色的表现进行了总结,二是展望了未来,期望奥运会团结与和平的榜样鼓舞全世界的政治领导人,期望"更快、更高、更强——更团结"的奥林匹克精神能够帮助世界人民战胜疫情;三是对与会者(东道主北京冬奥组委、中国政府部门、中国人民以及合作伙伴和朋友们)表示了感谢和祝福;最后宣布会议闭幕,从而完成了闭幕词的使命。巴赫的闭幕讲话盛赞了这届冬奥会无与伦比,开篇用字正腔圆的中文说道:"谢谢,中国!" 充分表达了对中国精神的赞扬,与中国人民一样企盼世界和平。

对比 4.11 和 4.12 两篇例文,我们不难感悟出开幕词与闭幕词所承担的任务,以及内容和写法上的区别。

二、欢迎(送)词

(一)欢迎(送)词的概念

欢迎词是在迎接宾客的仪式上或开会、举办宴会开始时,主人对宾客或会议代表的到来,表示热烈欢迎的讲话稿。

欢送词是对宾客离别或会议结束,学生毕业,文艺团体下乡、下厂演出结束等表示热情欢送的致辞。

(二)欢迎(送)词的结构

1. 标题

标题一般由致辞人、致辞场合、文种三个要素构成,如《×××在××会议开幕式上的欢迎词》,有时也可只写"欢迎(送)词"三字。

2. 称呼

顶格写对欢迎对象的称呼,后加冒号。出于礼仪的需要,称呼要用尊称,在姓名后要加上职衔(有时也可以只称职衔)，并加上"先生"或"同志"等称谓语，而在姓名(或职衔)前则要加上"尊敬的""亲爱的""敬爱的"等表示亲切的词语。对在场的其他主、客人员，一般要用"女士们，先生们"或"朋友们，同志们"等泛称。如果欢迎(送)的宾客是一个代表团，一般也用泛称。

3. 正文

欢迎词开头要写致辞人以什么身份、代表谁、对谁表示欢迎，接着写来访或召开此次会议的意义、作用，或者述说两国或两个单位之间的友谊、交往，对过去合作成就的回顾或对此次活动的希望等。

欢送词要简要表达热情欢送之意，然后对宾客来访或会议取得的成功和友谊加以称颂，再对未来进行瞻望，对进一步增进友谊与加强合作提出希望。

4. 结尾

欢迎词结尾要祝愿宾客来访或会议取得圆满成功，祝愿宾客与会议代表在访问期间、会议期间过得愉快。

欢送词结尾要写对宾客的惜别之情，表示对再次来访的期待，并祝愿一路顺风。

(三)撰写欢迎(送)词应当注意的礼仪

在撰写和演讲欢迎词、欢送词时，应该注意以下几点。

(1) 礼节要周到，尤其要尊重对方的风俗习惯，要尽可能地避开对方的忌讳，切忌客套话连篇。当然，既然是礼仪性的文书，难免有应酬之词，但不能满纸都是客套话；否则，会显得做作，使宾客感到致辞者感情不真诚。如写欢送词，依依惜别之情要溢于言表，有句古诗说得好"相见时难别亦难"，中国人重情谊，这一千古不变的民族传统在今天更显得金贵。欢送词要表达亲朋远行时的感受，但应注意格调不可过于低沉。尤其是公共事务的交往更应把握好分别时所用言辞的分寸。

(2) 篇幅要简短，结构要严谨、完整，语言要精确，语气要热情、友好、温和，并要注意礼貌、礼节。尤其是现场演说，更要注意不可长篇大论，将意思表达清楚即可。

(3) 用词口语化。虽然有书面材料，但最终都是要通过口语表达出来。遣词造句也应注意多使用生活化的语言，使欢迎、送别既富有情趣又自然得体。

王林虎在青海省第七届少数民族传统体育运动会开幕式上的欢迎词

(2021年9月12日)

尊敬的王建军书记、信长星省长、多杰热旦主席，
尊敬的各位领导、各位来宾、同志们、朋友们：

今夜，河湟大地秋高气爽、星光璀璨、灯火辉煌，青海省第七届少数民族传统体育运动会在我市隆重举行。在此，我谨代表中共海东市委、市人大、市政府、市政协和全市

173万各族人民群众，向出席开幕式的各位领导、各位来宾，运动员、教练员、裁判员和广大观众朋友们表示最热烈的欢迎！借此机会，也向长期以来领导、支持、关心海东发展的省委、省人大、省政府、省政协、省军区致以最崇高的敬意！向省直各部门，各兄弟市州和中央、省驻市各单位，社会各界人士致以衷心的感谢！

海东市承办青海省第七届少数民族传统体育运动会，是省委、省政府对我市的极大信任和鼓励，是全省各族人民群众对海东的支持和厚爱。我们把办好民运会作为促进全市民族团结进步的生动实践，作为表现各民族风采的精彩舞台，作为传承弘扬河湟文化的有力载体，作为展示海东撤地设市以来城市建设所取得重大成就的难得机会，努力向全省各族人民群众奉献一台"庆百年华诞、促民族团结、展河湟风采"的体育盛会。

海东自古以来就是多民族多宗教多文化交汇交融的地区。千百年来，各族儿女在古老的河湟大地上繁衍生息，上演了一幕幕水乳交融、和谐共进的精彩篇章。今天的海东，将以习近平新时代中国特色社会主义思想为指引，在省委、省政府的坚强领导下，以铸牢中华民族共同体意识为主线，以民族团结进步示范省建设为统领，以把海东打造成为青藏高原民族团结进步示范新高地为目标，大力弘扬"耕读传家、崇德尚美，团结互助、守正笃实，艰苦奋斗、勇闯天下"的海东精神，全力培育"生态、人文、和谐、奋进"的城市品格，持续展现"彩陶故里·拉面之乡·青绣之源·醉美海东"的靓丽名片，努力打造青藏高原山水田园、生态绿色、宜业宜居、创新活力、城乡统筹的社会主义现代化新海东，奋力实现海东在兰西城市群中部崛起。

祁连山下，运动健儿展英姿；湟水河畔，民族团结奏华章。我们祝愿青海省第七届少数民族传统体育运动会取得圆满成功；祝愿全省各族人民紧密地团结在以习近平同志为核心的党中央周围，像石榴籽一样紧紧拥抱在一起，共同浇灌出幸福灿烂的民族团结之花；祝愿我们的家乡青海越来越好，我们的各族兄弟姐妹父老乡亲越来越好，我们伟大的祖国越来越好！

谢谢大家！

【例文4.13简析】

欢迎词的写作要结合写作者的身份、受众对象或事件等因素，做到主题突出、语言生动、有礼有节、感情真挚，使欢迎词真正起到在迎来送往、仪式庆典、重要节日等活动中传递信息、营造氛围、交流感情、增进友谊的作用。

这篇欢迎词站位海东市领导层和全体海东市人民，所发言辞处处站在全局角度，无论是回忆往事还是表达希望，都充分体现了海东市对与会者的一片真情，既有激励鼓舞，又表达了真诚的祝福和良好的祝愿。起到了鼓舞斗志、宣传鼓励等效果。

导游欢送词

各位朋友：

时间过得太快，短短7天转瞬便过去了。在此，我不得不为大家送行，心中真的有许多眷恋。怎奈天下没有不散的筵席，也没有永远在一起的朋友，但愿我们还有再见的机会。

各位朋友在海南期间，游览了××风光；参观了××，到了××，并且品尝了××，

有的朋友还购买了不少海南岛的土特产,真可谓收获多多。相信在各位朋友的生命中,从此将增添一段新的记忆,那就是海南。但愿它留给大家的印象是完美的。

承蒙各位朋友支持,使我此次接待工作十分顺利,和大家相处也十分愉快。在此,我代表蓝天旅行社向大家表示衷心的感谢!不知大家的旅途是否愉快?对我们的工作是否满意?倘若我们的服务有不周之处,一方面请大家多多包涵,另一方面还望大家提出来,此刻也好,回去写信也好,以便我们不断改善,提高服务质量。

有道是"千里有缘来相会",既然我们是千里相会,那就是缘分!所以,在即将分手之际,我们再次期望大家不要忘记,在这里有我与你们有缘而又能够永远信赖的同胞。今后如果再来,或有亲友、同事光临蓝天,请提前打声招呼,我们必将热情接待!

最后,预祝各位朋友在今后的人生旅途中万事顺意,前程似锦!

【例文 4.14 简析】

表示惜别,感谢合作,小结旅程(历程),征求意见,期盼重逢,祝福祝愿,这些都是导游欢送词的常用章法,也是欢送词的通常写法。欢送词通常是口述的,因此行文应口语化、语言应亲切、自然,生动活泼,情感要真诚感人。

三、答谢词

(一)答谢词的概念和分类

答谢词是在喜庆宴会、欢迎或欢送会、授奖大会,或对曾经帮助过自己的有关团体表示感谢的致辞。

答谢词有两类:一类是在交往活动开始时,先由主人致欢迎词,接着就由客人致答谢词;另一类是在交往活动结束后,客人对主人的盛情接待与安排表示感谢,具有辞别的性质。

(二)答谢词的格式、写法与基本写作要求

答谢词的特点、结构和基本写作要求,与欢迎词、欢送词基本相同。

答谢词的写作要考虑以下几点。

第一,答谢词要求有对应性。即对主人一方的欢迎词、欢送词或授予荣誉称号仪式上主方的讲话和热情接待的事实,有针对性地表示衷心感谢,主人已经致辞在前,作为客人不能"充耳不闻",要注意与致辞的某些内容照应,这是对主人的尊重。即使预先准备了答谢词,也要在现场紧急修改补充,或因情因境临场应变发挥。要使用比如"感谢""致敬"之类热情洋溢、充满真情的词语。这样,才能使主客双方的感情得到进一步加深。

第二,答谢方往往是在异地作客,要充分了解当地的民情、风俗,尊重对方习惯。

第三,要注意篇幅力求简短。答谢词属于应酬性讲话,而且往往是在一次公关礼仪活动刚开始时发表的,下面还有一系列的活动等着进行。因此篇幅要力求简短,不宜冗长拖沓,以免令人厌烦,只要表达出答谢之情即可。另外,答谢方可以在答谢词中表达自己的意愿,以获得对方的支持。

第四章 日常文书

答 谢 词

尊敬的主任先生，尊敬的中国朋友们：

我结束了在贵校的美好生活，即将离开你们这所美丽的学校回国了。两年来，我在工作、生活等许多方面受到了热情关照，今天贵校又备此盛宴为我送行，刚才主任先生还发表了热情洋溢的讲话，这些令我十分感动。在此，请允许我向校长和贵校全体师生表示衷心的感谢！

两年的生活，使我亲眼目睹了贵国、贵校所发生的巨大变化，深切感到了中国人民的勤劳、聪颖、好学和热诚，每一位教师和学生都给我留下了美好的印象，我为能在贵校执教两年而感到荣幸。

这两年，我与贵校师生结下了深厚友谊，我为之而自豪！今天我是怀着眷恋之情与朋友们惜别的。回国之后，我要向亲友介绍自己在贵国的见闻，介绍你们这里美好的一切，让他们进一步了解中国，热爱中国，为中美两国人民的友好尽微薄力量。我也希望与贵校保持联系，恭候着你们的佳音！

最后，请让我向主任先生，向在座的各位朋友及全体师生再次表示感谢！

【例文 4.15 简析】

先表受到热情关照的感激之情，再述在中国两年的生活和工作中结下的深厚友谊，及眷恋与惜别之情，并表达要为两国友好尽己之力。字里行间洋溢的热情使得谢意和决心都显得真诚而热烈。

四、祝词

(一)祝词的含义和特点

祝词也称祝辞，泛指对人、对事表示祝贺的言辞或文章。祝词多用在喜庆的仪式上，如各种工程开工庆典、寿辰和重要节日及其他社会活动，以表示良好的愿望或庆祝。祝词是在喜庆的场合对祝贺对象的一种真诚的祈颂祝福和良好心愿的表达，因此喜庆性是祝词的基本特点。在措辞用语上务必体现出一种喜悦、赞美之情。体裁的多样性也是祝词的特点。祝词无须拘泥于某种文体，而是可以根据祝贺对象的具体情况采用合适贴切的文章体裁。如既可以用一般的应用文体，也可以采用诗、词、对联等各种其他的文体样式。如夏衍贺钱钟书 80 华诞词：风虎云龙笔，霜钟月笛情。

(二)祝词的分类

祝词根据祝贺的内容不同可以划分为祝事业、祝酒、祝寿、祝婚、祝节日等类型；从表达形式上划分，有韵文(诗、词)体和散文体两种类型。

1. 祝事业

事业成功的祝贺涉及范围极广，多用于重大会议开幕、工厂开工、商店开业、展览剪彩以及其他纪念活动等，祝愿此事业顺利进行，早日成功。

2. 祝酒

祝酒词一般用于宴会上举酒祝愿，用得较多的是公共关系、社会交际场合，以酒助兴，主人致祝酒词，欢迎客人，回顾友谊，提出美好的希望和祝愿。

3. 祝福

祝贺寿诞，祝福的主要对象是老年人，一般是赞颂祝寿对象已取得的辉煌成绩，并对其表示美好的祝愿，希望他们幸福、健康长寿。有时祝寿的对象也可以是自己，称自寿。自寿往往抒发个人的感慨、抱负，或自勉。

祝福的对象也可以是新得子女的一对夫妻，贺其喜得子嗣，祝其夫妻生活更加甜美，子嗣健康成长。

祝福还包括祝婚，既贺新婚，又祝新人婚姻今后和谐美满。

(三)祝词的写法

祝词的写作格式一般由标题、称谓、正文、结束语和落款五部分组成，具体内容如下。

1. 标题

标题写在第一行居中的位置，通常有两种写法：一是直接写"祝词"，二是写出具体祝贺的内容，如《××市长在×××市××晚宴上的祝词》。

2. 称谓

称谓在标题之下第一行顶格书写，以示尊重。对人的称谓按照书信写作的要求写即可；祝事业的直呼单位或部门名称即可，要注意称呼的先后顺序和亲切感。

3. 正文

正文是祝词的核心。这部分写法比较灵活，针对不同的祝贺对象、不同的祝贺动机，写出相应的祝贺内容。但总的来说，都应包含下面几层意思：首先，应向受祝贺的单位或人员表示祝贺或问候，或者说明写祝词的理由或原因；其次，对已作出的成就进行适当评价或指出其意义；再次，写表示祝愿、希望、祝贺之语，也可以给被祝贺者以鼓励。

4. 结束语

正文结束后常用一句礼节性的祝颂语结束全文。如《为庆祝朱总司令六十大寿的祝辞》最后的结束语是"人民祝你长寿！全党祝你永康！"。

5. 落款

最后在正文的右下方署祝者的名称(单位或个人)以及发祝词的年、月、日。如果在标题部分已注明，此处可省略。

(四)祝词与贺词的异同

相同点：祝词与贺词有时被合称为祝贺词，二者都是泛指对人、对事表示祝贺的言辞和文章，它们都富有强烈的感情色彩，针对性、场合性也很强。因此，祝词和贺词在某些场合可以互用，如祝寿也可以说贺寿，祝事业的祝词常常也兼有贺词的意思。

不同点：祝词一般是对正要开始或方兴未艾的某件(项)事情的发展趋势或结果，表示良好的祝愿、祝福和期望。一般是事情尚未成功，表示祝愿、希望的意思。而贺词一般是事情已成，表示庆贺、道喜的意思。如祝贺生日诞辰、结婚纪念、竣工庆典、荣升任职等，一般用贺词的形式表示庆贺、道喜。另外，贺词的使用范围比较广，如贺信、贺电等，也属于贺词类。

为庆祝朱总司令六十大寿的祝辞

周恩来

亲爱的总司令朱德同志：

你的六十大寿，是全党的喜事，是中国人民的光荣！我能回到延安亲自向你祝寿，使我万分高兴。我愿代表那反动统治区千千万万见不到你的同志、朋友和人民向你祝寿，这对我更是无上荣幸。

亲爱的总司令，你几十年的奋斗，已使举世人民公认你是中华民族的救星，劳动群众的先驱，人民军队的创造者和领导者。亲爱的总司令，你为党为人民真是忠贞不渝，你在革命过程中，经历了艰难曲折，千辛万苦，但你永远高举着革命的火炬，照耀着光明的前途，使千千万万的人民，能够跟随着你充满信心向前迈进！

在我们相识的二十五年当中，你是那样平易近人，但又永远坚定不移。这正是你的伟大！对人民你是那样亲切关怀，对敌人你又是那样憎恶仇恨，这更是你的伟大。

全党中你首先和毛泽东同志合作，创造了中国人民的军队，建立了人民革命的根据地，为中国革命写下了新的纪录，在毛泽东同志旗帜之下，你不愧为他的亲密战友，你称得起人民领袖之一！

亲爱的总司令，你的革命历史，已成为20世纪中国革命的里程碑，辛亥革命、云南起义、北伐战争、南昌起义、土地革命、抗日战争、生产运动，一直到现在的自卫战争，你是无役不与。

你现在六十岁了，仍然这样健壮，相信你会领导中国人民达到民族解放的最后胜利，亲眼看到独裁者的失败，反动力量的灭亡！你的强健身体，你的快乐精神，象征着中国人民的必然兴旺。

人民祝你长寿！

全党祝你永康！

(摘自《解放日报》1946年11月30日)

【例文 4.16 简析】

1946 年 12 月 1 日是朱德同志六十寿辰，周恩来在这篇内容充实、情真意切的祝词中，用饱含感情的语言，回顾了朱德总司令几十年来的革命历程，充分肯定了朱德同志为中国革命和人民的解放事业建立的丰功伟绩，高度赞扬了朱德同志的伟大人格和风范，字里行间洋溢着对总司令的衷心祝愿和对革命事业的坚定信心。

在这篇堪称典范的祝词中，作者巧妙地使用了概括性的语言、感叹的句式和简短的段落，将丰富的内容、强烈的情感表现得淋漓尽致。

第三节　求 职 文 书

一、求职文书的概念和特点

(一)求职文书的概念

求职文书，是用于大、中专院校毕业生，无业、待业人员求职，以及在职人员谋求转换职业和工作所使用的文书种类。一般包括求职信(应聘信)、求职简历等。在互联网广泛应用的今天，求职信的应用已不如过去广泛。网络求职、人才市场求职大都只使用求职简历表而省略了求职信函。但直接向公司投递求职信函时依旧需要使用"求职信+求职简历"的形式。

(二)求职文书的特点

1. 针对性强

求职文书是为了谋求某一职位而写作的，针对该职位所需要的条件，介绍自己的情况，因此写作的目的性很强。

2. 自荐性强

求职文书是为了谋职而写，写作者在求职文书中要根据用人单位的需要，向用人单位推荐自己。

二、求职文书的写法

(一)求职(应聘)信的写法

求职(应聘)信是一种书信文体，所以它同书信的写作格式基本是一致的。应聘文书一般包括：标题、称呼、正文、附件和落款五个部分，具体内容如下。

1. 标题

标题要醒目、简洁、庄重。用较大字体在上方标注"求职信"或"应聘信"。

2. 称呼

应直接写上单位名称，用"尊敬的"加以修饰，后以领导职务或统称"领导"落笔。

这样可使对方感觉到求职者的真诚意愿。

3. 正文

正文是自荐信的核心,开头语应表示向对方的问候致意。主体部分一般包括简介、自荐目的、条件展示、愿望决心等内容。需要注意的是,因为求职信后需附上求职简历,所以在撰写此部分时,应尽量简洁概括,不应简单重复求职简历的内容。

4. 附件

自荐信附件主要包括个人简历、证书及文章复制件、需要附录说明的材料,可作为附件列出。

5. 落款

落款处要写上"求职人×××"的字样,并标注年、月、日。随文处要说明回函的联系方式、邮政编码、通信地址、电子邮箱、电话号码等。署名处如打印复制件则要留下空白,由求职人亲自签名,以示郑重和敬意。

注意

求职信与应聘书的区别在于:应聘书相对求职信而言,求职目标比较明确,对用人单位的用人条件和相关要求心中有数,降低了求职的盲目性,与此同时又提高了求职的被动性,即必须依照用人单位的招聘条件有针对性地介绍自己,表达应聘请求。一般而言,求职者呈递应聘书时是有针对性地单独传递,不像求职书那样可以群发。

(二)求职简历的写法

个人简历表原本是求职信等的附件,近几年在实际应用中,求职简历逐渐分离出来,占据越来越重要的位置。因为用一张纸就可以让招聘者很直观地了解求职者的个人基本信息、特点、经历、求职意向等,更便于招聘者在短时间内掌握求职者的情况,所以具有很大的优势。

简历主要包括基本信息、求职意向、教育经历、工作经历、荣誉奖励、相关技能及证书、自我描述、联系方式等内容,具体内容如下。

1. 基本信息

具体填写个人的姓名、性别、年龄、专业、毕业院校及时间、其他有关信息。

2. 求职意向

指具体岗位而非行业,如销售代表、研发员、财务管理部经理、财务管理、行政助理等。

3. 教育经历

包括学校、专业(方向)、成绩或排名,主修或自修课程及成绩,校内外相关培训经历。

4. 工作经历

应届毕业生的真实工作经历不多,可写上阶段实习和毕业实习、兼职经历、社会工作等。

5. 荣誉奖励

可以列举有关学习、社会工作的各个方面，要突出含金量，如果不多且含金量不高，就不必单独列出。

6. 相关技能及证书

证书包括英语等级证书，普通话等级证书等；技能包括能够熟练使用 Word、PPT 等计算机办公软件，打字熟练等。

7. 自我描述

主要包括性格爱好，如开朗活泼、积极乐观、喜欢运动等。

8. 联系方式

一定要放置于突出的位置，如果简历有封面，可以写在封面上。

三、求职文书的写作要求

(一)态度要谦恭

通常情况下，求职者的语气要谦恭、礼貌，表述要得体，用语要亲切；即便自身条件很好，也不可傲慢无礼，要表现出良好的教养和素质。对于迫切希望得到某个职位的求职者来说，在求职文书中除了恭敬与礼貌外，在展示自身才能的同时，还应该表达一种恳切之情，力求以情感人，从而加深对方的印象。

(二)情况要真实

在求职文书中所反映的个人面貌及其他相关情况应该做到十分真实，不能弄虚作假。要有什么说什么，表达要明确，不能有意使用模糊词句，模棱两可、闪烁其词，更不能夸夸其谈。简历上应提供客观的证明或者佐证资历、能力的事实和数据。如"201×年因销售业绩排名第一获得公司嘉奖"或"因为在某参展活动中表现出良好的协调组织能力而获得主管经理赞扬"，而不是泛泛地写上几个空洞的褒义词或褒义句，如"工作严谨、认真负责"等。

(三)针对性要强

求职文书的写作目的是找到工作，所以求职目标意向一定要明确，一方面对自己希望获得什么职位要表达清楚，另一方面对自身从事的相关工作、履行相应职责所具备的基本素质或特殊才能也应表述清楚，扬长避短。这样才有可能增强吸引力，帮助对方认识和了解自己，赢得信任，也才有利于顺利获得心仪的职位。目标定位要准确，不要过高，要恰如其分，与自己的实际能力和工作经历相称。只宜选取一个职位目标，不要一次选择多个职位。

第四章 日常文书

(四)条理要清楚

要写好求职文书,一定要事先把有关问题弄清楚。对用人单位和自身都有一个明确的认识,在脑子里对需要表达的内容先进行一番整理和排列,理清思路,然后按照求职文书的基本格式娓娓道来,一气呵成。一份比较像样的求职文书,才有可能达到有力推销自己的目的。

(五)语言要简洁

语言表达是一个人的基本能力,也是人的综合素质的具体表现。由于求职信的特殊目的以及它所针对的特殊对象,决定了求职信的语言与其他文体有所不同,因此必须做到十分简洁,文字表达朴实、通顺,不要使用修饰性词语,切忌错别字和语法错误。

通常招聘方是不可能花很多时间来阅读求职信的,所以求职者必须使用尽可能简短的文字,把要说的话说完,把要表达的意思表述清楚。

例文 4.17

应 聘 信

××公司人力资源部:

　　从网上获悉贵公司招聘市场营销专员,我衡量了自己的条件,认为比较符合贵公司三个招聘条件的要求,特此写信应聘。

　　一、专业对口。我是营销专业的毕业生,且有两年营销工作经历,对市场较熟悉,有一定的营销经验,做事比较老练,可以较快地适应工作岗位。

　　二、身体健康。今年30岁,我生在农村,身体素质强,爬山走路都没问题,能适应营销类岗位的工作强度。

　　三、结婚生子。孩子由父母亲照顾,他们一向支持我的工作;丈夫也在城里工作,夫妻同地。因此没有后顾之忧,也不会给企业增添麻烦。

　　对工资没有过高的要求,相信只要努力工作,随着企业的发展,员工的待遇也一定会提高的。唯有一个要求,遇到节假日最好不安排加班,让我能多陪孩子几天。

　　如蒙聘用,定当努力工作,不负公司期望!

　　联系电话:138×××××××××

　　附:简历、身份证、大专毕业证等复印件各一份。

自荐人:×××
20××年×月×日

【例文 4.17 简析】

　　这封自荐信针对招聘条件介绍了自己各方面的情况。条件介绍都针对岗位要求突出自身的优势,一目了然,有助于用人单位快速获得有效信息,提高沟通效率,达成求职目的。文中所提要求合情合理,让人难以拒绝。该自荐信内容充实,思路清晰,格式规范。

例文 4.18

求 职 简 历

基本信息

姓　名：李××	出生年月：1988.08	
民　族：汉	政治面貌：中共预备党员	照　片
电　话：138×××88	毕业院校：××大学	
邮　箱：××@163.com	学　历：本科	
住　址：	求职意向：营销类岗位	

教育背景

20××.09—20××.07　　××大学　　市场营销专业（本科）　　经济学学士
主修课程：管理学、微观经济学、宏观经济学、管理信息系统、统计学、会计学、财务管理、市场营销实务、经济法、消费者行为学、国际市场营销

实习经历

20××.07—20××.08　　××市信息科技有限公司　　销售顾问（实习生）
负责公司线上的销售工作（以开拓客户为主），实时了解行业的变化，跟踪客户的详细数据，为客户制订更完善的投放计划……
20××.07—20××.09　　　　……

校园实践

20××.03—20××.06　　××市××有限公司　　校园大使主席
带团队辅助××完成高校"××计划"，向全球顶尖的××金融公司推送实习生资源。整体运营前期开展了相关的线上线下宣传活动，中期讲解答疑释惑，后期进行项目维护。

技能荣誉

技能：普通话一级乙等，大学英语六级，计算机一级，熟练运用 Office 等办公相关软件。
荣誉：连续三年获得学院一等奖学金，校级、省级优秀班干部，优秀团员等荣誉。

自我评价

本人性格热情开朗，善于与人沟通交流。身体健康，能吃苦。有耐心，有责任心，
执行力强，认真踏实。有大局观和团队精神，抗压能力强。

【例文 4.18 简析】
　　该求职简历格式设计简洁美观，逻辑层次清晰。因招聘者最关注求职者的岗位能力和素质，所以内容上对实践经历进行了重点描述。所学课程、奖励及自我评价等的表述紧贴求职岗位所需。语言较为准确、简练。

第四章 日常文书

例文 4.19

求职简历

基本信息				
姓名	王××	性别	男	照片
出生年月	1998 年 2 月	民族	汉	
政治面貌	中共党员	籍贯	河北省石家庄市	
专业	会计	职称	初级会计师	
学历	大学本科	联系电话	151××××××××	
求职意向	出纳、会计主管及其相关工作			
毕业院校	河北经贸大学			
教育背景				
高中	2013 年 9 月——2016 年 6 月,就读于石家庄市一中			
大学	2016 年 9 月——2020 年 6 月,就读于河北经贸大学—会计专业—本科—管理学学士			
主修课程				
财务会计、成本会计、管理会计、高级会计、预算会计、会计电算化、纳税会计、经济法、统计学、审计学、资产评估、财政学、管理学、西方经济学、国际金融理论与实务、财务报表分析等				
社会实践情况				
2018 年 1 月—2018 年 2 月,寒假期间,在石家庄铁科车辆技术开发中心担任材料核算工作 2018 年 7 月—2018 年 8 月,暑假期间,在石家庄冀兴贸易商行担任出纳工作 2020 年 1 月—2020 年 6 月,毕业实习期间,在石家庄华泠科技开发中心担任销售会计工作				
个人能力				
专业技能	掌握会计工作理论与实务,能够熟练操作办公软件和财务软件,熟悉网上报税流程,会防伪税控机打发票			
计算机水平	通过了计算机一级和二级的考试,熟悉 Windows 操作系统,能熟练快速进行文档处理,能够熟练运用 Microsoft Office Word、Microsoft Office Excel、Microsoft Office PowerPoint 等软件,懂得 Access 数据库的应用。熟悉会计电算化			
英语水平	具有一定的听、说、读、写能力。可以进行一般的对话交流			
获奖情况: 连续三年获得院一等奖学金、优秀班干部、优秀团员等荣誉 所获证书: 会计从业资格证,初级会计师证,计算机二级、英语六级、驾照,普通话一级乙等 自我评价: 具有一定的社会交往能力以及优秀的组织、协调能力。在学习中,注重理论与实践的结合,已具备相当的实践操作能力,可独立进行出纳、会计核算工作。可熟练操作计算机办公软件。具有很强的事业心和责任感,能够面对任何困难和挑战				

【例文 4.19 简析】

　　该表格式个人简历是当前毕业生求职使用最多的一种,它能使人一目了然。本简历设计运用了编辑技巧,使其清晰美观,便于阅读。结构上富有逻辑性,技能陈述针对性强,且用词准确。

第四节 条据类文书

一、条据的概念和种类

(一)条据的概念

人们在工作和生活中,常常会为办理涉及钱财和物品的各种手续而留下存根,或者为说明某种情况和理由而留下字据,这种作为依据的字条就叫作条据。

(二)条据的种类

条据种类繁多,归纳起来,主要有凭证类条据和说明类条据两大类。

凭证类条据可作为证据、凭证使用,因内容涉及钱、物、数量等因素,故而具有一定的契约意义,同时具有法律效力。借条、欠条、领条、收条等就属于凭证类条据。

说明类条据的作用主要是告知对方某个信息,向对方说明某件事情。这类条据只起说明、告知的作用,不具有法律效力。如留言条、便条、请假条等就属于说明类条据。

二、条据的特点

(一)一文一事,简洁明快

条据的特点在于一个"便"字:要求一纸文书,只讲一件事情。写起来简便,看起来方便,纸小而作用大。否则,文辞太长,眉目不清,会把事情搞乱,易出漏洞,从而造成不必要的麻烦和损失。

(二)强调手续性、时间性

高度的时间观念是条据类文书的一个特点,写作者必须把时限写清楚。条据文书很讲究手续上的清白。所以,在写作这样的文书时,必须把手续写明确。例如,写一张借条或收条,就一定要把谁借谁还、借还时间等写得明明白白,不得有误;否则,事情就办不成了,或者好心办坏事。

(三)请求办事,交代明白

在这种文书中,有一些是请求别人代办的内容,一定要把托人家代办的事情写明白,不能有疏漏;否则,事情是办不成的。例如,写留言条,托朋友在上街的时候买一本书或捎一句话,就一定要把买什么书、给谁捎话写得明明白白。只有这样,事情才能顺利圆满地办成。

三、条据的结构和写法

(一)凭证类条据

凭证类条据一般由标题、性质、关系语、主要内容、尾语、落款、日期构成,具体内容如下。

1. 标题

标题在条据正文上方,居中写明条据的名称,如"收条""借条""代收条"等。

2. 正文

凭证类条据的正文一般有以下三项内容。

(1) 表明条据性质、关系语。凭证类条据一般不写称谓,在标题下第一行空两格直接写明条据的性质、关系,如"今收到""现收到""代领到"等。

(2) 主要内容。在性质、关系语之后,写明钱物名称、数量、归还日期。

(3) 尾语。凭证条据的尾语可在正文的下一行写明"此据"二字,亦可不写。

3. 落款与日期

落款与日期写明当事人的姓名、日期,并在姓名处加盖印章或指印。

(二)说明类条据

说明类条据主要包括请假条、留言条、便条等,其结构一般为标题、称谓、正文、落款和日期,具体内容如下。

(1) 标题。在条据正文上方,写明条据名称,如留言条、请假条。

(2) 称谓。在条据标题下的一行顶格写受文者姓名或称谓,如"××同志""××老师"等。

(3) 正文。另起一行,空两格。请假条需写明请假的缘由、请假的具体时间及希望批准等内容。如果是病假条,还须附上相关的医生证明。留言条应写明告知、说明的事项。

(4) 落款和日期。落款和日期写在正文的右下角。

四、条据的写作要求

(1) 标题一定要写明条据的性质。如受人委托代办某件事情,在条据的标题上就必须加上一个代字,例如"代收条""代领条"。

(2) 欠条要将债权、债务关系的主体表达清楚,即谁是债权人谁是债务人要明确;自然人为主体时,应核对其身份证上的姓名,条件许可时应在欠条上抄录居民身份证号;法人单位为主体时,应加盖单位公章。表达清楚,注意避免歧义。

(3) 在凭证类条据中涉及钱财物品的时候,钱要写明币种,而且金额要用大写,以防

涂改，数字前面不要有空格，如所涉及的钱为整数，末尾要加个"整"字。

(4) 收条或借条中涉及的物品名称、规格等需具体、准确，计量单位要明确。如果有修改的地方要加盖公章或按上指印，以避免不必要的麻烦。

(5) 借条或欠条中，必须写清归还期限，以免无理拖延。如有利息约定，应写明，否则依法视为无利息，如有违约金约定，应写明。如有担保人，应注明担保方式，并写明担保人。

(6) 避免因使用多音、多义字而造成纠纷，如"还欠款人民币壹万元"，既可以理解成"已归还欠款人民币壹万元"，也可以理解成"仍欠款人民币壹万元"。

(7) 条据的文字必须工整，文面必须清洁，凭证类条据署名必须手写。归还财物时应及时索回条据并销毁或妥善保管。

借　条

今借到××公司财务科购办公用品款人民币柒仟肆百元整，本月 30 日前归还。

借款人：张　丽
2022 年 3 月 16 日

【例文 4.20 简析】

这是一则规范的凭证性条据。"今借到××公司财务科购办公用品款"是表性质的关系语，即表明借款人和××公司财务科的借贷关系，正文包括钱物名称、数量、归还日期，落款写明了当事人姓名、日期。

欠　条

原借王涛同学人民币伍佰元整，现归还叁佰伍拾元，余款壹佰伍拾元下月 10 日还清。

李　芳
2022 年 4 月 10 日

【例文 4.21 简析】

欠条是向个人借钱已归还一部分，证明所欠部分的字据。其结构与借条相同。只是在正文要写明原借款数目、已归还数目、尚欠款数目，以及尚欠款归还的日期。使用欠条一定要防止歧义词的出现，如"还欠款"字样。

第四章 日常文书

代 收 条

今收到王丽同学归还刘雅同学的人民币叁佰元整。

代收款人：代一梦
2022 年 3 月 9 日

【例文 4.22 简析】

本文是凭证条据中的代收条。标题写明条据名称——代收条。在性质、关系语中要具体说明是谁还给谁；在正文中要写明所还钱物的名称、数量；在署名中要写明代收款人的姓名。

请 假 条

李老师：

我因重感冒发烧，医嘱需卧床休息，故请假三天(5 月 10 日—12 日)，望批准。

此致

敬礼

(附医生证明)

学生：赵 欢
2022 年 5 月 9 日

【例文 4.23 简析】

请假条除写明原因外，还必须把请假的起止时间清楚地写出来。这是一点都不能含混的。含混不清不会准假，即使准了也会造成麻烦。事假与病假必须区分清楚，这在企事业单位尤为重要。

例文 4.24

留 言 条

李兵同志：

杜经理要你把 2021 年第三季度的增产计划马上送去。

刘 岚
6 月 2 日

【例文 4.24 简析】

留言条内容在写作上没有严格要求，言简意明，说清相关事项即可。

第五节 宣告类文书

一、启事

(一)启事的概念

启事是机关团体、企事业单位及公民个人有事情需要向公众说明，或请求有关单位、广大群众帮助时所写的一种说明事项的实用文体。

启事是一种使用频率极高的文种，属于事务文书中的告白类应用文。其内容广泛，几乎涉及日常工作、生活的方方面面。

(二)启事的特点

1. 公开性

当事人希望有更多的公众了解启事的内容，并给以帮助，因此启事具有公开性。

2. 普遍性

无论是部门或个人，都可以公开自己请求协助办理的事情，即启事具有普遍性。

3. 对等性

启事对公众没有强制性，不具备约束力；公众对启事的内容和要求可关注也可不关注，可介入也可不介入。即启事具有对等性。

4. 事务性

启事通常为解决某项实际工作或问题所用，本身不具备法规性和约束性，属事务文书中的一次性使用文书。

5. 多样性

启事用途广泛，从发文者来看，既可以是行政机关、企事业单位、社会团体，也可以是个人；从社会效用来看，既可以是大型的商业性广告，也可以是琐碎的纯事务性的告知。因此，启事具有多样性。

(三)启事的种类

启事涉及内容广泛，根据启事的不同作用和目的，可分为以下四种。

(1) 寻领类启事。如寻人启事、寻物启事、招领启事等。
(2) 征召类启事。如征文启事、征婚启事、招聘启事等。
(3) 声明类启事。如声明作废、声明无效、声明无关等。
(4) 告知类启事。如更名启事、结婚启事、开业启事等。

(四)启事的写法

启事的结构包括标题、正文、署名和日期。

(1) 启事的标题写在首行正中。启事的标题通常有以下六种构成方式。

① 发文者、发文事由和文种，如《××技术进出口公司招聘启事》《××银行迁址启事》。

② 事由和文种，如《××国际马拉松比赛紧急启事》《征集广告语启事》《寻人启事》。

③ 发文者和文种，如《××房管所启事》。

④ 文种，如《启事》。

⑤ 缓急程度和文种，如《紧急启事》。

⑥ 只有事由，没有文种，但内容与写作方法仍属于启事一类，如《寻找车祸目击者》《征婚》《招商》《招租》等。

(2) 启事的正文根据不同种类有所不同。一般包括原因、目的、要求、条件、待遇、特征等。例如，寻物启事要写明所遗失物品的名称、数量、特征，遗失的时间、地点，联系人、联系电话、地址及答谢方法等。如果是招聘启事则要写明招聘目的、招聘对象、招聘条件、应招办法等。

(3) 启事的落款写在正文右下方，包括公布启事的部门名称或个人姓名。启事的落款有以下几种形式。

① 标题上有发文单位名称的，落款只署日期。

② 标题上没有发文单位名称的，落款可署上该单位名称或发文者姓名、日期。

③ 正文内容已经写明发文单位或发文者的，也可不署名称，只署日期。

(4) 启事的日期是指撰写的时间，写在署名下面。

一些在报刊、电台刊登或播送的启事，发文日期以当天的时间为准，可以不再另外署时。

(五)启事写作的注意事项

启事写作的注意事项如下。

(1) 事项完备，条理清楚。各类启事基本上都应条理分明地告知有关事项的时间、地点、人物、原因、结果、请求事项、联系地址、联系方法等，如有附带的经济报酬，也应写明具体的数额，使所有的告知内容一次性表达完毕，以保证启事效力。

(2) 语言精练，篇幅短小。在事项完备、条理清楚的前提下，要注意言简意赅，短小精悍。

例文 4.25

寻 物 启 事

本人于 1 月 28 日下午 8 点左右在乘坐 65 路公交车时，不慎将一黑色公文包丢失，内有张××部队复员证、驾驶证、复员介绍信。有捡到者请与失主联系，必有重谢，万分感谢！

联系电话：138××××××××，微信同号。

联系人：张先生
2022 年 4 月 22 日

【例文 4.25 简析】

寻物启事或招领启事均应写明：物品大致遗失(捡到)地点、遗失(捡到)时间及物品的主要特征等，以便捡到者(遗失者)好辨认信息。但需注意相关物品信息不应交代得过于详细，以防有人冒领。本文中，失主对于身份证信息的描述就非常明智。启事最后留下了详细的联系方式以备联系。

青海银行 2022 年校园招聘启事

"大美校园"征集展示活动启事

为迎接党的二十大，通过广泛征集展示校园的自然之美、人文之美、发展之美，生动呈现师生校园生活的可喜变化，以小见大反映党的十八大以来教育事业在党的全面领导下取得的非凡成就，教育部决定开展"大美校园"征集展示活动。

一、活动组织

本次活动由教育部新闻办公室组织，教育部宣传教育中心会同中国教育电视台、中国教育报刊社具体实施，厦门大学、天津大学、四川大学、中央美术学院、江南大学协办，学习强国、中国青年报、哔哩哔哩等平台支持。

二、征集对象

本次活动面向广大师生员工、教育工作者，特别是青少年学生群体开展，以集体或个人等方式参与均可。欢迎社会各界参与。

三、征集时间

即日起至 2022 年 10 月 31 日。

四、活动内容

征集反映校园自然之美、人文之美、发展之美的摄影类、绘画类、视频类、文字类、VR/AR(虚拟现实或增强现实)类等多种形式的作品。"自然之美"聚焦自然风光，展现校园风貌；"人文之美"聚焦师生群体，彰显人文底蕴；"发展之美"聚焦教育变迁，描绘美好蓝图。活动将按 4—5 月"自然之美"，6—7 月"人文之美"，8—10 月"发展之美"分阶段在相关平台展示。2022 年 10 月，活动将遴选"大美校园"优秀作品进行集中展示，并向作者颁发纪念证书，赠送北京 2022 年冬奥会和冬残奥会吉祥物"冰墩墩""雪容融"纪念品或成都大运会吉祥物"蓉宝"纪念品。

五、作品要求

作品内容要注重政治性、思想性、艺术性相统一，大力弘扬社会主义核心价值观，紧扣活动主题，传播校园正能量，内容健康、积极向上。

1. 摄影类作品：作品不限拍摄设备(手机、相机均可)，单幅、组照均可，JPG 格式。作品应真实客观，不可对原始图像做影响真实性的调整和润饰。

2. 绘画类作品：作品种类与形式不限，也可为数字绘画作品。作品须以高清图片、JPG 格式提交。

3. 视频类作品：作品时长不限，需采用 MP4、MOV 等常用视频格式。作品形态可为纪录片、VLOG、动画等。

4. 文字类作品：作品文体不限，篇幅不限。要求真情实感，言之有物。

5. VR、AR 类作品：作品需运用 VR、AR 等技术，技术运用得当，互动效果良好。

除上述类型作品外，其他形式优秀作品也可参与。

六、参与方式

请将作品发送至邮箱××××××××2022@163.com，邮件主题、附件名称标注"作品类别+单位(学校)名称+作者"。邮件需注明作者真实姓名、身份、通讯地址、手机号、作品标题及作品简要说明(100 字左右)等。

七、注意事项

1. 作品必须为未经发表的原创作品，参与者应当确保对其来稿作品享有独立、完整、明确、无争议的知识产权，严禁抄袭等一切不当或违法行为。参与者提交作品后即视为许可组织单位无偿使用或授权第三方无偿使用该作品。参与者同意免费授予组织单位对来稿作品宣传、展览展示、发表、放映、出版、复制及信息网络传播的权利。参与者应确保其作品不涉及法律纠纷，由此产生任何纠纷，均应由参与者本人或单位承担全部法律责任。

2. 任何个人及单位一经投稿，即视为同意并遵守本启事所有规定，一切违规行为均应承担相应后果。

3. 本活动最终解释权属于组织单位。

八、联系方式

联系人：赵老师

联系方式：010-66×××××　xiao××××××@163.com

2022 年 4 月 21 日

【例文 4.27 简析】

这是一篇征集展示作品活动的启事，属于征召类启事。该类启事是报纸、杂志编辑部、文化教育事业单位、企业等部门为了纪念重大的节日、重要活动、重要事件，或者为了繁荣文艺创作向社会(或内部)征稿时所使用的一种启事。首先写明了征集展示活动目的。然后采用分条列项的方式对活动组织、征集对象、征集时间、活动内容、作品要求等方面进行一一说明，语言简练，事项完备，条理清楚。

这类启事正文开头部分一般先对发文单位概况作简单介绍，而该则启事因发文单位是受文对象都熟悉的教育部，故省略不写，开篇直接切入征召目的即可。

二、声明

(一)声明的概念

声明是有重要事项要向社会公众作出公开说明并表明立场、观点、态度的一种常用应用文。这种应用文无论国家机关、企事业单位、人民团体或个人均可使用。

(二)声明的作用

(1) 表明立场、观点、态度。

(2) 警告、警示。

(3) 保护自己合法权益。

(三)声明的种类

声明有两大类别,具体内容如下。

一类是正式文件,如《中华人民共和国外交部声明》2022年8月2日)。这类声明往往是针对某个重大事件、重要问题的外交专用公文。

另一类声明是任何机关单位、团体组织、个人均可使用的事务性文书。这类声明具有自诉性、告知性和针对性的特点。按不同事务内容分,其种类很多,如遗失声明、正名声明、除名声明、表明关系声明、委托授权声明等。这些声明都以自诉(说)的形式出现,为社会各界广泛使用。在这里介绍的是第二类声明。

(四)声明的写作

声明的写作结构:由标题、正文、落款(署名和日期)组成,具体内容如下。

1. 标题

(1) 文种式,如《声明》。

(2) 发文单位名称+文种式,如《金盾出版社声明》。此外,尚有在文种前加修饰语的声明,如《严正声明》《郑重声明》《广州钢铁股份有限公司严正声明》等。

2. 正文

一般由事由+事项+结尾组成。结尾往往用"特此声明"作结。有的声明也可以省略结尾,讲清事由、事项即止。一般用直陈的写法,直接写清楚需要有关方面或有关人知道的事情。语气要通俗,文字要简约。

3. 落款

落款包括署名和日期,在正文右下方。

由于声明具有权威性、严肃性,因此写作时必须简洁有力,用词准确,表态鲜明。

例文 4.28

声 明 书

近期,我公司发现华东市场存在假冒"海川"品牌产品金刚石薄壁钻(锋利级)销售现象,我公司已向相关部门举报。请各企业及消费者通过正规渠道购买我公司产品,以维护己方合法权益。

声明人:石家庄海川工具有限公司
2021年3月18日

【例文 4.28 简析】

这则声明具有保护自己合法权益及警示的作用。声明首先指出当前市场上出现的违法销售假冒产品而侵权的事实，然后引出声明事项，并郑重提醒企业和产品使用者，要通过正规渠道购买公司产品，共同维护自身的合法权益。

执照遗失声明

河北鼎胜律师事务所，统一社会信用代码：3113000075751××××J 公章丢失，特此声明作废。

河北鼎胜律师事务所
20××年2月1日

【例文4.29简析】

及时发出遗失声明可使丢失的重要证件等失效，进而保护自身利益不再遭受侵害。拟写遗失声明需将证件的信息一一交代清楚，尤其是号码、失效日期等。值得说明的是，遗失声明一旦登出，原证件也就随之作废。所以发表遗失声明，必须是相关人员持有效身份证明到报社等相关部门办理。

(五)声明与启事的异同

声明与启事的相同之处：两者都是将某件事公开告知人们，应用范围也都较广泛。发表方式也相同，或载于报刊，或发于广播、电视，或张贴于易见的公共场所。

声明与启事的不同之处：主要在内容的侧重点上，声明的内容只是告知人们某件事，不提出什么要求。如遗失声明，只向公众或有关方面宣布某单位(或某人)遗失某物，并不要求人们帮助寻找，仅仅起到宣布作废的作用。启事则不仅向公众公开说明某件事情而且希望人们协助办理，即在告知的基础上还有所需求。如寻物启事，既告诉人们在何地何时丢失何物，又希望拾物者能告知失物下落。

三、海报

(一)海报的概念

海报又称为招贴画，是一种常见的招贴式应用文。海报的广告色彩极为浓厚，通常被张贴在人们易于看到的、较为醒目的地方，用来告知活动的有关事项。

海报可张贴在有关演出的场所或较为醒目的地方，告知有关活动的事项，也可随时向顾客发放。有的海报还可以在广播或电视上播出。

(二)海报的作用

海报是用以通报消息，招徕观众、顾客的，从这点上来说，它是广义上的广告。由于"海报"形式醒目引人，时间的机缘性强，能很好地起到宣传、招徕群众的作用，所以现在被广泛运用。

(三) 海报的特点

1. 广告宣传性

海报希望社会各界的参与，它是广告的一种。有的海报会添加美术设计，以吸引更多的人加入活动。海报可以在媒体上刊登、播放，但大部分是张贴于人们易于见到的地方。其广告色彩极其浓厚。

2. 商业性

海报是为某项活动做的前期广告和宣传，其目的是让人们参与其中。演出类海报占海报中的大部分，而演出类广告又往往着眼于商业性目的。当然，学术报告类的海报一般是不具有商业性的。

3. 艺术性

海报是一种传递信息的艺术。为了吸引更多的人参与到活动中，设计的海报必须有相当的号召力与艺术感染力，要调动形象、色彩、构图等因素形成强烈的视觉效果。海报的画面除了具有较强的视觉中心，力求新颖、单纯之外，还必须具有独特的艺术风格和设计特点。

(四) 海报的分类

从性质上来分，一般可将海报分为以下几类。

1. 商业海报

商业海报是指宣传商品或商业服务的商业广告性海报。其主要作用是吸引受众的注意力，达到宣传新产品或扩大商品销量的目的。因此，人们常将商业海报划分入广告类别，认为它是商业广告的某种物质载体。

2. 文化海报

文化海报是指各种社会文化娱乐活动及各类会展的宣传推广海报。它涉及文化、娱乐、艺术、戏剧、电影、音乐、科技、教育、体育等诸多领域的会展或演出活动。其最大的特点是，观众可以身临其境地参与到海报所宣传的活动中。由于这类海报涉及面十分广泛，因此，在制作时要事先了解活动的相关情况，用恰当的方法表现其内容和风格。

3. 公益海报

公益海报是指以宣传各种社会公益、道德、政治思想等意识形态为目的的海报。这类海报通常包括节约能源、保护环境、禁烟、反毒品、文明风尚、社会及政治活动等相关主题，往往带有一定的思想性，希望通过信息的传达来改变人们对某些问题的观念和看法。

(五) 海报写作的格式和内容

海报一般由标题、正文和落款三部分组成，具体内容如下。

1. 标题

海报的标题写法较多，大体有以下几种形式。

(1) 单独由文种名构成，即在第一行中间写上"海报"字样。

(2) 直接由活动的内容承担题目，如《舞讯》《影讯》《球讯》等。

(3) 可以是一些描述性的文字，如《×××再显风采》《××寺旧事重提》。

2. 正文

海报的正文要求写清楚以下内容。

(1) 活动的目的和意义。

(2) 活动的主要项目、时间、地点等。

(3) 参加的具体方法及一些必要的注意事项等。

3. 落款

海报的落款要求署上主办单位名称及海报的发文日期。

以上格式是就海报的整体而讲的，实际的使用中，有些内容可以少写或省略。

(六)海报写作的注意事项

写作海报时应具体注意以下事项。

(1) 海报一定要具体、真实地写明活动的地点、时间及主要内容。文中可以用些鼓动性的词语，但不可夸大事实。

(2) 海报的文字要求简洁明了，篇幅要短小精悍。

(3) 海报的版式可以做些艺术性的处理，以吸引观众。

例文 4.30

和舍酒店十月派对活动海报

【例文 4.30 简析】

这是和舍酒店为其十月份派对活动所设计的宣传海报。作为一则商业海报，其最大的特点是将形象、色彩、构图等因素相互融合，使海报形成强烈的视觉冲击效果。海报以图片的形式展示了光影交错、星光闪耀、音乐热烈奔放、舞者婆娑婀娜、场景热情似火的派对场面，极具感召力，让人能直接感受到派对的浓烈气氛。

例文 4.31

球　讯

激情十月，热血燃烧，信工一年一度的足球冠亚军之争即将点燃战火！激烈的角逐中，谁将勇夺第一，摘得桂冠？让我们拭目以待！

比赛时间：2021年10月×日(本周六) 上午10点

比赛地点：信工运动场

比赛双方：软件工程系足球队—计算机系足球队

欢迎广大师生届时观看，为青春呐喊助威！

学院体育部
2021年10月×日

例文 4.32

海　报

是人才者未必有口才，而有口才者必定是人才，而且是不可多得的通才。新世纪人才的必备素质之一是人际语言沟通技能。为此，我学院特举办"现代职场与人际沟通"专题讲座。

主讲：李×× 　管理学院教授　　人力资源专家

时间：202×年3月15日下午2:30分

地点：管理学院第五多媒体

欢迎广大师生踊跃参加。

管理系学生会
202×年5月12日

【例文4.31、例文4.32简析】

以上两则海报，分别为体育比赛海报和讲座海报，都属于文化海报的范畴。每则海报都写出了活动的内容、时间、地点，内容清楚完整，语言简洁且感染力较强。符合海报的写作要求。

例文 4.33

留住我们的心灵故乡

第六节　演　讲　稿

一、演讲稿的概念

演讲稿，也叫演讲词，是演讲主体为了在公共场合发表观点、交流思想以及抒发情感而预先准备的书面材料。演讲稿可以帮助演讲者整理思路、规范语言、提示内容，从而提高演讲效果，使演讲更能感染听众，引发共鸣。优质的演讲稿是演讲成功的重要保障。

二、演讲稿的特点

(一)适应性

演讲稿的内容应是听众最感兴趣、最想了解的，要因人而异，要考虑听众的年龄、阅历、文化背景以及演讲的时间与空间等因素，做到有的放矢。

(二)激发性

演讲的目的是感染听众，说服听众，促使听众产生共鸣，认可演讲者的观点，并进而激发行动。这是体现演讲成功的重要标志。

(三)易讲性

演讲稿要通过演讲者由书面语言变为有声语言，语言要做到"三好一顺"，就是好说、好懂、好记、顺口，多用短句。更要注意语言的雅俗共赏，忌用生僻拗口的词汇。

(四)真实性

只有真诚才能打动人。演讲稿所使用的材料不能虚构，内容务必真实可信，才有说服力。这个真实，也包括文学、戏曲等艺术作品中的典型素材。

(五)可调性

演讲时，可能会出现许多意料之外的突发情况，因此在写演讲稿时，要考虑听众、场合可能会出现的变化，提前准备与主题相关的不同风格的材料，随机应变，调整内容。另外，还要考虑到现场演讲临场时间的伸缩性，使演讲稿的内容可以根据需要调节长短。

三、演讲稿的主要作用

(1) 能组织和表达演讲者的观点和思想感情。
(2) 能帮助演讲者整理思路，提示演讲的内容。
(3) 能消除演讲者的紧张和恐惧心理。
(4) 能帮助演讲者科学合理地安排演讲时间。

一篇好的演讲稿有举足轻重的作用，深邃的思想和丰富的语言最能赢得听众，使演讲成功而精彩。因此，在演讲前一定要精心准备演讲稿，并不断修改、完善，直至演讲结束。

四、演讲稿的种类

1. 按场合划分

可分为会场演讲稿、比赛演讲稿、广播演讲稿、电视演讲稿、课堂演讲稿、法庭辩论稿等。

2. 按内容和性质划分

可分为政治演讲稿、学术演讲稿、军事演讲稿、社会活动演讲稿等。

3. 按表达方式划分

可分为记叙性演讲稿、议论性演讲稿、抒情性演讲稿等。

五、演讲稿的结构与写作

演讲稿由标题、称呼及问候语、正文、谢词或祝福语四部分构成，具体内容如下。

(一)标题

演讲标题可以先拟写，也可在整篇稿子写完之后再拟定，其形式很多，常见的有以下几种。

1. 揭题式

标题把演讲内容的中心观点简要地提炼出来，直接揭示主题，如《坚定信念 超越自我》《磨难也是一种财富》《用奉献铸就不老的传说》《未来掌握在自己手中》。

2. 提问式

标题提出演讲的核心问题，引发听众思考，如《青春是什么》《人才在哪里》《人生的支柱是什么》。

3. 警示、激励式

运用格言警句拟写标题，发人深省，以激励听众，如《把握一个今天胜似两个明天》《一切皆有可能》《让我们扬眉出剑》《笑一笑十年少》。

4. 比喻、象征式

用生动形象的比喻手法把演讲的哲理具象化，便于理解，易于激发听众的感情共鸣，如《我是一颗小小的铺路石》《年轻的翅膀想飞翔》。

5. 场合、背景式

用标题标明演讲的场合和情境，如《竞聘演说》《在开学典礼上的讲话》《新员工培训班上的讲话》。

6. 悬念猜想式

标题运用假设情境和埋伏笔的方法，引发听众猜想，牵引听众思维，如《假如我是画家》《在工作中我最怕的》《我心中的偶像》《我选择 我追求》等。

此外，还有顶针式、比较式、对仗式等多种方法。无论使用哪种方法拟写标题，都要注意：一是标题要具体明确，切合演讲稿正文内容；二是应当言简意赅，以小见大；三是要醒目新颖，具有启发性和时代性；四是标题要用肯定的、积极向上的词句，不用否定的句式；五是建议首选动宾结构式的短语作标题，也可以用主谓式的短语，少用或不用名词性的短语；六是尽量不用专题演讲的主题范围做标题，忌大、空、泛。

(二)称呼及问候语

提行顶格加冒号，根据受听对象和演讲内容需要决定称呼，不拘一格。常用"大家好！"等，也可加定语渲染气氛，如"敬爱的老师们，亲爱的同学们，下午好！""尊敬的各位专家评委：大家好！"等。

(三)正文

正文由开头语、主体和结语三部分构成，具体内容如下。

1. 开头语

好的开头等于成功的一半。好的开头可以迅速激发听众的兴趣，使听众的注意力被演讲内容所吸引，有利于演讲的顺利进行。常见的有以下几种形式。

(1) 铺陈渲染，激发情感。

青春是用意志的血滴和拼搏的汗水酿成的琼浆——历久弥香；青春是用不凋的希望和不灭的向往编织的彩虹——绚丽辉煌；青春是用永恒的执着和顽强的韧劲筑起的一道铜墙铁壁——固若金汤。

这种开头方式是演讲者用一组简洁明快的语句，通过华美的词章和丰沛的激情，铺设气氛，感染听众，用诗的语言吸引听众。这种方式适合情感型的演讲者使用，也是许多初学演讲者喜欢用的方式。但这种开头方式的语句不宜多，要短小精悍，否则易产生无病呻吟的不良效果。

(2) 概括内容，揭示中心。

人生要奋斗，因为只有奋斗，成功的鲜花才会绽开笑脸；只有奋斗，事业的大门才会向你敞开；只有奋斗，你才会成为生活的强者，成为命运的主人。

梦想，不仅是一个美好的名词，更是人活一世奋斗努力的目标，倘若没有了这个目标，人生也会随之黯然失色。

以上两个开头案例，都是开篇即用简洁的语言说明演讲核心思想，直接揭示主题，概括主要内容。这种方式开门见山，易于听众把握演讲主旨，理解演讲意图。适用于较正式的场合或较短时间的即兴发言。

(3) 题目切进，单刀直入。

每个女孩都爱收礼物，我也不例外。

三岁那年，我收到了第一份礼物，那就是我的眼睛(指接受捐赠)。

这是题为《礼物》的演讲稿，开篇从题目谈起，而这份不平常的礼物更使演讲内容具有别样的吸引力，另辟蹊径，单刀直入，明了、清晰，符合当代快节奏生活人们的心理。

(4) 缘由起始，贴近生活。

今天我为我的儿子而来，我心里其实是非常的紧张，这是我人生的第一次演讲，我希望导师能够让我晋级，因为只要我在这个舞台上多留一分钟，就会有多一些人认识我的儿子。他是一个自闭症的孩子，他不会说话，他甚至到今天还不知道自己是谁，我希望有一天我老了，有人能给他一口吃的，他迷路了有人在路上看到他能够把他送回到我的身边。这是我写给儿子的第一封信，我希望有一天他能够看到、能够看懂。

《八斤爱壮壮》这篇演讲稿的演讲者由演讲的缘由开篇，如话家常，娓娓道来，表达了一位慈父对自闭症儿子深沉的爱，朴实无华，情真意切，令人动容。

(5) 故事入题，以事明理。

"咱不就是干这个的嘛。"

这句话出自我们农行××支行的微机专管员——×××。就在我拍摄这组照片后的第二天，他就因胃出血住进了医院。我和同事们去看他，我就问，您怎么这么拼啊？他躺在病床上微笑着说了句："其实也没啥，咱不就是干这个的嘛。"

是啊，咱不就是干这个的嘛。顿时浮现在我脑海里的是：58岁的×××，从手工记账到本票汇票，从来都是抢着干；BoEing系统上线时，他只能在下班后进行测试，总是最后一个离开；经手的每张凭证，每个数字、字母和符号，他都反复审核，40年零差错。可是——我们谁又能想到，他的脾脏9年前已经摘除，免疫力大大下降，每隔几年就要上一次手术台，可就是这么一个拖着半病之躯，本已到含饴弄孙、颐养天年时候的人，为什么还要这么拼？因为在他心里早已把工作当成了习惯，正如他常挂在嘴边的——"咱不就是干这个的嘛。"

这是题为《咱不就是干这个的嘛》的演讲开篇，借用人物故事将听众带入演讲的情境中，切入主题，让听众在不自觉中浸润其中，受到感染。叙事式的开头语言比较平实自然，初学演讲者容易掌握，听众也易于接受。

但要注意的是，选用这种开头方式，切忌复杂的情节和冗长的语言。

(6) 问题开头，引发思考。

我想请问一下，在场的有多少文科生，我也是文科生，那现在大家想象一下，如果你考上了北大，但是进入到北大之后被要求转系，转到物理系，从此学理，你愿意吗？有一位同学，考上清华大学历史系之后，自己就要求改学物理要转系，但他当时考清华的时候，历史和语文都是满分，物理只有5分，所以说这个人如果他继续学文可能大有前途，但是如果学理的话，学砸了可能清华都白考了，大家就想怎么就这么想不开呢？为什么呢？

利用一系列的问题引发人们的思考，吸引听众注意力。这种开头方式可以拉近演讲者与听众的距离，使听众参与到演讲中来，牵动听众的思维。

(7) 格言警句，引用导入。

巴金在自己的随想录中说过："人不是点缀太平的，而是工作的，正因为有了荆棘，才需要我们在荆棘中开辟道路。"一个人来到世界上，平平坦坦过完一生是毫无意义的。

引用格言警句开篇，很有说服力，听众易于接受演讲的观点。

(8) 场景谈起，亲切自然。

每次走进这个校园，都会有一股特别的情愫，仿佛内心深处有一个声音在呼唤。在江陵二中的三年，有太多的欢笑，也有许多的悲伤，以至于在我将要离开她远行的时候，曾经以为我会把这份记忆遗忘。两年多过去了，才终于明白，正是这三年的风风雨雨一点一滴，给予了我无所畏惧的勇气，使我在任何时刻，面对各种挑战，承受诸多苦难的时候，都能坚定地告诉我自己：打不倒我的，使我更坚强！

这种以演讲的场合地点开头的方式，有感而发，在回忆往昔的校园生活中引发母校的师长和学弟学妹的情感共鸣，带出演讲内容，自然而亲切，有情怀，有温度。

2．主体

演讲稿的主体是指开头与结尾之间的文字，是内容最丰富的部分，是论据最充分的段落，是阐述最详尽的地方。演讲的观点能否被人接受，是否令人信服，决定于主体内容的组织安排、材料运用和语言表达。主体即中心内容，一般有以下三种类型。

(1) 记叙性演讲稿。以对人物事件的叙述和生活画面描述行文，一般采取人物经历式的结构，也常以时间为序。

(2) 议论性演讲稿。以典型事例和理论为论据，用逻辑方式行文，用观点说服听众。其结构安排常用的形式有递进式、并列式等，具体内容如下。

① 递进式。即几个段落之间是一种层层深化、递进的关系，由浅入深，由表及里，把演讲主旨逐层分析论证，深化主题，升华思维，它的段落层次一般是不可调动的。

② 并列式。即把演讲内容分成并列的几个部分，也就是把演讲的中心论点分成几个小分论点，每个段落着重论述一个小分论点部分，从不同角度阐述演讲主题，论证充分，层次分明，条理清晰，听众能准确把握演讲者的主要思想观点。它的段落层次可以灵活调动。

其实，这两种结构方式并不是绝对割裂的，在并列结构的段落中也会采用递进的逻辑论证方法，把观点阐述得详尽透彻，两种结构安排相辅相成，相得益彰。

另外，还有抒情性演讲稿。用热烈的抒情性语言表明观点，以情感人，说服听众，寓情于事、寓情于理、寓情于物。常采用总(开头)分(主体)总(结尾)结构安排。不过，大多演讲者不宜使用此类演讲稿，一则容易造成空洞无物，无病呻吟的不良效果；二则演讲者需是情感型，语言特别有爆发力、冲击力的人才能驾驭。一般不建议使用此类演讲稿。

3．结语

演讲稿结尾就是演讲的高潮所在，演讲稿的结尾要简洁有力，升华主题，激发感情，鼓舞听众，产生强烈共鸣。在听众兴趣达到高潮时戛然而止，使人意犹未尽，产生"余音袅袅，绕梁三日"的效果。结尾常采取的方式有总结式、诗文名言式、号召式、展望式、决心式等。但无论哪种方式，都力求给听众留下深刻的印象，从而产生持久的影响。

(四) 谢词或祝福语

演讲稿一般会在正文之后用"谢谢大家，我的演讲到此结束！"或祝福类语言结束。

六、演讲稿的写作要求

(一)适合听众,对症开方

演讲稿的受众对象是听众而非演讲者自己,因此演讲稿要围绕受众群体组织内容,整合材料。无论是主旨的提炼,还是材料的选取,以及语言的组织和表达方式都要考虑听众的实际情况,针对性要强。否则,会水土不服,达不到好的演讲效果。

(二)思想正确,主题明确

正确的思想才能引领正确的行动,演讲稿的内容在适合听众的同时,还要传播正确的思想,演讲稿的观点要符合社会主义核心价值观,符合中华优秀传统文化精神,用真善美影响听众,感染听众。演讲稿的主题要明确集中,一篇演讲稿只能有一个主题,多主题即无主题;观点要鲜明,肯定什么否定什么要明确。情感要真诚,感人心者莫过于情,真挚的感情最能打动人、感染人。

(三)内容丰富,注意变化

变化的美是最有吸引力的,单调、一成不变的东西会导致审美疲劳,演讲稿的内容也要注意行文的变化,这表现在材料的选取、语言的组织表达方式、内容的起伏张弛等方面。比如:材料可以有诗文警句、故事、义理等交替,表达可以叙事、议论、抒情相结合,句式可以长句短句相配合,修辞可以采用比喻、排比、拟人多种手法,节奏可以张弛相间、起伏有致。

(四)事例明理,情理交融

"感乎心者莫过于情也!"大多数演讲者注重有声语言演得"声情并茂",而往往忽略了演讲稿内容的明理性,特别是大量典型事例材料的凝练运用,这就常常会使演讲空洞无物,没有说服力,更难获得听众的共鸣。要注意演讲稿是说理的,要摆事实,讲道理,而这些事实更要用高度凝练的语言表达,这些语言又倾注了演讲者最真诚的情感,只有这样,演讲才能感染听众,使听众产生强烈的共鸣,达到情理交融的审美体验。

演讲稿体裁大多是议论文,撰写时务必注意以事感人,以理服人,以情动人。

(五)精益求精,琢磨修改

精雕细琢方为器,千锤百炼始成钢。一篇好的演讲稿更需要精雕细琢,反复修改。在演讲稿初稿写成之后,从结构的安排到材料的凝练,从中心语句的斟酌到字词的推敲琢磨,从大到小,从整体到局部,精耕细作,细修不辍,从而提高演讲稿的文字质量。

例文 4.34 历史的声音

例文 4.35 一个清华学子在母校的演讲

例文 4.36 一切不怕从零开始.

本 章 小 结

　　日常文书是人们在日常的工作、学习和生活中，办理公务、处理私事时使用的一种实用性文体。由于其通俗易懂、实用性强，也有人把它称作实用文。日常文书是应用文中最为常见的，是平民百姓日常交往中常用的，一般不具备专业性、官方性等特性。日常文书的特点是有特定的对象和行文目的，有较为固定的格式，有较强的时效性，语言要朴实、简明、准确。

　　本章介绍了日常文书的几种常用类型，它们都有各自约定俗成的格式，依据内容的需要，有各自的习惯用语，写作时要礼貌得体，意向明确。文书内容要重点突出，言简意赅，客观真实，诚恳谦虚，语言简洁明确，避免出现歧义。

综 合 练 习

一、填空题

1. 申请书一般由_____、_____、正文、_____、_____和_____组成。
2. 撰写申请书时，申请事项要具体，一文_____。
3. 对象的_____和群众性是倡议书的根本特征。
4. 慰问信的正文部分应从两个部分着手，首先说明_____，其次_____。尾语部分可写上_____。
5. 常见的介绍信有两种：_____、_____。
6. 证明信的正文部分的最后一般都是_____四个字。
7. 条据可分为_____、_____两类。
8. 凭证类条据有一定的契约意义，同时具有_____。
9. 启示可分为寻领类启事、征召类启事、_____和_____四种。
10. 海报的特点有_____、_____和_____。

二、多项选择题

1. 日常文书的特点包括_____。
　　A. 实用性　　　　B. 有惯用的格式　　　C. 专业性　　　　D. 官方性
2. 条据的特点有_____。
　　A. 一文一事　　　B. 时间性强　　　　　C. 强调手续　　　D. 交代明白
3. 下列属于说明类条据的是_____。
　　A. 收条　　　　　B. 欠条　　　　　　　C. 留言条　　　　D. 便条
4. 海报写作要注意_____。
　　A. 真实具体的地点、时间　　　　　　　　B. 文字简洁明了
　　C. 版式可作艺术性处理　　　　　　　　　D. 要求人们参加活动

5. 求职文书的写作要求包括_____。
   A. 态度要谦恭　　　　　　　　　B. 情况要真实
   C. 目标要明确　　　　　　　　　D. 语言要简洁

三、写作练习

(一)依据材料要求进行写作

1. 精英中学团委会决定暑假组织一次丰富多彩的"中学生科技夏令营"活动。初三(2)班的李明同学是班上有名的科技爱好者，他想参加此次活动，请你代他写一份申请书。

2. 以学生会的名义拟写一份节约用水的倡议书。

3. 在母亲节到来之际，请给母亲写一封慰问信。

4. 李雷向韩梅梅借100元，请以李雷的身份写一张借条。

5. 写一张留言条，内容自拟。

6. 根据下列提供的材料，拟写各类文书。

(1) ×市化工厂运货汽车于5月20日晚8时，在中山东路与建华大街交叉口附近，遗失公文袋一个，内有公司买卖合同。请代写寻物启事。

(2) 长江大道新兴药店，因房屋拆迁，从20××年1月1日起迁到昆仑大街××号照常营业。请代新兴药店写一份搬迁启事。

(3) 石家庄信息工程职业学院管理系21级行政管理专业学生张丽捡到一个皮包，内有255元人民币，以及饭卡、图书借阅证。请代她写一份招领启事。

(4) ××学院20级学生张扬2021年10月6日下午，在学校运动场丢失手机一部。请代他写一份启事。

(5) ××公司，不慎将公司商标注册证丢失，注册号为12345。请代写遗失声明。

7. 元旦将至，某超市定于2022年12月25日到2023年1月15日期间做促销活动，活动期间，凡在该超市购物满50元就可参加活动，满50元赠2006年精美台历，满100元可参加抽奖，奖品分三等：一等奖，苏泊尔电磁炉一台；二等奖，纯棉床单三件套；三等奖，金龙鱼牌2.5升大豆色拉油一桶。抽奖同时赠2023年精美台历。请为这次活动设计一份海报。

8. 假如你是×××学院2020届文秘专业毕业生，女，23岁，大专学历，在报纸上看到一则招聘启事。

因我公司业务量扩大，现诚招前台秘书。

要求：

① 女，年龄20至25岁，大专及以上学历。
② 具有良好的沟通及语言表达能力。
③ 良好的中、英文书面及口头表达能力。
④ 学习能力强，善于沟通，团队合作能力强。
⑤ 能够熟练使用各种办公软件。

你计划应聘该职位，请写一封求职信给该公司。

9. 邢斌，男，29岁，华中科技大学电子通信专业毕业，硕士，在××××公司工作两年，曾执行点对点、端对端监测系统和Access数据库，为客户提供跟踪和预测价格、数量和利润的服务。现在他看到××公司招聘电子通信产品售前经理的信息，想去应聘。请针对他的情况拟写一份个人简历。

10. 根据下面的材料，自拟题目，写一篇演讲稿。

青年是祖国的未来、民族的希望。习近平总书记十分重视青年工作、关心青年成长，通过座谈、演讲、回信等多种形式寄语青年。表达了对青年的热切关心和殷切希望，为广大青年人解答疑惑，指明了方向。习近平总书记关于青年工作的重要论述，全面系统、内涵丰富。请查阅习近平总书记寄语青年的相关理论资料，并观看"经典咏流传第四季'致敬英雄'(《青春》向有志青年的偶像李大钊致敬等)专题"，并结合时代对青年的召唤，感悟新时代青年的责任和担当，撰写一篇800字左右的演讲稿。

(二)下面几则病文，或来自某范文网站，或来自同学的习作，试以所学知识进行分析修改。

病文1

申 请 书

尊敬的校领导和老师

　　您们好：

　　我是咱们学院计算机系动漫游戏设计与制作专业的学生，来自山东菏泽，家处农村，很小的一个偏僻地方。家中有爸爸妈妈弟弟和我。爸妈都是地地道道的农民，没有固定收入，全靠家中那点粮食维持全家生计。近年来作物收成也不是很好，受气候影响很大。今年就特别不幸，雨水很大，玉米作物受到严重洪涝灾害，基本都没有收上来产量。妈妈一直身体都很虚弱，总不能断药。爸爸需要照顾妈妈，也不能常年外出打工。但我不像有些女孩子很依赖家里，我很好强，只要自己吃苦能做下来的我决不会麻烦他人。由于自己的这些情况吧，在学校很勤奋、坚强。成绩在班级一直很优秀。在小学到高中，学校是没有奖学金和助学金政策的，我只能凭借成绩优秀减免点学费。说实话我高中三年的学费总和都没有一个富家子弟在初中一年所交的学费多。只有这样我们才拿得起学费。就这样中学读完了，我真的很喜欢读书，就想再读大学，开始真的不敢和爸妈说，后来得知大学高昂学费可以无息向国家贷款。我才敢向爸妈谈。还好爸妈都稍读些书，懂得知识的重要性，知道这是唯一的好出路。东凑西借的为我准备了点生活费，这样我走进了大学。真没想到，在大学，生活水平也是如此高，我在中学一月四五十元的生活费在这里是怎么都不够用的，我也不好意思向家里要，我很清楚家里的经济负担，不想看到爸妈愁眉苦脸的表情。而我又那么渴望读书，所以我特写此申请，希望学校能帮助我完成学业。我深知此机会来之不易，我会省吃俭用，化压力为动力，好好努力，将精力积极投入到学习中，迎接美好的未来。再次感谢校领导，希望批准我这次的贫困申请。

病文2

倡 议 书

　　大家一定都知道水是生命之源，我们现在生活用的水资源是非常有限的。尽管这样，生活中还是出现了许多浪费水资源的现象，节约用水，珍惜每一滴水，要落实在行动上，

我们要从现在做起,从自身做起。为了不再浪费水资源,我向全校学生发出倡议。

同学们,行动起来吧,只有我们每个人都能自觉保护和节约用水时,环境才能改善。

病文 3

感 谢 信

我在前天上学路上走到贵公司门口时,突然低血糖导致我晕倒在公司门口,是门卫将我送到附近医院及时就诊,避免出现不良后果,我对他给我的帮助十分感谢。谢谢贵公司培养了如此高素质的人员,谢谢门卫大哥热心的援手。

吴伟
2月2日

病文 4

招 领 启 示

昨天中午,本人在路上拾到一串钥匙。这串钥匙有五个是铝制的,两个是铜制的。拴钥匙的链上还挂着一只红色的塑料小熊猫。

望失主速来认领。

张小春

第四章练习答案

第五章 规章制度

学习目标：
- 了解规章制度的作用，培养自觉遵纪守法的习惯。
- 掌握规章制度的概念、特点、写作格式以及写作要求。
- 熟悉常见的规章制度的区别和联系。

第一节 规章制度概述

一、规章制度的概念

规章制度是机关、团体、企事业单位为了维护正常的工作、劳动、学习和生活的秩序，依据国家的方针、政策，在一定范围内制定的一种具有法规性和约束力，要求有关人员必须按章办事、共同遵守的事务文书。也就是说，它是在一定范围内要求人们必须共同遵守的规范和准则。

二、规章制度的作用

规章制度的应用范围十分广泛，是各行各业、各部门普遍应用的一种文体。上至最高领导机关，下至科室班组，都可以用规章制度规定有关人员应遵守的事项、职责或应达到的标准等，以保证公务活动、生产活动、工作、学习、生活等有序、正常、协调地进行。为了创造良好的环境，建立正常的秩序，建立、健全各种规章制度是十分必要的。

三、规章制度的分类

规章制度多种多样，包括章程、条例、规定、办法、细则、规则、制度、守则、公约、须知等文书。不同的规章制度适用于不同的范围，具有不同的制发者和作用。只有明确了解规章制度各文体的概念、特点、适用范围和行文格式，才能正确地选择和使用规章制度的文体。

下面重点介绍常用的几种规章制度，包括章程、条例、规定、办法、细则、规则、制度、守则、公约及须知。

(一)章程

章程是指党团组织、社会团体、学术组织等对其性质、宗旨、任务、组织结构、组织成员、权利、义务、纪律及活动规则等作出的规定。一般由该组织、团体制定并经其代表大会讨论通过后公布施行，如《中国共产党章程》。章程在组织内部有很强的规范性和约束力。国家行政机关及其职能部门一般不用章程。

(二)条例

条例是为指导某一方面长期的工作、活动正常开展而制定的较为全面的规范,一般由主管该方面工作、活动的党和国家的相关部门根据国家的有关法律、政策制定,由党的领导机关、国家权力机关或国家最高行政机关批准(通过)颁发。条例是具有强制性和约束力的文件。条例一般是用于规定国家政治、经济、军事或文化等某一方面的工作、活动的准则,如《中华人民共和国居民身份证条例》《中华人民共和国军衔条例》等;或用于对某一机关的组织、职权以及某些专门人员的任务、职责、权限等作出原则、系统的规定,如《会计人员职权条例》等。

(三)规定

规定是政府机关、社会团体、企事业单位等针对特定范围内的工作、事务或专门问题等制定的要求和规范,是一种具有强制性和约束力的法规性文件。从规定的制发机关、单位来看,有政府机关制定发布的规定,如国务院 1990 年 10 月 22 日发布的《中外合资经营企业合营期限暂行规定》;有社会团体、企事业单位处理本团体、本单位的某种工作和事务所制定的规定,如《上海市公安局关于国庆期间交通管理的暂行规定》。

(四)办法

办法是政府机关、社会团体、企事业单位针对某项工作或某一方面的活动制定的具体要求与规范。如中国商务部发布的《成品油市场管理办法》和《原油市场管理办法》,宣布自 2007 年 1 月 1 日起,开放中国原油、成品油批发经营权。办法也是一种具有强制性和约束力的规定性文件,与条例、规定相比,它所规定的内容更具体。有些办法就是根据相关条例规定中的某些条款制定的,如国务院发布的《产品质量监督施行办法》,就是根据国务院发布的《标准化管理条例》中的有关条文制定的,它比条例更具体、更具操作性。

(五)细则

细则是对某项法令、条例、规定或其中的部分条文进行解释或说明的文书。它是一种派生性的文件,是对有关法令、条例的辅助性规定和补充说明,使之具体化,更便于执行。细则往往又称"实施细则"和"施行细则"。例如,《对外汇、贵金属和外汇票证进出国境的管理施行细则》是为贯彻执行《中华人民共和国外汇管理暂行规定》中的部分条文所制定的。细则的条款比条例、规定的条款更详尽、更具体、更细致。

(六)规则

规则是在某一局部范围内对有关人员或某项活动作出的具体规定,要求大家共同遵守执行。

规则在实际使用中,常见的有两种:第一种可称为"文件规则",由主管部门依照其职权范围制定,以文件形式下达。这种规则法规性强,约束力大,效力范围较广。它多数

由国家机关公布，常用于交通规则、消防安全、工作程序、专业职权等方面，如《仓库防火安全管理规则》。第二种可称为"内部规则"，它由单位、团体内部制定，在特定的范围、场所使用，规则内容比较单一，约束力也较小，如《演讲比赛规则》。

(七)制度

制度是国家机关、社会团体、企事业单位为加强某一部门工作的管理和严格组织纪律而制定的要求有关人员共同遵守的规定性公文，如国家制定的《关于进出国境的海关检查制度》、各部门单位内的《保密制度》等。

(八)守则

守则是国家机关、社会团体、企事业单位制定的内部成员共同遵守的道德和行为规范的文书，如《学生守则》。因为是面向一定范围内的全体人员，所以守则的内容比较有原则，要求有较强的适用性、包容性和概括性。

(九)公约

公约是一定范围内的社会成员为保证有良好的生活、工作、学习和娱乐环境，在自愿协商的基础上制定的行为准则和道德规范，要求大家自觉遵守，如《首都人民文明公约》。公约往往强调社会公德，其法规性、约束力没有规章制度强。

需要说明的是，通常国际上由若干国家共同缔结的多边条约，也叫公约，如联合国通过的《公民权利和政治权利国际公约》，是一种用来维护国际生活的正常秩序和国与国之间的正常关系的国际性文书，不在我们的讨论范围之内。

(十)须知

须知是告诉人们在公共场合进行某项工作或活动时，必须遵守或注意的事项的一种应用文书，如《游园须知》等。

另外，标准、准则、补充规定等也属于规章制度，也是人们应该遵守的规范。

四、规章制度的特点

1. 制定的严肃性

制定规章制度必须依照相关的法令、政策，做到有法可依、有章可循，不能与国家的法令、政策相抵触。

2. 执行的强制性或约束力

规章制度起着某些行政法规的作用，它一经公布，对有关方面及有关人员就具有强制力或约束力，必须贯彻实施，不得违反。否则，就要受到行政、法律、经济制裁或公众谴责。

3. 严密性

规章制度的法规性决定了它行文要全面周到，内容要具体，不能有遗漏，不能被人钻空子，要具有严密性、明确性，要有庄重、严肃的语言风格，措辞要准确严谨，没有歧义。

4. 作者的限定性

规章制度的制发者必须依法在自己的职权范围内形成相关层次的规章制度，否则，制发的文书无效。

5. 制发的程序性

规章制度的制发程序有严格规定，即通过法定程序使文件获得法定效力。规章制度的发布，对不同级别的机关有不同的要求。

第二节 规章制度的写作

一、规章制度的写法

由于规章制度的种类不同，内容、范围各异，所以，其写作格式和写法也有所不同。但它们的结构写法又有许多相同之处，一般包括标题、正文和落款三部分，具体内容如下。

(一)标题

规章制度的标题一般有以下三种写法。

(1) 由单位名称、事由和文种三部分组成，如《财政部关于企业财务检查中处理财务问题的若干规则》《中央国家机关会议费管理办法》等。

(2) 由制发单位名称和文种组成，如《中国作家协会章程》等。

(3) 由事由和文种组成，如《关于企业国有资产办理无偿划转手续的规定》等。

如果该规章制度是试行、暂行，则应在标题内文种前写明，也可在文种后用括号注明，如《房屋权属登记信息查询暂行办法》《北京市商业零售企业促销行为规范(试行)》等。如果该规章制度是草案，则应在标题后用括号加以注明。有些规章制度在标题下面用括号注明该规章制度何时由何部门、何会议发布、通过、批准、修订等项目。

(二)正文

规章制度的种类很多，各个文体的写法也有所不同。从正文来看，规章制度的基本结构主要有两大类：章条式和条款式，具体内容如下。

1. 章条式

章条式(分章列条款式)即将规章制度的内容分成若干章，每章又分若干条，根据需要，条下有时又分若干项。第一章是总则，中间各章叫分则，最后一章叫附则。

(1) 总则。一般写原则性、普遍性的内容，包括的主要内容有制定依据、制定目的(宗旨)和任务、基本原则、适用范围、有关定义、主管部门(该项有时也可视具体情况置于分则或附则中)等。总则类似于文章的前言，对全文起统领作用。

(2) 分则。从总则以下到附则以上，中间的若干章均为分则。分则是全文的主体部分，通常按事物间的逻辑顺序，或按各部分内容之间的联系，或按工作活动程序以及惯例分条列项，集中编排。表述奖惩办法的条文也可单独构成罚则或奖则，作为分则的最后条文。

(3) 附则。附则通常是全文的最后一章，一般说明该规章制度的实行程序与方式、生效日期、与有关文件的关系及其他未尽事宜的处置办法、作解释权的单位名称等内容。附则只设一章，根据需要，下分若干条，也有附在最后不单独成章的。

法规、条例、准则、规则、章程等条文较多、内容较全面和系统的规章制度多采用章条式。

2. 条款式

这种写法不分章，而是分条列项来阐述，适用于内容比较简单的规章制度，如守则、公约、须知等。条款式有两种形式：一种是前言条款式，一种是条款到底式，具体内容如下。

(1) 前言条款式。这种形式分前言和主体两部分。前言不设条，而是简要概述制定该文的目的、依据、性质、意义，常用"为了……特制定本规定"或"为了……根据……特制定本守则"。主体部分通常分若干条款写明规定的事项，一般按先主后次、先原则后具体的顺序，逐条来写。

(2) 条款到底式。这种形式的全文都用条款来表述，一贯到底，不另分段作说明。这种写法并非不要前言、结尾，而是将前言、结尾都用条款标出。

规章制度采用章条式或条款式写法，条理清晰，层次分明，便于记忆、阅读，便于查找、引证，便于贯彻执行。

(三)落款

在正文结尾的右下方写制定本规章制度的单位名称，名称下方写发文日期。如果标题已反映出这一部分内容，末尾则不必再写。

二、规章制度的写作要求

1. 符合党和国家的有关方针、政策、法规，切合本单位或本部门的实际需要

任何规章制度都必须有法律依据或政策依据，必须符合党和国家的政策、法令，不允许与之相抵触或违背。此外，制定规章制度要从本单位的实际出发，写出具有针对性的制度和规定，才会言之能行，行之有效；否则规章制度就可能成为一纸空谈。

2. 结构严谨，格式规范

规章制度属于法规性文书，在一定范围具有法定效力，因此在体式上较其他事务文书要具有规范性，具有一定的约束力。在结构安排上，不论是章条式，还是条款式，本

质上都是采用逐章条的写法,条款层次由大到小依次可分为七级:编、章、节、条、款、目、项。最为常见的以章、条、款三层组成。这就要求在层次的先后顺序、内容的主次上要进行精心设计,注意条与条、段与段之间的内在逻辑关系,做到层次分明,布局合理。

3. 语言简明、规范

规章制度应该以纯粹的说明性文字对所涉及的对象、定义、范围、时限、职责等作出明确具体的规范,其文字表述必须严谨、周密、规范;既要体现严肃性,又要考虑稳定性。用语要简洁、平易、严密,避免含糊、疏漏、歧义,以免发生误解或对同一条文有不同的解释,令人无法具体实施。

4. 定期检查,进行修订或补充

规章制度所规范的内容不是一成不变的,因此必须定期检查,针对客观情况进行修订和补充。

例文5.1 思政课一体化建设指导委员会章程

例文5.2 地名管理条例

例文5.3 普通话水平测试管理规定

例文5.4

网络安全审查办法

第一条 为了确保关键信息基础设施供应链安全,保障网络安全和数据安全,维护国家安全,根据《中华人民共和国国家安全法》、《中华人民共和国网络安全法》、《中华人民共和国数据安全法》、《关键信息基础设施安全保护条例》,制定本办法。

第二条 关键信息基础设施运营者采购网络产品和服务,网络平台运营者开展数据处理活动,影响或者可能影响国家安全的,应当按照本办法进行网络安全审查。

前款规定的关键信息基础设施运营者、网络平台运营者统称为当事人。

第三条 网络安全审查坚持防范网络安全风险与促进先进技术应用相结合、过程公正透明与知识产权保护相结合、事前审查与持续监管相结合、企业承诺与社会监督相结合,从产品和服务以及数据处理活动安全性、可能带来的国家安全风险等方面进行审查。

第四条 在中央网络安全和信息化委员会领导下,国家互联网信息办公室会同中华人民共和国国家发展和改革委员会、中华人民共和国工业和信息化部、中华人民共和国公安部、中华人民共和国国家安全部、中华人民共和国财政部、中华人民共和国商务部、中国人民银行、国家市场监督管理总局、国家广播电视总局、中国证券监督管理委员会、国家

第五章 规章制度

保密局、国家密码管理局建立国家网络安全审查工作机制。

网络安全审查办公室设在国家互联网信息办公室,负责制定网络安全审查相关制度规范,组织网络安全审查。

第五条 关键信息基础设施运营者采购网络产品和服务的,应当预判该产品和服务投入使用后可能带来的国家安全风险。影响或者可能影响国家安全的,应当向网络安全审查办公室申报网络安全审查。

关键信息基础设施安全保护工作部门可以制定本行业、本领域预判指南。

第六条 对于申报网络安全审查的采购活动,关键信息基础设施运营者应当通过采购文件、协议等要求产品和服务提供者配合网络安全审查,包括承诺不利用提供产品和服务的便利条件非法获取用户数据、非法控制和操纵用户设备,无正当理由不中断产品供应或者必要的技术支持服务等。

第七条 掌握超过100万用户个人信息的网络平台运营者赴国外上市,必须向网络安全审查办公室申报网络安全审查。

第八条 当事人申报网络安全审查,应当提交以下材料:

(一)申报书;

(二)关于影响或者可能影响国家安全的分析报告;

(三)采购文件、协议、拟签订的合同或者拟提交的首次公开募股(IPO)等上市申请文件;

(四)网络安全审查工作需要的其他材料。

第九条 网络安全审查办公室应当自收到符合本办法第八条规定的审查申报材料起10个工作日内,确定是否需要审查并书面通知当事人。

第十条 网络安全审查重点评估相关对象或者情形的以下国家安全风险因素:

(一)产品和服务使用后带来的关键信息基础设施被非法控制、遭受干扰或者破坏的风险;

(二)产品和服务供应中断对关键信息基础设施业务连续性的危害;

(三)产品和服务的安全性、开放性、透明性、来源的多样性,供应渠道的可靠性以及因为政治、外交、贸易等因素导致供应中断的风险;

(四)产品和服务提供者遵守中国法律、行政法规、部门规章情况;

(五)核心数据、重要数据或者大量个人信息被窃取、泄露、毁损以及非法利用、非法出境的风险;

(六)上市存在关键信息基础设施、核心数据、重要数据或者大量个人信息被外国政府影响、控制、恶意利用的风险,以及网络信息安全风险;

(七)其他可能危害关键信息基础设施安全、网络安全和数据安全的因素。

第十一条 网络安全审查办公室认为需要开展网络安全审查的,应当自向当事人发出书面通知之日起30个工作日内完成初步审查,包括形成审查结论建议和将审查结论建议发送网络安全审查工作机制成员单位、相关部门征求意见;情况复杂的,可以延长15个工作日。

第十二条 网络安全审查工作机制成员单位和相关部门应当自收到审查结论建议之日起15个工作日内书面回复意见。

网络安全审查工作机制成员单位、相关部门意见一致的,网络安全审查办公室以书面形式将审查结论通知当事人;意见不一致的,按照特别审查程序处理,并通知当事人。

第十三条 按照特别审查程序处理的,网络安全审查办公室应当听取相关单位和部门意见，进行深入分析评估，再次形成审查结论建议，并征求网络安全审查工作机制成员单位和相关部门意见，按程序报中央网络安全和信息化委员会批准后，形成审查结论并书面通知当事人。

第十四条　特别审查程序一般应当在90个工作日内完成，情况复杂的可以延长。

第十五条　网络安全审查办公室要求提供补充材料的，当事人、产品和服务提供者应当予以配合。提交补充材料的时间不计入审查时间。

第十六条　网络安全审查工作机制成员单位认为影响或者可能影响国家安全的网络产品和服务以及数据处理活动，由网络安全审查办公室按程序报中央网络安全和信息化委员会批准后，依照本办法的规定进行审查。

为了防范风险，当事人应当在审查期间按照网络安全审查要求采取预防和消减风险的措施。

第十七条　参与网络安全审查的相关机构和人员应当严格保护知识产权，对在审查工作中知悉的商业秘密、个人信息，当事人、产品和服务提供者提交的未公开材料，以及其他未公开信息承担保密义务；未经信息提供方同意，不得向无关方披露或者用于审查以外的目的。

第十八条　当事人或者网络产品和服务提供者认为审查人员有失客观公正，或者未能对审查工作中知悉的信息承担保密义务的，可以向网络安全审查办公室或者有关部门举报。

第十九条　当事人应当督促产品和服务提供者履行网络安全审查中作出的承诺。

网络安全审查办公室通过接受举报等形式加强事前事中事后监督。

第二十条　当事人违反本办法规定的，依照《中华人民共和国网络安全法》《中华人民共和国数据安全法》的规定处理。

第二十一条　本办法所称网络产品和服务主要指核心网络设备、重要通信产品、高性能计算机和服务器、大容量存储设备、大型数据库和应用软件、网络安全设备、云计算服务，以及其他对关键信息基础设施安全、网络安全和数据安全有重要影响的网络产品和服务。

第二十二条　涉及国家秘密信息的，依照国家有关保密规定执行。

国家对数据安全审查、外商投资安全审查另有规定的，应当同时符合其规定。

第二十三条　本办法自2022年2月15日起施行。2020年4月13日公布的《网络安全审查办法》(国家互联网信息办公室、国家发展和改革委员会、工业和信息化部、公安部、国家安全部、财政部、商务部、中国人民银行、国家市场监督管理总局、国家广播电视总局、国家保密局、国家密码管理局令第6号)同时废止。

【例文5.4简析】

办法是行政机关为贯彻某一法令或者做好某方面工作而制定的法规性文书。办法一般用"命令"或"通知"的方式发布，在行政管理领域运用得非常普遍。

办法和条例、规定是比较近似的文种。它们都有法规性，分章列条的外部形式也比较接近。它们之间的区别体现为：条例的制作单位级别高，意义重大，内容全面、系统、原则；规定的制作单位没有条例那么严格，内容比较局部化，方法、步骤、措施比较详细；而办法由分管某方面工作的职能部门作出，内容更为具体。

办法的标题可由发文机关、事由、文种组成。正文一般由依据、规定、说明这三层意思组成，可分章、分条叙述。办法中的各条规定，是办法的主体部分，要将具体内容和措施依次逐条写清楚。办法的结尾，一般是交代实施的日期和对实施的说明。

本文第一条说明制定此办法的目的和作用,第二条说明此办法的适用对象和范围,接下来的条款写具体的措施办法以及如何实施,最后注明施行日期。语气肯定,用语明确严谨。

例文 5.5 高等教育自学考试专业设置实施细则

例文 5.6 国务院工作规则

例文 5.7 档案管理制度

例文 5.8

中小学生守则

1. 爱党爱国爱人民。了解党史国情,珍视国家荣誉,热爱祖国,热爱人民,热爱中国共产党。
2. 好学多问肯钻研。上课专心听讲,积极发表见解,乐于科学探索,养成阅读习惯。
3. 勤劳笃行乐奉献。自己事自己做,主动分担家务,参与劳动实践,热心志愿服务。
4. 明礼守法讲美德。遵守国法校纪,自觉礼让排队,保持公共卫生,爱护公共财物。
5. 孝亲尊师善待人。孝父母敬师长,爱集体助同学,虚心接受批评,学会合作共处。
6. 诚实守信有担当。保持言行一致,不说谎不作弊,借东西及时还,做到知错就改。
7. 自强自律健身心。坚持锻炼身体,乐观开朗向上,不吸烟不喝酒,文明绿色上网。
8. 珍爱生命保安全。红灯停绿灯行,防溺水不玩火,会自护懂求救,坚决远离毒品。
9. 勤俭节约护家园。不比吃喝穿戴,爱惜花草树木,节粮节水节电,低碳环保生活。

【例文 5.8 简析】

守则通常是用来规范道德、约束行为的,在一个系统内部人人都要熟悉守则,人人都要遵守守则。它不具有法律效力,也没有明显的强制性,但对有关人员的教育作用和约束作用还是很明显的。

在写作上,守则的原则性阐述多于具体要求,在指导思想、道德规范、工作和学习态度等方面,提出基本原则,但不过多涉及具体事项和方法、措施。

守则的篇幅一般比较短小,多采用分条式写法。

本守则在写作中,条与条之间的划分符合逻辑规律,条理清楚,层次分明,语言表达得简洁、质朴、准确、易记。

例文 5.9

首都市民卫生健康公约

1. 合理膳食——食物多样搭配,减油减盐减糖
2. 文明用餐——倡导公勺公筷,拒绝食用野味

3. 科学健身——坚持体育锻炼，保持健康体重
4. 控烟限酒——遵守控烟条例，切勿过量饮酒
5. 心理平衡——理解包容乐观，家邻同仁和睦
6. 规律作息——保证充足睡眠，减少视屏时间
7. 讲究卫生——坚持刷牙洗手，定期清洁居室
8. 知礼守礼——掌握健康礼仪，社交距离适宜
9. 注重预防——定期参加体检，及时有序就医
10. 保护环境——节约公共资源，垃圾分类投放

【例文 5.9 简析】

公约是社会组织或团体为了维护公共利益，通过讨论、协商所制定出的，约定大家共同遵守的规则。公约不是正式的法律和法规，对参与者只有道德约束力，没有法律效应。它的特点在于：公众约定性、长期适用性、集体监督性。

公约和守则在写作及内容上有许多相似之处，它们的区别在于适用范围上。公约可以理解为公众约定，要求大家遵守的；而守则是某一范围内所属成员要求自觉遵守的准则。守则的约束性高于公约的约束性。

公约一般前言部分扼要说明制定公约的目的、意义，主体部分通常采用条款具体明确地写明做什么，不做什么，内容要切合实际，具有规范道德、约束行为的监管作用。本例文开宗明义，直接用条款写明大家约定的必须共同遵守和执行的事项。内容具体，语言简练，原则性强。

考生须知

一、考生应诚信应考，并自觉服从监考员等考试工作人员管理，不得以任何理由妨碍监考员等考试工作人员履行职责，不得扰乱考场及其他考试工作地点的秩序。

二、考生必须按规定时间参加考试。凭准考证、身份证进入等待室。开考后 15 分钟到达的考生不得入场。考生进入等待室之后，按准考证号和身份证在相应的考场记录表上核对签字。听从检录老师宣读《考生须知》和《违纪处理办法》，宣读完毕之后，考生应听从检录老师的安排，由工作人员带到相应的考室参加考试。

三、考生不得携带任何书籍、笔记、稿纸、资料、手机等电子产品进入考场，只准携带考试必需的文具用品，如铅笔、钢笔、签字笔、圆珠笔、橡皮、卷笔刀等。

四、考生答题时，对考题内容有疑问不得要求监考人员做任何解释或启示。

五、考生在考场内必须保持安静，不准吸烟；考试完毕后也不得在考场附近逗留、谈论。

六、考生必须严格遵守考场规则，不准冒名顶替，不准交头接耳，违者取消考试资格，并按作弊处理。

七、考试结束后请自行离开考场，不可大声喧哗。

【例文 5.10 简析】

须知是告诉人们在公共场合进行某项工作或活动时必须遵守或注意的事项的一种文书，具有一定的约束性。其写作上要求行文简洁，语言准确，通俗易懂，没有歧义。

第五章 规章制度

本 章 小 结

规章制度类文书是为了建立正常的生活和工作秩序，而制定的具有法规性和约束力的文书。它是集体意志的书面表现，反映着有关成员的共同利益和义务。除了本章介绍的 10 种文书之外，还有标准、准则、补充规定、简章等也属于规章制度。各种规章制度适用于不同的范围、不同的需要，起着不同的作用，并非每个文种都可以由任何单位或组织撰写。法规条文较多的可以分章、节、条、款、项、目的顺序，分条列项地排列，直到结尾。

综 合 练 习

一、填空题

1. 规章制度的特点是_____、_____、_____、_____。
2. 条例是具有_____和_____的文件。
3. 规则常见的有以下两种类型，即_____和_____。
4. 守则要求有较强的适用性、_____和_____。

二、名词解释

章程　条例　规定　细则　守则

三、简答题

1. 什么是规章制度？它的主要特点是什么？
2. 规章制度的主要种类有哪些？
3. 条例、规定、办法、细则之间有何区别与联系？
4. 章条式和条款式有何区别？

四、分析修改题

下面是一篇病文(规定)，请试作修改。

××市人民政府关于加强自行车交通管理的规定

为进一步贯彻《××市道路交通管理暂行规则》《××市道路交通管理暂行处罚规则》和加强自行车交通管理，特重申并补充以下规定。

一、凡骑自行车者，尽可能遵守以下规定。

1. 沿路靠右行驶，禁止逆行。在画有车辆分道线的道路上，不准在机动车或便道上骑行。

2. 自行车在道路上停车、载物、停放等均按《××市道路交通管理暂行规则》的规定执行。

3. 在三环以内、郊区城镇或公路上，不准骑车带人，不准与骑车同行者扶身并行；不

准双手离把、持物或攀扶其他车辆；不准骑车拖带车辆；不准追逐竞驶或曲折竞驶。

4. 转弯要提前减速，照顾前后左右情况，并伸手示意。在画有上下四条以上机动车道的路段上左转弯时，必须推车从人行横道内通过。不准突然猛拐、争道抢行。

二、对违反规定的，要批评教育，并处罚款×元至×元。

三、因骑车人违反规定，造成交通事故的，由骑车人承担全部责任。

四、本规定由市公安局负责实施。

20××年3月5日

五、写作练习

1. 针对公交车上出现的一系列不文明现象，请与同学商议，制定一份《文明乘车公约》。

2. 请结合本专业的管理实际，写一份实训室守则。

第五章练习答案

第六章 经济文书

学习目标：

- 掌握经济合同、经济活动预测和分析报告以及招标书、投标书等文书的概念、特点、种类、写法和要求。
- 理解经济合同、经济预测报告、意向书、协议书等文书的功用。
- 能够运用经济合同等处理经济事务，为现实经济生活服务。

第一节 经济合同

一、合同的概念

《中华人民共和国合同法》(以下简称《合同法》)对合同的概念做了统一的界定："合同是平等主体的自然人、法人、其他经济组织之间设立、变更、终止民事权利义务关系的协议。"

经济合同以经济利益为纽带，把社会经济活动有机地联系起来，是一种对合同双方都具有同等约束力的文书。

二、合同的作用

合同的具体作用如下。

(1) 合同是实现国家宏观经济规划的客观保证。由于合同能直接反映社会生产能力和社会需求情况，可为宏观经济规划的编制提供各种切实可靠的数据；同时，国家的宏观规划也是签订合同的主要依据。所以，千千万万个合同的签订和履行，就客观地把国家宏观经济规划落实到了各个企业的生产和经营中，从而使之得以实现。

(2) 合同是企业加强生产经营管理、提高经济效益的有效手段。合同签订后，生产者就必须按合同规定的产品、数量、质量和期限等要求，有效地组织人力、物力进行生产活动，力求提高履约率，实现企业的利润指标。所以，签订、兑现合同的过程就是企业确定生产任务、加强生产经营管理、提高经济效益的过程。

(3) 通过合同把供、产、销关系紧密联系起来，可克服产销脱节、供需不协调的现象。在经济活动中，运用合同形式把生产需要的设备和原料按期供应给生产企业，保障了生产的顺利进行；产品产出后运送到供销部门，使生产企业又有了足够的生产资金，从而保证了生产的发展。如此无穷循环往复，可以把企业之间互相依赖的供、产、销关系衔接起来。所以，订立合同也是组织各企业协作的有效方式。

三、合同的特点

(一)具有法律效力

合同具有法律效力。因此，合同双方当事人应具有法人资格，合同签订后，各方当事人就必须严格履行合同的内容；否则就会受到经济制裁，甚至被追究法律责任。

(二)符合国家法律法规

合同的内容必须符合国家的有关法律、行政法规和宏观经济规划的要求。国家不允许随便生产、销售的物品不能作为一般合同的标的；否则，合同内容即使是当事人作出的意思表示，在法律上也是无效的。

(三)贯彻公平、诚信原则

订立合同必须贯彻平等、公平、协商、等价有偿、诚实信用的原则。合同各方当事人的法律地位是平等的，因此有权自愿表达自己的意见，任何单位和个人都不得干预或包办代替，不能把自己的意志强加给对方。

(四)当事人有履行能力

订立合同的当事人必须有履行合同的能力。强调合同当事人履行合同的能力，是为了维护合同的严肃性，防止有人利用合同买空卖空、从中渔利的现象发生。

四、合同的种类

合同的种类较多，从不同的角度，按照不同的标准，可以分为若干类别，具体内容如下。

(1) 按形式分，合同可分为表格式合同、条款式合同，以及表格、条款相结合式合同。

(2) 按期限分，合同可分为长期合同、中期合同和短期合同。

(3) 按内容分，合同可分为买卖合同、赠与合同、租赁合同、承揽合同、借款合同、建设工程合同、运输合同、技术合同、保管合同、仓储合同、委托合同等。

(4) 按性质分，合同可分为转移财产的合同、完成工作的合同和提供劳务的合同。转移财产的合同就是合同一方将一定数量的物品转移给合同的另一方，由另一方支付或不支付相应价款的合同(转移财产包括产权转移、经营管理权转移、使用权暂时转移)，如买卖合同、租赁合同、赠与合同等；完成工作的合同就是合同一方完成合同的另一方交给的工作，由另一方按量按质付给一定的报酬，如技术合同、承揽合同等；提供劳务的合同就是合同一方按约定的条件，使用自己的劳力、设备或工具为合同的另一方提供劳务，由另一方付给相应报酬的合同，如运输合同、仓储合同等。

(5) 按合同是否立即交付标的分，合同可分为诺成合同和实践合同。诺成合同，即订立合同后不马上交付标的的合同，如建设工程合同、承揽合同等；实践合同，即合同订立后立即交付标的的合同，如租赁合同、借款合同。

五、合同的条款

经济合同的内容即合同书的条款，一般有三个方面：一类是法定条款，即我国《合同法》第二章第 12 条规定的条款，这是合同的主要内容；一类是约定条款，即合同当事人各方经协商一致的条款，如货物运输的包装要求，保险费、报关费等由何方支付，货物超欠幅度，自然损耗率等方面的规定。有些类型的合同中还有些特有的必备条款，如《环境保护法》中规定建筑工程承包合同中必须有防止污染的条款。下面将对合同的法定条款作出介绍。

(一)当事人的名称或者姓名和住所

当事人的名称是指法人的名称，即签订合同单位的法定名称；当事人的姓名是指自然人的姓名。住所是指法人或自然人真实的住址。

(二)标的

标的就是合同当事人各方权利和义务所共同指向的对象。由于合同的种类不同，其标的也不同，如买卖合同的标的是工农业产品，建设工程合同的标的是工程项目，借款合同的标的是货币。标的名称要使用公认的名称，并且要具体明确。

(三)数量

数量是标的多少、轻重和大小的表示。数量，一是要采用国家法定的度量单位来计算；二是要详细具体，如以包、箱、袋作单位计算数量时，要说明其中装了多少千克或多少件等。另外，对尾差、自然损耗率等的许可范围也要加以说明。

(四)质量

质量是指标的的物理、化学、生物、机械性能素质和外观状态标准。国家有规定的，要注明国家标准编码；国家没有规定的，合同当事人各方要协商确定标准。

(五)价款或酬金

价款或酬金是指合同一方当事人向交付标的的另一方当事人以货币形式支付的代价。标的是货物的，代价称为价款；标的是提供劳务的，代价称为酬金。产品价款和劳务酬金要按照等价交换的原则执行，并严格遵守国家的价格政策。

(六)履行期限、地点和方式

合同履行期限是指交付标的和支付价款或酬金的时间界限。可规定为即时履行或一定期限内履行。履行期限要明确规定年、月、日，不能用"明年""秋季""以后""尽可能"等模糊词语表述。

履行地点是指交货、服务、付款等地点。履行地点要具体明确，如货物运到北京，要明确北京的具体地点；若遇地点重名，要在地点前冠以省、市、县名称，以免引起合同纠纷。

履行方式是指合同当事人以什么方式履行合同义务。要根据标的的不同情况加以规定，例如，货物验收采用什么方法，对隐蔽性问题是否允许使用后提出；货物是自行提取，还是代办托运；货物采用什么运输工具；何方支付运输费用；价款或酬金是支付现金，还是用支票；是一次性付款，还是分期付款等。这些都要具体明确。

(七)违约责任和解决争议的办法

违约责任是指经济合同依法成立后，由于合同当事人一方或双方的过错而导致合同不能履行或不能适当履行，有过错的一方应当承担的责任。对违约责任的追究，可以用支付违约金、支付赔偿金、继续履行合同等方式解决。如因违约产生争议，可根据我国《合同法》第128条的规定解决："当事人可以通过协商或者调解解决合同争议。当事人不愿意和解、调解或者调解不成的，可以根据仲裁协议向仲裁机构申请仲裁……当事人没有订立仲裁协议或者仲裁协议无效的，可以向人民法院起诉，当事人应当履行发生法律效力的判决、仲裁裁决、调解书；拒不履行的，对方可以请求人民法院执行。"

六、合同的结构和写法

合同的结构即标题+约首+正文+尾部，具体内容如下。

(一)标题

合同的标题即合同名称，用于提示合同的性质和种类，标题的写法主要有两种类型。
(1) 合同性质+文种，如《借款合同》《仓储合同》。
(2) 合同标的+合同性质+文种，如《松下电视机买卖合同》《汽车租赁合同》。
在使用过程中，还可以加上时间期限如《2012年第三季度货运合同》，或者加上签约单位名称等。
标题写在合同文本首页上方居中的位置。

(二)约首

约首位于标题之下，包括订立合同各方当事人的名称或姓名。为了使正文行文简便，当事人的名称或姓名简称为"甲方""乙方"或"供方""需方"或"发包方""承包方"或"出租方""承租方"等。其写法有以下几种形式。
(1) 开头空两格写"订立合同双方(或各方)"，然后分上下行排列写各方单位名称，其后分别写"以下简称甲方""以下简称乙方"。
订立合同双方：
供货单位：时兴服装厂，以下简称甲方
购货单位：荣鑫百货公司，以下简称乙方
(2) 开头空两格分上下行排列写"甲方""乙方"，其后分别写各方单位名称。

甲方：果饵食品公司

乙方：天仁副食品商场

(3) 开头空两格分上下行排列写"供方""需方"或"发包方""承包方"或"出租方""承租方"等，其后分别写其单位。

发包方：立新化工厂

承包方：孟杰市第一工程建筑公司

(三)正文

开头很简要地写明订立合同的根据或目的，说明经双方协商一致，签订该合同。例如："根据我国《合同法》的有关规定，转让方与受让方根据技术转让合同的要求，本着互利原则，经双方协商一致，签订本合同。"或采用与此类似的写法："为了……目的，根据……的规定，经双方充分协商，特订立本合同，以便共同遵守。"在一般情况下，合同都可以采用这种开头方式。

然后另起一行分条写合同的法定条款(标的、数量、质量、价款或酬金、履行期限、地点和方式，违约责任和解决争议的方法)和约定条款。

一般最后的一两条用来说明订立合同的有关事项。

(四)尾部

尾部一般包括签订合同各方的公章、法定地址、法定代表人的签名、电话号码、传真号、开户银行及账号、邮政编码、签订合同地点和日期(有的把日期写在约首)等。

七、撰写经济合同应注意的问题

(一)遵守《合同法》

经济合同是依据法律规定而签订的，这是与其他文书不同的地方，所以在撰写合同时应严格遵守《合同法》的规定，在其内容和签订的程序上，都不得与国家法律和法规相违背。凡违反《合同法》的合同，均属于无效合同。

订立合同必须贯彻平等互利、协商一致、等价有偿的原则。平等互利是指订立合同的当事人法律地位平等，任何一方不得因自己的行政地位高于对方或技术有优势、经济实力雄厚而把自己的意志强加给对方，强行订立违反对方当事人意志的经济合同。协商一致是指合同是在双方充分协商的基础上订立的，而不是以胁迫、利用对方急需产品或无经验等而签订的。等价有偿是指双方从交易中得到相应的补偿，任何一方都不能强迫对方无偿交换物品。在履行合同中一方受到损害时，也要进行补偿。价格合理，价实相符，是等价有偿的体现。

(二)格式规范

经济合同是规范性文本，一般具有固定的格式，以保证合同条款的齐全。对于因特定需要而签订的合同，需要在撰写时仔细斟酌，采用规范形式，合同条款要详细、周全。

(三)语言准确

合同的语言要求严谨、无歧义、标点正确;有关数字要准确,计量要采用法定单位,涉及技术问题的,要正确使用术语。

经 济 合 同

立合同人:
  ××化工厂第二车间(甲方)
  ××市第二建筑公司生产科(乙方)
  为建筑××化工厂第二车间东厂房,经双方协商,订立本合同。
  甲方委托乙方建造东厂房一座,由乙方全面负责建造。
  全部建筑费(包括材料、人工)壹拾叁万元。
  ××化工厂在订立合同后先交一部分建造费,其余在东厂房建成后抓紧归还所欠部分。
  工期待乙方筹备就绪后立即开始,力争三月中旬开工,争取十一月左右交活。
  建筑材料由乙方全面负责筹备。
  本合同一式两份,双方各执一份。
立合同人:
  ××化工厂第二车间(公章)
  主任:×××(私章)
  ××市第二建筑公司生产科(公章)
  科长:×××(私章) ××年×月×日

【例文6.1简析】

这是一份不规范的合同。

第一,经济合同的主体应是单位法人,而这份合同的立合同人,"甲方"是"××化工厂"的一个车间,"乙方"是"××市第二建筑公司"的生产科,都不具备法人的资格与条件。

第二,本合同的项目是建筑安装工程承包,标题应该是"建筑厂房合同",用"经济合同"作标题范围大了些。

第三,内容不具体、不明确。该合同第1条中没有阐明建造厂房的式样、面积、高度、结构等,使乙方无法施工;建筑费用没有说明归哪方使用;合同中的"一部分"应具体化,否则交款时有可能扯皮;合同中的工期应该明确,尤其是交工日期,还应有保证措施;合同缺少材料标准附件。

第四,合同没有说明生效期。该合同中的年、月、日,只能表示合同签订日期,而不代表生效期,故应在末尾写上"自签订之日起生效"字样;该合同还缺少违约责任。

第五,这份合同在语言上有些地方也欠妥,前后称呼不一致;"归还"一词用得不当,甲方付给乙方的是建筑费用,不是甲方对乙方的借款,不能说"归还"。

第六章 经济文书

房屋租赁合同

第二节 意向书与协议书

一、意向书

(一)意向书的概念

意向书是双方或多方就合办企业或项目的事宜,经过初步协商而达成共同意向的文书。意向书为进一步正式签订协议奠定了基础,是"协议书"或"合同"的先导,多用于经济技术的合作领域。

(二)意向书的特点

意向书具有如下特点。

(1) 协商性。意向书只是一种临时性的协商性的文书,只是当事人各方协商结果的大致轮廓,没有约束力。

(2) 灵活性。意向书表达的是双方当事人初步洽谈的一致同意的若干原则性意见。其内容可根据具体情况和双方意愿随时修改。

(3) 临时性。意向书是协商过程中各方基本观点的记录,一旦达成正式协议,便完成了意向性的使命。意向书不像协议、合同那样具有法律效力。

(三)意向书的作用

意向书的作用如下。

(1) 意向书可以用来向政府主管部门上报备案,作为立项的依据。

(2) 意向书可以作为合作各方进行实质性谈判的基础和原则性依据。意向书可为正式签订协议或合同打下基础。

(3) 意向书便于合作各方开展各项后续工作,如起草项目建议书和可行性研究报告等。

(四)意向书的结构与写法

意向书的结构即标题+正文+落款,具体内容如下。

1. 标题

意向书的标题主要有四种类型。

(1) 事由+文种，如《关于合作经营华天大酒家的意向书》。

(2) 合作项目+文种，如《合资建立水泥厂意向书》。

(3) 合作单位+合作项目+文种，如《上海市×××公司、新加坡××××产业公司合作经营塑料制品意向书》。

(4) 只写文种"意向书"三个字。

2. 正文

意向书的正文内容没有固定的写法。有的写得详细一点，有的写得简略一点，有的甚至只写各方对某一事项合作的意愿，不写如何合作的具体问题。就大多数意向书来说，其正文一般由前言、主体和结尾三部分组成，具体内容如下。

(1) 前言。前言先写明各方的单位名称、商谈时间及地点、原则精神、合作事项等，然后用"现达成如下意向"或"双方达成意向如下"或"现将有关意向归纳如下"等过渡句领启下文。

(2) 主体。主体写双方的意图、初步商谈后达成的倾向性认识和比较认同的事项。采用分条列项的形式写。就通常情况而言，主体部分大致写以下几个方面的内容。

① 合作企业或项目的名称和拟定地址。

② 合作企业或项目的规模和经营范围。

③ 各方投资金额比例。

④ 利润分配和亏损分担。

⑤ 原料、设备、技术、企业用地等各由何方提供。

⑥ 合作事项实施步骤。

⑦ 合作企业领导体制。

⑧ 合作期限。

(3) 结尾。结尾部分书写有关事项的说明，如意向书份数、生效日期等。

3. 落款

落款书写合作各方法定名称，各方洽谈代表的签字，以及签订时间、通信联络地址、电子邮箱、电话号码等。

(五)意向书的写作要求

意向书的写作要求具体如下。

(1) 意向书只是各方对合作事项意愿的表示，因此对合作中涉及的系列问题无须详细论述，而只作粗略的轮廓性的表述。

(2) 意向书的条款要写得比较原则，以利于求同存异，为进一步谈判创造合作氛围，同时也便于在谈判中运作灵活。

(3) 意向书仅仅是各方共同意向的记录，不具有法律效力，因此一般不写入对各方有约束性的条文。

(4) 意向书中不能有与我国现行经济政策和法规相抵触的内容，也不能随意向对方承诺上级部门才能决定和职能部门才可解决的问题。

(5) 措辞严谨，既不失原则也不失热忱，以促使日后实质性谈判的成功。

意 向 书

甲方：××国际投资股份有限公司

乙方：×××× ××××

甲乙双方根据《中华人民共和国合资(合作)企业法》等相关法律法规，本着平等自愿、互惠互利、风险共担的原则，就合资经营"＿＿＿＿＿ ＿＿＿＿＿"项目经友好协商达成如下共识：

一、合资公司名称暂定为：＿＿＿＿。

二、合资地点：＿＿＿＿。

三、项目总投资：＿＿＿＿万元人民币。

四、注册资本：＿＿＿＿万元人民币。

五、出资比例：甲方＿＿＿％，乙方＿＿＿％；(以正式合同为准)。

六、出资形式：甲方投资××万元人民币(以工厂现有厂房、水电设施现有设备等折款投入)。乙方投资××万元人民币(以折美元投入，购买设备)。

七、利润分配：各方按投资比例或协商比例分配。

八、合资年限＿＿＿年，即××××年×月至××××年×月。

九、合资企业其他事宜按《中外合资法》有关规定执行。

十、为保证项目的正常运作，双方约定应以书面形式进行与本意向书有关的沟通，电传、快递一经发出即被视为已送达对方。

十一、双方各自承担项目运作过程中相关人力、物力及财力的耗费，合资的具体方式与执行，以双方正式签订的合同、章程及协议为准。

十二、本意向书一式两份。甲乙双方各执一份，有效期为六十个工作日，由双方代表签字盖章后生效，未尽事宜，双方另行协商。

　　　　××厂(甲方)　　　　　　　　×××公司(乙方)

　　　　代表：×××(盖章)　　　　　代表：×××(盖章)

　　　　联系地址：　　　　　　　　　联系地址：

　　　　电话：　　　　　　　　　　　电话：

　　　　××××年×月×日　　　　　××××年×月××日

【例文 6.3 简析】

本意向书是一篇合资意向书，开头写清了签订意向书的双方的名称，然后简明扼要地说明因何事项进行了"初步友好协商""达成本意向书"；正文主体部分分条款写明了达成的意向性意见。正文结尾部分写明的"未尽事宜，在正式签订合同或协议书时予以补充"，充分体现了意向书的特点。

二、协议书

(一)协议书的概念

协议书是经过协商所取得的一致意见,把这些意见用书面形式表现出来,就成为协议书。它是有关企事业单位、团体或个人共同协商订立的一种具有经济或其他关系的契约。

协议书是已订合同的补充或修订。《合同法》第 61 条规定:"合同生效后,当事人就质量和价款或者报酬、履行地点等内容没有约定或约定不明确的,可以协议补充;不能达成补充协议的,按照合同有关条款或者交易习惯确定。"在合同执行过程中,就某些方面出现分歧时,当事各方可协商订立协议书,经各方签章并呈报原合同鉴证机关后,成为原来合同的组成部分,与原合同具有同等的法律效力。

(二)协议书的特点

1. 内容具有概括性

协议的内容简单且具有概括性,体现出当事方日后就达成协议的项目开展工作的原则和方向。协议签订后,就有关具体事项往往还需签订合同来予以明确。

2. 适用广泛

协议适用于生活中的方方面面,可以是国家机关、社会团体、企事业单位之间也可以是个人之间为完成某一共同议定的事项而签订的契约性文书。可以大至国际间项目的合作,也可以是个人物质生活的保障。

3. 具有约束力

协议是契约文书的一种,确定了各方的权利和义务。其作为信用的凭证,互相监督、互相牵制。一旦签订,对当事方均产生法律约束力。

(三)订立协议书时应当遵守的基本原则

(1) 合法性。即协议书的内容、形式和程序,均须遵守国家的法律,符合国家政策的要求,方能得到国家的承认和保护。凡违反国家政策、法令和危害国家与公共利益的协议是无效的,当事人须承担由此而产生的法律责任。

(2) 平等性。平等协商、自愿互利是签订协议的前提和基础,不同的机关和经济组织在职能、规模和经营能力等方面各有区别,或有领导与被领导的关系,但在订立协议时,彼此的地位是完全平等的,应充分协商、互相尊重。任何一方不得把自己的意志强加于对方,任何单位和个人也不得从中非法干预。双方取得的权利和承担的义务应当是对等的。

(3) 契约性。协议一经签订,即具有法律约束力。由于故意或自己的过失造成的违约,必须承担赔偿损失的责任。

(四)协议书的结构与写法

协议书的结构即标题+签订协议单位名称+正文+落款,具体内容如下。

1. 标题

可以写"协议书"三字，也可以写明协议书的具体名称，如《来料加工协议书》，还可以写成如《通达商业集团与洪州酒家合资兴建分厂的协议书》的标题形式。

2. 签订协议单位名称

在标题之下、正文之前，写明签订协议单位名称，并在双方单位名称之前注明一方是甲方，一方是乙方，以便于在正文中称呼。

3. 正文

正文包括开头、主体和结尾三部分。开头主要交代签订协议的目的、原因、依据，紧接着可用程式化语言转入主体，如用"现对有关事项达成协议如下""经充分协商，协议如下"等惯用语引出协议书的主体。主体要求就协议有关事宜作出明确的、全面的说明，尤其要着力写好协议双方的权利和义务，一般采用分条列项的写法，结尾常包括文本的份数和留存方式等。

4. 落款

落款应写明签订协议双方单位的名称，并加盖公章。必要时还得写上鉴证单位和公证单位的名称，并加盖公章。最后写上签订协议的日期。

委托协议书

第三节 经济活动分析报告

一、经济活动分析报告的概念和特点

(一)经济活动分析报告的概念

经济活动分析报告是表述经济活动分析过程的一种书面报告。其中经济活动是指人们从事物质资料的生产及相应的交换、分配和消费的活动。企业的经济活动是指企业的全部经营活动，包括企业的生产与再生产的全部过程。经济活动分析就是以经济理论和经济政策为指导，以计划指标、会计核算、统计资料和通过调查所取得的有关资料为依据，对某地区(或某行业、某部门)的经济活动状况进行分析的行为。将这些分析过程和结果撰写出来，就成了经济活动分析报告。

(二)经济活动分析报告的特点

经济活动分析报告具有分析性、总结性和指导性的特点。

(1) 分析性。经济活动分析报告要表述经济活动的分析过程,因此具有很强的分析性。在经济活动分析报告中常用以下分析方法。

① 对比分析法,又称指标对比分析法。它是将具有可比性的数据进行对比,以找出差异的原因。例如,计划指标与实际指标完成情况相比,可说明计划与实际情况的差异,然后根据差异去找原因。运用对比分析时,要注意问题的可比性。

② 因素分析法,是以揭示事物因果关系的方式表明观点。企业的各项经济活动都是相互联系、相互制约的,一种结果的出现,往往是多种因素造成的。利用因素分析法,可以比较清楚地探求出各种因素之间的相互关系以及这些因素与企业经营结果之间的关系。

③ 平衡分析法,又称综合比较法。这是利用相对应的指标间的平衡关系进行分析的方法。经济活动过程中会出现各种错综复杂的现象,分析时要综合考虑,防止片面追求某一指标。研究企业经济活动的不平衡状况是为了求得企业经济活动的新平衡,以取得更好的经济效益。

(2) 总结性。经济活动分析报告具有总结性。它是一段时间内区域经济活动或企业经济活动状况的分析,对特定阶段经济活动的得失予以总结,可供经营决策者从中吸取教训。

(3) 指导性。经济活动分析的结果及其总结的经验教训,对克服消极因素、提高经济活动效益、安排好下一步的工作有着积极的指导意义。

二、经济活动分析报告的分类

根据不同的标准,可将经济活动分析报告分为不同的种类。

(1) 按内容涉及的范围,经济活动分析报告可分为宏观经济活动分析报告和微观经济活动分析报告。

① 宏观经济活动分析报告涉及面广,或一个行业,或一个地区,影响较大,事关全局。其分析多着眼于总结经验教训,揭示内在规律,用以指导全局工作。

② 微观经济活动分析报告涉及面窄,仅涉及一个企业或一项产品,影响较小。其分析偏重于某些具体问题,目的是为下一步做好该项工作制定措施,并作出具体安排。

(2) 按内容涉及的时间,经济活动分析报告可分为定期经济活动分析报告和不定期经济活动分析报告、事前预测分析报告和事后总结分析报告。

(3) 按报告内容涉及的对象,经济活动分析报告可分为生产、销售、成本、财务等方面的分析报告。

(4) 按报告内容的广度和特点,经济活动分析报告可分为综合分析报告和专题分析报告。

① 综合分析报告是对某一地区、某一部门或企业在一定时期内经济活动的各项指标进行全面、系统的综合分析后写成的书面报告。这类分析报告一般都是在全面分析各项主要指标及其完成程度的基础上,着重分析研究生产经营中的一些关键环节及重要因素,研

究其中带有普遍性的问题，从而对分析对象作出全面评价和系统总结，对今后的发展提出总的设想。

② 专题分析报告是针对经济活动中某一关键或重要问题进行专门分析、研究后写成的书面报告。专题分析报告可针对急需解决的问题或带有普遍性的问题集中进行研究，也可以是企业内部对其自身的某一经济活动进行分析。它具有反映情况及时、内容集中、目的明确、针对性和时效性强等特点。

三、经济活动分析报告的作用

经济活动分析是科学管理经济的重要手段，也是管理部门经常要进行的常规性工作之一。它可以起到改善经营管理、提高经济效益的作用。具体来讲，经济活动分析的作用体现在以下几个方面。

(一)提供制定政策和计划的依据

任何部门和企业都要依据客观要求进行决策，并制订相应的长期、中期及作业计划，在计划执行过程中要不断地监督和调整，使得企业的长期决策目标得以实现。监督和调整的依据就是一定时期的经济活动分析。通过经济活动分析报告全面了解情况，对于调整上一期的计划目标和制订下一个时期的工作计划具有重要的意义。

(二)提高经济核算质量，改善企业经营管理

部门和企业在经营管理中所发生的经济事项通过日常的会计、统计数据和报表资料反映出来，由于这些数据和资料是分散的，往往还不能说明全部问题，反映的情况也是单一的，无法说明其生产的内在原因及发展规律。因此，还要根据报表数字、统计数据及调查资料，对经济活动情况进行分析。这种分析可以将日常的经济核算提高到一个新的高度去认识，明确经营的问题并找到解决问题的方法，改善企业的经营管理情况，从而提高经济效益。

(三)加强企业管理的重要手段

企业管理是全方位的管理，因此，各部门的微观经济活动分析调动了经营、销售、财务多方面人员的参与，对加强企业管理、财务监督有着重要的现实意义，是克服企业经营管理中消极因素的重要手段。

四、经济活动分析报告的结构与写法

经济活动分析报告的基本结构：标题+正文+落款。各部分的内容及要求如下。

(一)标题

标题主要有以下两种形式。

(1) 公文式。这类标题一般由单位名称、事由、内容和文种四部分组成，也可以根据

具体情况省去其中一两项，如《×××公司×××年度财务状况分析报告》《2000年度现金流量分析报告》。

(2) 论点式。标题本身就可以分析问题的要点或突出主题，为强调说明也可以加上副标题，如《原油价格变动因素分析》《加速流动资金周转——对企业结算方式的分析》。

(二)正文

正文无固定格式，一般包括前言和主体两部分。

(1) 前言。一般是介绍分析对象的基本情况，有时也介绍分析方法，交代背景，提出分析的内容和范围。前言的主要作用是为主题部分的写作和分析做好导引。其写法可根据需要选择，有提问式、结论式、对比式、评论式等。并非所有的经济活动分析报告都要有前言，在写作时，可以舍弃前言而直述主体，但应注意在主体中要体现前言中应介绍的问题。

(2) 主体。主体是分析报告的主要部分，是全文的精髓所在，应从分析问题的要求和目的出发，利用数据及资料进行分析，从而得出正确的结论。主体通常由情况介绍、分析和建议三部分组成。

首先，无论是什么类型的分析报告，正文开头部分都应对具体情况进行介绍，如财务指标完成情况、生产计划执行情况、产品质量达标情况等，为后面的分析做好充分的准备。

其次，要分析现状，评价经济效益。经济活动分析报告的核心部分是将经济活动中出现的差异、矛盾进行比较和说明，要找出关键性、规律性的问题。分析时，可由点及面进行，既要分析成绩，又要暴露问题；既要找出主要原因，又要进行其他因素分析。例如，在分析企业成本高的现象时，就不能仅仅归咎于原材料涨价、人工费增加，还应该从材料利用率、劳动生产率、工艺改进水平等管理角度进行分析。

最后，要提出建议。应针对分析中发现的问题，提出改进企业经营管理、提高经济效益的建议或措施。这部分内容在写作时应注意，建议要具体，措施要切实可行。

(三)落款

报告的最后要有落款，标明撰写经济活动分析报告的作者或单位，注明写作日期，以备查考。如标题下方已写明，就不必再写了。

五、经济活动分析报告与其他相似文体的比较

(一)与市场调查报告的比较

经济活动分析报告与市场调查报告的不同之处有三点。

(1) 周期性不同。经济活动分析报告的周期短，属于定期报告，在月末、季末、年末或是在某一项目结束时及时作出分析；而市场调查报告具有报道性，在市场变化和企业内部出现新问题、新矛盾时，要随时进行市场调查，在时间上是不定期的。

(2) 涉及范围不同。经济活动分析报告大多属于专题报告，主要是针对各项指标的执行情况作出的报告，如根据计划、成本、销售、广告效果等作出的分析；而市场调查报告

所涉及的范围要广得多，可以是市场中出现的任何现象。

(3) 表述形式有所不同。经济活动分析报告多以数据与表格相结合的方式进行分析，大多使用历史数据和市场调查资料，采用数学统计方法进行专业分析，简单明了地将问题加以说明即可，一般无须过多叙述；市场调查报告的文体形式虽然也有相关数据，也要加以分析，但表现形式则可以根据内容更灵活、更多样，在表达方式上以叙述为主。

(二)与市场预测报告的比较

经济活动分析报告与市场预测报告的分析对象有差异。经济活动分析报告侧重于对过去和现在的经济活动进行分析；而市场预测报告则侧重于对市场未来进行预测。

六、经济活动分析报告的写作要求

经济活动分析报告在写作中，除了要符合应用文的一般要求外，还需注意以下问题。

(一)宏观分析与微观分析相结合

撰写经济活动分析报告，首先要有宏观观念，即对国家的经济政策、相关法规、国内外经济形势的大背景要有一定的认识；之后，再从微观经济入手。这样才能认清本地区或本部门的经济形势，从而避免分析的片面性和局限性。

(二)面上材料与调查材料相结合

这两种材料相结合，可以从比较中发现问题，从而容易找到微观管理的症结，进而提出改善管理的对策。

(三)数字说明与文字说明相结合

经济活动问题要凭数字说话，比较多地运用相对数、绝对数、平均数和百分比。说明时，既要注意数字的准确性和科学性，又要注意以简要的文字说明。二者的结合，可以使人明白数字的来龙去脉，也可化枯燥的数字为可感觉的具体事物。

例文 6.5

一季度河南省经济运行情况分析

第四节　经济预测报告

在日本企业界，有这样一个信条："企业的成败在于经营，而经营的关键在于预测。"我国历史上也记载着范蠡弃政从商并富甲一方的故事。范蠡曾提出"水则资车，旱

则资舟"的观点，显示了他的预测能力。在经济高速发展的信息时代，对未来经济状况和发展趋势作出科学的评估和预测，才能使企业顺应经济规律，提高市场竞争力，从而立于不败之地。所以，了解和掌握经济预测报告的知识，可为你在未来经济大潮中的搏击助上一臂之力。

一、经济预测报告的概念

在对经济活动的历史和现状调查的基础上，运用科学分析的方法进行预计测算，推断未来的经济发展变化趋势而写成的书面报告，称为经济预测报告。

经济预测的任务是运用定性和定量分析的科学方法，以准确的经济发展历史和现实统计调查资料为依据，推知经济发展的前景和结果。它是探求按经济规律办事，从而提高经济效益的一种科学方法，是经济工作者驾驭经济活动的重要工具。它有助于我们作出正确的经济决策，从而提高经济管理水平。

二、经济预测报告的特点和种类

(一)经济预测报告的特点

1. 预见性

"预测"，是经济预测报告最主要的特点。它是在研究经济活动的过去和现在的基础上，根据经济活动变化的客观规律对其未来作出科学的判断和预见。现实的经济状况，未来的发展趋势、发展前景、变化情况，都是预测的重点。准确的预测结果必须反映预测对象的客观规律和发展趋势。

2. 综合性

经济预测要求综合运用多门学科的知识，分析多方面的因素。譬如，推测某一经济活动可能产生的结果及其发展的趋势，必须联系诸多的外部和内部的因素。既有社会的外部条件，亦有企业本身的内在原因；既有微观经济与宏观经济的综合反映，也有纵向分析与横向分析的相互结合。总之，应着眼经济全局，着眼发展趋势，综合各种已知因素进行经济预测。

3. 情报性

经济预测报告，包含着重要的有价值的经济信息。因为它记录和反映的是经济发展的最新变化和各方面的最新动态，它能为生产、管理、经营、销售者提供必要的情报资料。它来源于经济，服务于经济，与实实在在的经济利益息息相关，这就使它具有广泛的实用性和情报性。

4. 时效性

经济预测报告必须迅速反映经济活动中的新变化、新动态，并以最快的速度传递给决策部门和管理部门，从而保证预测内容和结果的时效性。

(二)经济预测报告的种类

经济预测报告按不同标准,有不同的分类。

(1) 按预测对象分,经济预测报告可分为两种。

① 宏观经济预测报告,即对整个国民经济或某一地区、某一行业、某一系统的经济发展前景进行全面的、总体的综合预测,如《当前宏观经济的前景展望》《国民教育增长速度的预测》。

② 微观经济预测报告,即对一个企业的经济活动或某一产品的产销需求所作的预测,如《浅析彩色电视机的消费趋势》。它以单个经济单位的经济活动为考察对象,如一个企业或一个乡镇经济发展前景和家庭、个人经济活动的前景的预测。

(2) 按预测期限分,经济预测报告可分为长、中、近和短期经济预测报告四种。

长期经济预测报告指对5年以上的经济发展前景的预测;中期经济预测报告指对2~5年的经济发展前景的推断;近期经济预测报告,一般是年度经济发展的预测;短期经济预测报告,一般是季度性的经济形势预测。

(3) 按预测的内容分,经济预测报告有市场需求的预测报告、生产预测报告、销售预测报告、成本预测报告、技术发展预测报告和社会购买力预测报告等。

三、经济预测报告的结构和内容

经济预测报告的结构包括标题、正文和结尾三部分,具体内容如下。

(一)标题

标题常见的有三种形式。

(1) 完整式标题,包括四要素,即预测时限、预测区域、预测对象和文种,如《2016年与2017年全国劳动就业形势分析预测》《今明两年我国汽车市场需求状况预测》。

(2) 还有一类标题,不是四要素俱全,有的着重强调时间,有的着重强调预测方法,有的着重强调预测范围,但都包括对象和文种,如《我国能源生产与消费预测》《涤纶纤维发展趋势预测》《2016年化学建材需求预测》。

(3) 消息式标题,类似新闻报道的消息标题,从标题中可以看出是预测,但却不用文种"预测"两个字,如《我国家电产品还有多大市场?》《明后两年物资形势展望》。

(二)正文

经济预测报告的正文,一般由前言和主体两部分组成,具体内容如下。

1. 前言

前言即预测报告的开头部分,简明扼要地介绍预测的范围、对象、时间、地点、目的,说明预测主旨。有的不单独写前言,开篇直接写现状。

2. 主体

主体是预测报告的中心部分,一般由概况、分析预测、结论与建议组成,具体内容如下。

(1) 概况。这是对预测对象历史和现状的说明。要运用准确、全面的情况和数据，将预测对象过去和现在的经济情况作简要的回顾和说明，为下文的预测作铺垫，作为预测分析的基础。如介绍企业的产销情况、购买力的投向情况、同类行业的经营情况、生产能力和技术设备的情况等。

(2) 分析预测。这是在深入分析预测对象现状的基础上，形成的对预测对象未来前景的估计，是预测报告的重点部分。这部分的核心内容是通过对资料数据的分析，预测未来经济发展的前景。要选用适当的预测方法进行分析、综合、推理、判断，对选取的资料和数据，要认真分析研究，注意各因素间的相互影响和作用，综合比较，并结合当时、当地最新的情报，作出科学的预测。

常用的经济预测方法有以下两大类。

一类是定性预测法，也称判断预测法、经验预测法，即依据预测者掌握的知识和经验，取得同预测对象相关的各种因素的历史和现状资料，并在对这些资料加工整理、分析研究的基础上，判断预测对象的未来情况的预测方法。它主要包括以下三种方法。

① 购买意向调查法，即预测者向商品的可能或潜在消费者直接了解、探询他们在未来一定时间内的购买意向所使用的方法。

② 专家意见法，又称"德尔菲法"，一般选择一定数量的专家，用系统的程序，采取不记名和反复进行的方式，轮番征询不同专家的预测意见，经过几轮征询反馈，使专家的意见逐步趋向一致，从而得出一个比较一致的预测结果。这是近二三十年较为盛行的一种预测方法。

③ 业务人员估计法，即将经营人员、销售人员所掌握的第一手资料统计、归纳起来，在一定的决策层进行分析比较、讨论研究，最后确定一个中间值作为预测值。

另一类是定量预测法，即根据已掌握的比较完备的数据资料，运用统计方法，按照一定的数学模型推导出未来经济发展的前景和变动趋势。它包括模拟预测法、平均数预测法、因果预测法等。

运用定量预测法必须掌握足够的数据，否则，会使预测出现失误。它的优点是比较客观，不受预测者主观倾向的影响，但由于市场的随机性、变化性很大，有些预测单凭数字是不够的。而定性预测法虽简单易行，但缺少量的说明，结论包含的主观因素太多。所以，在实践中，两种预测方法常常结合使用，二者互补，才能较为准确地预测出对象的未来发展趋势。

(3) 结论与建议。这是在对预测对象未来前景作出估计的基础上提出的建议，以供决策部门参考，这是预测报告写作的根本目的及现实意义的集中体现。写作中，要紧扣概况和预测中提供的事实、揭示的矛盾来提出切实可行的意见和建议，切忌抽象笼统。

预测报告正文主体的三个部分有着严密的逻辑联系。但根据实际需要，三个部分的顺序可以适当变动。可将概况与分析合在一起写，也可将预测与建议合并在一个部分表述，或者先提出预测结论，然后分析说明得出结论的依据，最后提出建议和措施。

（三）结尾

许多经济预测报告没有结尾，常常是写完建议就结束全文。如有结尾，或是回应开头，或是归纳全文，或是提出应注意的问题。

四、经济预测报告的写作要求

（一）资料充分，数据准确

经济预测的科学性要求资料数据准确无误。因此，必须掌握大量的、全面的、系统的资料数据，以确保预测结果精确可靠。

（二）系统分析，推断合理

对未来经济发展趋势的预测，要做到切合实际，可靠性强，必须有严密科学的分析推断。分析是前提，推断是核心，它们是预测报告的主要部分。要恰当地选择预测方法，根据预测的目的、要求以及预测对象的特点进行客观的分析研究与判断。

（三）语言规范，表述简明

经济预测报告是一种指导性的实用文体，涉及预测学和经济学两大学科，许多专有词语有其特定的使用范围和含义。因此，作者必须具备经济学、数理统计、社会学等多学科知识，以及较强的经济写作能力。同时，还要注意语言的运用必须规范、明确，切忌烦言浮饰。有些复杂的数据还可以适当使用图表，使表达更简明、更直观。

2022年国际原油价格分析与趋势预测

第五节 招 标 书

招标书文种知识及例文请扫二维码。

第六节 投 标 书

投标书文种知识及例文请扫二维码。

本 章 小 结

本章所讲述的几种应用文,都是在经济活动中形成和发展、为现实经济生活服务的文书。要合格地撰写出这些文书,除了掌握它们的结构特点和写作要求外,还应具备一定的专业知识,熟悉相关的经济政策和有关法律,并以之为指导。针对市场经济瞬息万变的客观规律,要求内容具有时效性,过时的信息没有任何价值。

综 合 练 习

一、填空题

1. 经济活动分析具有_____、_____和_____的特点。
2. 按照内容涉及的范围,可将经济活动分析报告分为_____和_____两种。
3. 经济活动分析报告的标题主要采取_____、_____两种形式。
4. 市场调查报告的主体部分由_____、_____和_____组成。

二、选择题

1. 签订经济合同必须贯彻的原则是_____。
    A. 平等公平　　　　B. 协商一致　　　　C. 等价有偿　　　　D. 诚实信用
2. 当企业作出重大经济决策时,要对相关问题作分析,这种分析属于_____。
    A. 综合性经济活动分析　　　　　　　B. 专题性经济活动分析
    C. 简要的经济活动分析　　　　　　　D. 定期经济活动分析
3. 经济活动分析报告与经济预测报告都是以市场调查为基础的,但经济活动分析报告侧重_____。
    A. 未来分析　　　　　　　　　　　　B. 过去和现在
    C. 反映现实及未来　　　　　　　　　D. 预测未来
4. 招标文书主要指_____。
    A. 招标申请书　　B. 招标公告　　C. 招标说明书　　D. 招标邀请书
5. 单位向主管部门报送申请招标的书面文书是_____。
    A. 招标申请书　　B. 招标书　　　C. 招标说明书　　D. 标底书

第六章 经济文书

6. 准备投标的单位向招标、招标主管部门报送的以备审定投标资格的书面文件是_____。

  A. 招标书　　　　B. 招标申请书　　C. 投标书　　　　D. 投标申请书

7. 招标、投标方式适宜并较多运用于_____。

  A. 建设工程　　　B. 国际贸易　　　C. 垄断行业　　　D. 大宗采购

8. 《中华人民共和国招标投标法》(2001年1月1日起施行)规定招标投标应遵循诚实信用与_____等原则。

  A. 公开　　　　　B. 公平　　　　　C. 公正　　　　　D. 平等

9. 下列表述不正确的是_____。

  A. 意向书虽然不具备合同的法律效应，但签订后也不能随意更改
  B. 可以用文种作标题
  C. 意向书多用于经济技术合作领域
  D. 意向书只是当事人协商结果的大致轮廓，待签合同时还需补充

10. 以下情形中属于无效合同的是_____。

  A. 乘人之危而订立的合同　　　　　B. 恶意串通，损害第三人利益的合同
  C. 无权代理合同　　　　　　　　　D. 显失公平的合同

三、简答题

1. 根据《合同法》，合同应具备哪些条款？
2. 试述经济活动分析的概念及作用。
3. 试述经济活动分析报告和市场调查报告的区别。
4. 试述经济活动分析报告的写作要求。
5. 经济预测分析有哪些特点？
6. 经济预测分析是怎样分类的？
7. 如何拟写市场调查报告的标题？
8. 市场调查报告的前言一般包括哪些内容？
9. 招标书、投标书的结构与写法如何，二者的区别与联系？
10. 招标书和投标书写作各有何注意事项？

四、修改题

请修改下面合同中的条款，并说明修改的理由。

(1) 经甲方验收，不符合质量标准，乙方应负责任。

(2) 交货期限：10月底左右。

(3) 交货地点：××××市机械厂附近。

(4) 甲方必须提供一定的场所和必需的营业设备。

(5) 卖方承担大部分短途运费。

(6) 本合同的有效期，自签订之日起，到合同执行完毕止。

(7) 甲方购买乙方苹果约10万千克，视质量好坏，按国家牌价结算。

(8) 每季度结算一次。

五、写作练习

1. 根据下面的材料写一份合同。

为了搞活经济，充分发挥柜台的经济效益，河外商业大楼股份有限公司对外租赁柜台。光明电器公司经过了解和考察，决定租赁商业大楼的柜台。请你帮助拟制一份商场柜台租赁合同。

2. 请你至少到三家大中型家电市场作调查，掌握相关数据，完成一份本年度家电销售的市场预测分析。

3. 根据下述材料，撰写一篇市场调查报告。

中国饮料工业协会统计报告显示，国内果汁及果汁饮料实际产量超过百万吨，同比增长33.1%，市场渗透率达36.5%，居饮料行业第四位；但国内果汁人均年消费量仅为1千克，为世界果汁平均消费水平的1/7，为西欧国家平均消费量的1/4，市场需求潜力巨大。

我国水果资源丰富，其中，苹果产量是世界第一，柑橘产量为世界第三，梨、桃等产量居世界前列。据权威机构预测，到2005年，我国预计果汁产量可达150万～160万吨，人均果汁年消费量达1.2千克左右。2015年，预计果汁产量达195万～240万吨，人均年消费量达1.5千克。

近日，我公司对××市果汁饮料市场进行了一次市场调查，根据统计数据，我们对调查结果进行了简要的分析。

追求绿色、天然、营养成为消费者喝果汁饮料的主要目的。品种多、口味多是果汁饮料行业的显著特点，据××市场调查显示，每家大型超市内，果汁饮料的品种都在120种左右，厂家达十几家，竞争十分激烈，果汁的品质及创新成为果汁企业获利的关键因素，品牌果汁饮料的淡旺季销量无明显区分。

目标消费群——调查显示，在选择果汁饮料的消费群中，15～24岁年龄段占了34.3%，25～34岁年龄段占了28.4%，其中，又以女性消费者居多。

影响购买因素——口味：酸甜的味道销得最好，低糖营养性果汁饮品是市场需求的主流。包装：家庭消费首选750 mL和1 L装的塑料瓶大包装；260 mL的小瓶装和利乐包为即买即饮或旅游时的首选；礼品装是家庭送礼时的选择；新颖别致的杯型因喝完饮料后瓶子可当茶杯用，所以也影响了部分消费者的购买决定。

饮料种类选择习惯——71.2%的消费者表示不会仅限于一种选择，会喝多种饮料；有什么喝什么的占了20.5%；表示就喝一种的有8.3%。

品牌选择习惯——调查显示，习惯于多品牌选择的消费者有54.6%；习惯于单品牌选择的有13.1%；因品牌忠诚性作出单品牌选择的有14.2%；价格导向占据了2.5%；追求方便的比例为15.5%。

饮料品牌认知渠道——广告：75.4%；自己喝过才知道：58.4%；卖饮料的地方：24.5%；亲友介绍：11.1%。

购买渠道选择——在超市购买：61.3%；随时购买：2.5%；个体商店购买：28.4%；批发市场：2.5%；大中型商场：5.4%；酒店、快餐厅等餐饮场所也具有较大的购买潜力。

一次购买量——选择喝多少就买多少的有62.4%；选择一次性批发很多的有7.6%；会多买一点存着的有29.9%。

六、根据以下材料，拟写一份××市星城汽车制造厂与宏远汽车股份有限公司双方合作的意向书。

××年7月15日，××市组团参加了在广州召开的"泛珠三角贸易洽谈会"。会上，该市一老牌中型国有企业——星城汽车制造厂引起了一家台商——宏远汽车股份有限公司的投资兴趣。当日下午，双方在广州市天地宾馆举行了洽谈。

以下是参加会议的××市星城汽车制造厂秘书钟苗记录的双方达成的初步合作意向的主要内容。

甲、乙两方愿以合资或合作的形式建立合资企业，暂定名为宏远(××)汽车制造有限公司。

工程建设期为1年，即从××××年9月—××××年9月全部建成。双方意向书签订后，即向各自上级申请批准，批准的时限为1个月，即××××年8月15日前完成，然后由星城汽车制造厂办理合资企业开业申请和各项报建手续。项目总投资9000万元(人民币)，其中土建施工部分投资5000万，设备部分投资4000万。甲方投资3000万(以工厂现有厂房、水电设施现有设备等折款投入)；乙方投资6000万(以现金投入，购买设备)。合资企业生产能力及利润分配：新项目建设完工后，形成年产各类专用汽车3000辆的生产能力，实现产值收入10亿元，创利税1亿元。各方按投资比例或协商比例分配利润。合资企业自营出口或委托有关进出口公司代理出口，价格由合资企业定。合资年限为20年，即××××年9月—××××年9月。合资企业其他事宜按《外商投资企业法》有关规定执行。双方将在各方上级批准后，再行协商有关合资事宜。

要求：
(1) 分条列项、材料组织有序。
(2) 正文结构符合要求。

第六章练习答案

第七章 传播文书

学习目标:

- 掌握传播文书的概念,理解传播文书的特点。
- 掌握商业广告文案、产品说明书、旅游文稿、消息等传播文书的基本写法和要求。
- 体会各文种的例文,模拟写作,培养撰写传播文书的能力。

第一节 商业广告文案

一、商业广告及商业广告文案概述

(一)商业广告

2015年4月24日,第十二届全国人民代表大会常务委员会第十四次会议修订通过的《中华人民共和国广告法》对商业广告的定义为"在中华人民共和国境内,商品经营者或者服务提供者承担费用,通过一定媒介和形式直接或间接地介绍自己所推销的商品或者服务"。这一界定说明,商业广告作为一种有偿服务,是以获得商业利益为目的信息传播活动,传播的信息包括商品信息、服务信息和价值理念信息;有明确的广告主,并由其向广告经营者支付广告设计、制作、代理服务等费用;商业广告信息必须通过大众媒体(报纸、杂志、广播、电视、网络等)传播。

(二)商业广告文案

现代商业广告的表现形式多种多样,但任何形式的商业广告都离不开语言文字这个最重要的载体。目前,在运用最广泛的报纸、杂志、广播、电视、互联网等主要商业广告媒介上,传递商业广告信息的主要工具是文字、声音和图像,其中文字的表现力非常重要。一个好的商业广告文案,可以起到画龙点睛的作用。

从广义的概念上理解,商业广告文案是指与商业广告作品有关的一切语言文字,不管篇幅长短、文字多少、结构如何,只要使用的是语言文字这个工具,都可以称之为商业广告文案。还有把商业广告文案定义为商业广告作品的全部,把广告作品中的图片、装饰、编排等内容都包括在内。

从狭义的概念上理解,商业广告文案是指有广告语、标题、正文、随文等完整结构的文字广告。其他广告企划、广告策划书等广告应用文本不在其内。

商业广告文案与人们熟悉的散文、小说等文学作品有着不同的风格、结构和语言,它涉及的范围宽广,写作风格多变,需要适应不同的商业广告信息和目标,是一种有着特殊要求的语言文字形式。

二、商业广告文案的特点

(一)真实性

商业广告文案的真实性是指商业广告文案涉及的信息内容真实。在《中华人民共和国广告法》中,规定了广告信息内容应具备真实性,要求"广告应当真实、合法,以健康的表现形式表达广告内容,符合社会主义精神文明建设和弘扬中华民族优秀传统文化的要求""不得含有虚假或者引人误解的内容,不得欺骗、误导消费者",明确了"虚假广告"的认定标准和相关处罚细则。因此信息内容的真实是商业广告文案创作的首要原则。

(二)艺术性

商业广告文案往往借助多样的语言表达方式实现广告诉求,极具艺术性。传统的诗歌式、散文式、辞赋式、相声、小品文案自不必说,历史上的名人轶事、著名文学作品中的故事桥段、热播影视剧的经典台词也常常被使用在广告文案中,以吸引受众产生共鸣,使商业广告文案既给受众带来美的享受,又有利于实现广告的既定目标和要求。

(三)原创性

所谓原创性,即首创性,"与众不同""突破常规,出人意表",就是赋予广告以吸引力和生命力。商业广告文案是否原创,决定着商业广告的成败。商业广告文案的写作过程是商业广告创意的物化过程。优秀的文案人员能够充分发挥想象力和创造性,写出新鲜、独特,让人耳目一新而又深具吸引力和说服力的优秀文案。

(四)可操作性

商业广告文案可以做得很美,但它并不是单纯供人欣赏品味的艺术品,最终需要投放到特定的广告活动中,需要通过媒介进行传播,需要通过向受众发布达成广告目的。因此,应该能够或便于具体操作,进而加工成商业广告作品。

三、商业广告文案的类型

商业广告文案通常按照广告媒介的形式特征进行分类,因为不同的广告媒介不仅对商业广告文案有着不同的写作方法和形式的要求,同时也能显现出各类广告文案自身的鲜明特色。

最具形式特征的商业广告文案主要有以下五种类型。

(一)印刷广告文案

印刷广告文案主要应用在报纸、杂志、书籍、宣传样本、直邮广告等媒介,其共同特征是视觉传达,受众是通过阅读来获得广告信息的。其中,报纸、杂志的读者群比较固定,而且读者的分类比较清晰,广告文案面对的受众相对明确。印刷广告的另一个特点是适于长期保存和反复阅读，加上印刷技术和材料的不断提高和更新，印刷质量越来越精美，因而可以收到较好的宣传效果。

印刷广告文案针对视觉媒介特征，应当在语言文字的修饰上精雕细琢、反复推敲，要经得起受众反复仔细地阅读。文案的标语与广告画面通常一起发生作用，需要先发制人地吸引受众的注意力。文案的正文是广告的主要内容，要尽可能表达清晰、准确，不留疑惑。

(二)广播广告文案

广播广告文案主要运用于有线广播和无线广播媒介，其共同特征是听觉传达，受众通过声音传递来接受广告的信息。

广播媒介不受空间限制，听众广泛，但受时间限制，转瞬即逝，内容多的广告不易记清。根据广播媒介的特征，广播广告文案应当简单、清晰、连贯、和谐、愉悦、可信，充分考虑服务于听觉的语言文字修辞，同时还要把播音的嗓音、节奏、配乐、音响等效果也考虑进去。

广播广告文案通常都是采用口语语言，以与人交谈的谈话风格进行写作，特别注重语调和口气，更多地反映目标受众的说话习俗及风格，使之更容易贴近受众生活。

(三)影视广告文案

影视广告文案主要运用在电影、电视等媒介，媒介特征是集视觉与听觉、时间与空间于一身，表现形式丰富多彩，声画合一，感染力强，便于记忆。

影视广告中非语言文字的图像占主导地位，其生动、丰富的形象很容易准确、直接地为受众理解和接受。因此，影视广告文案在写作时，要有与画面情景交融的意识，将画面与语言文字融合在一起，并把活动画面作为叙述语言的一种形式。在影视广告文案中，语言文字可以通过画外音、独白、对话、歌曲、字幕等多种形式呈现，因此要充分调动各种表现手段，进行巧妙合理的安排，注意广告的整体灵活性，充分发挥其无可比拟的艺术感染力。

(四)互联网广告文案

据新浪财经数据显示，2021年中国互联网广告市场规模已达6550.1亿元。互联网广告凭借用户基数大、覆盖范围广、信息容量大、投放目标准确、交互性强等特点，在当今的广告行业中被广泛应用。

互联网广告通过视觉传达方式来实现广告目标，在文案写作上既要与印刷广告文案一样注重语言文字的精巧，又同时要具备影视广告文案形式丰富、感染力强的特点。由于受到设备页面大小的限制，以及需要通过点击、链接来实现与受众的实时交互和信息传播，因此互联网广告文案的写作独具特色。

互联网广告信息有两个特殊的传达形式：一是语言文字的视觉展现更为自由，不仅大小形体、上下位置可变，而且在时间快慢和字体种类上也可进行变化，这为文案写作提供了充分发挥的天地，也提出了更高的要求；二是广告信息的传达需层层递进，每一层面相

互联系成为一个整体，如何吸引网民不断点击，层层深入，是互联网广告文案创作时的一个难点。

(五)户外广告文案

户外广告主要包括招贴广告、路牌广告、橱窗广告、车体广告、霓虹灯广告、大型电子显示屏广告等，具有媒体形式灵活多样、画面视觉冲击力强、广告时间持续较长的特点。

户外广告文案需要尽可能抓住人们的注意力，让行踪匆匆的人们在不知不觉中关注到广告的存在，进而驻足片刻或浏览一眼。户外广告文案不太注重信息量在传达过程中的完整与全面，强调的是引人注目和重点突出。最主要的特点是语言文字尽量简洁短小，其中标题与广告语的写作是户外广告文案的重中之重，用词一般不超过 10 个，在视觉上通常是一条线，便于在行进中阅读。

四、商业广告文案的创意

商业广告文案的创意包括文案主题创意、文案结构创意、文字语言创意三个部分，具体内容如下。

(一)文案主题创意

商业广告文案的创意首先是主题创意。商业广告文案主题创意主要由商品特征、企业特征和消费者特征等因素构成。主题创意要正确、新颖、深刻、集中，在内容上要避免创意失真、创意不明和缺乏重点，在形式上要避免平淡无奇、毫无新意。

(二)文案结构创意

商业广告文案结构创意是指针对商业广告文案结构方式的选择和各部分的排列组合。商业广告文案结构通常分为规范式文案和灵活式文案。

规范式商业广告文案一般具有标题、正文、广告语、随文四个要素。灵活式广告文案，是指没有固定格式、形式较为自由的广告文案。灵活式广告文案最常见的就是广告语，即广告口号。

(三)文字语言创意

商业广告文案的文字语言是商业广告信息的符号，是实现商业广告目标的重要工具。文字语言的创意是在创作商业广告文案时，对广告文字语言形式的概括、选择、锤炼和修饰。

文字语言是商业广告文案的写作基础，驾驭文字语言的能力是商业广告文案创意的基本功。商业广告文案中采用的文字语言通常用陈述语、口语等形式。

五、商业广告文案的结构和写法

商业广告文案是指已经完成的商业广告作品全部的语言文字部分。

一则典型的商业广告文案，由广告语、标题、正文和随文四部分组成，每部分都传达不同的信息，承担不同的职能，发挥不同的作用，具体内容如下。

(一)广告语

广告语又称广告口号、广告标语，是为了加强受众对企业、商品或服务的印象，在广告中长期反复使用的一种简明扼要的口号文字。它基于长远的销售利益，向消费者传达一种长期不变的观念。广告口号有持续的促销作用，有的广告口号可持续多年，它们对读者来说就像老朋友一样，使读者对该商品或企业形成固定的良好印象，因而被企业视作一笔无形的巨大财富，这也是广告语与标题的主要区别。

广告语的写作要求如下。

(1) 广告语一般都只有寥寥几字，很少超过 10 个字。如中国移动广告语——"移动改变生活"。还有 20 世纪 80 年代末，进入中国市场的"德芙"牌巧克力，也凭借广告语"牛奶香浓，丝般感受"迅速占领中国市场。

(2) 便于记忆，易于上口。如 M&M 巧克力的广告语，"只溶在口，不溶在手"；再如"铂爵旅拍，想去哪拍就去哪拍"。

(3) 满足诉求，激发兴趣。消费者购买商品或服务，都是为了从中满足自己的某种需求，即"诉求"。因此，有许多广告语在撰写时，往往要将商品满足消费者需求的一面表达出来，如佳能全画幅相机的广告语"用视界感受世界"。再如腾讯视频的广告语"不负好时光"，传达出致力于打造优质内容，把用户的每个平凡日常变成美好时光的品牌理念。

(4) 号召力强，促发行动。广告语的一个重要作用是引发读者的行动，如"巴黎欧莱雅，你值得拥有"，招聘类 App 前程无忧的广告语"找工作，上前程无忧"。

(二)标题

标题是商业广告文案中旨在传达最为重要的或最能引起受众兴趣的信息，位于商业广告文案的醒目位置，对全文起统领作用，以吸引受众继续关注文案其他内容的简短的语句。标题通常选用较其他部分大的字体。

1. 一则好的广告标题的功能

(1) 它能迅速引起读者的注意。一家公司为宣传自己的钻石戒指而用的广告标题"你曾说：'我买。'现在你会说：'我庆幸买了它'。"当读者看到此广告标题时，不禁会问："他买了什么？"因而进一步阅读下面的广告内容。

(2) 能够抓住自己的主要目标对象。如 OATLY 噢麦力燕麦奶的广告标题"咖啡好搭档"，清楚地认识到消费者购买该产品的主要目的是用来搭配咖啡。

(3) 能够吸引读者阅读广告正文。"谁说不可以？"奥迪轿车的这则提问式标题显然会吸引人们继续往下阅读。

2. 撰写商业广告标题的原则

(1) 投读者所好，并切实使之受益。人们阅读广告时，总是期待有所获益，因此那种能带给读者切实利益的广告通常是最有效的。"谁能用手把用'劳特'牌胶水粘到墙上去的金币掰下来，便归他所有。"这是对消费者作出的保证，采用这种胶水粘连物品绝对牢固。再如美国柯达相机的广告："你只需按下快门，余下的一切由我来做。"承诺的是柯达全自动相机尽善尽美，距离、速度、光圈、对焦等"事务性"的工作无须消费者亲自动手，相机会自动完成。

(2) 尽量把新内容引入标题。人们往往都会注意新事物的出现，观察是否有新产品问世，或者旧产品有无新用途或改进，是否有新的观念涌现等。因此，包含新闻字眼的标题最能引发人们的兴趣。标题中使用最为有效的两个词是"免费"和"新的"，常用的词汇还有"首次、推出、消息、发现"等。

(3) 标题尽可能写上商品名称。有资料证明，读广告标题的人数是读正文人数的 5 倍，因此，对于一些竞争激烈的消费品，其广告标题应尽可能写上商品名称，使那些只看一眼的读者知道所宣传的商品具有的特殊标志，如"农夫山泉，有点甜"，又如"KMB 通天巴士载你到世界每个角落"。

(4) 使用能够引起人们好奇心的词语。广告标题是为了引导读者阅读下文，将某些有着强烈吸引力的词语应用于标题将更有魅力，如"姐妹们，上"。

(5) 长度适中。标题一般强调简短，有数据显示，6~12 字的广告标题效果最佳。

(6) 避免使用笼统或泛泛的词语。广告标题应是生动、具体、形象的，而不应使用陈词滥调，如"它带给我一流的头发""它使我的头发质地柔软、熠熠生辉，恰似绿草地一般清新芬芳"。这两个广告标题都是为洗发液而写的，同是强调洗发液的高质量，前者只是泛泛而谈，难以给人留下印象；后者却栩栩如生，使人不禁为之神往。

(7) 慎用双关语、文学隐喻，忌用晦涩难懂的词。在现今的信息社会中，人们每天面对无数个广告，在浏览这些密密麻麻的标题时速度很快，根本不会停下来推敲广告的弦外之音。因此，必须用明白无误的语言写标题，以便把要说的话告诉读者。当然有时双关、比喻之类的修辞方法使用得当，并与插图相配合，也会得到意想不到的效果。

(8) 免用否定词。在标题中使用否定词很危险，人们往往喜欢正面的陈述。因此在广告标题中最好说明事物是什么，而不要说事物不是什么。

(三) 正文

正文是指商业广告文案中旨在向受众传达大部分的广告信息、居于主体地位的语言文字。它是商业广告文案的中心和主体，是对广告标题的解释以及对所宣传事物内容的详述。

1. 正文的结构和内容

正文在结构上一般分为引言、主体和结尾三部分，具体内容如下。

(1) 引言是商业广告文案标题与正文的衔接段，是正文的开头部分。它要以概括和精练的笔触，迅速生动地点明标题原意并引出下文，以吸引人们继续阅读。

(2) 主体是阐述商业广告文案主题或提供论据的部分，是广告文案的中心。在引言之后，主体部分要及时点出消费者的欲求和所宣传商品的优势特点，以及这些特点与目标消费者的关系，即它可以使目标消费者明白受益点在何处，广告中说明这些利益点的充足论据是什么，对消费者的保证措施又是什么等，以此来说服消费者进行购买。

(3) 结尾是商业广告文案正文的结束部分。它的主要目的在于用最恰当的语言敦促人们及时采取行动。虽然结尾一般比较简短，但意义重大，绝不能掉以轻心；否则便会虎头蛇尾，功亏一篑。"要想知道如何成为一名 Avon 公司的销售代理，请拨电话：800-×××-××××"就是一则简洁清晰但颇具号召力的结尾。

2. 正文的类型

根据商业广告文案正文的体裁、风格、手法等不同可将它们分为若干类型，如直述式、叙述式、证言式和描写式等。在实际撰写时，商业广告撰稿人并不是先考虑选择哪种类型，而是考虑怎样才能将商业广告文案正文写得生动有趣，令人信服。因此，写出的商业广告文案正文可能是某一种类型的，也可能是几种类型的组合。

(1) 直述式就是摆事实、讲道理，让事实说服人的一种表达方式。它的特点是直接、精练地将商品的特性客观地表达出来，没有过多的修辞与描绘。直述式商业广告文案的魅力在于商品本身的诉求力量，如"3 秒微涩，5 秒回甘"，这句主打产品功能的文案直接将奈雪的茶产品"霸气玉油柑"的口感特色提炼出来，精练而巧妙，让人产生品尝的欲望。

(2) 叙述式文案是用故事形式写成的商业广告文案，它往往能将枯燥无味的商业广告变得富有趣味。这类正文要使内容像小说的故事情节那样，有矛盾冲突的出现和最后的解决，这样才能引人入胜；但叙述不宜过长。它往往是以某人遇到困难而感到苦恼开始，以找到解决办法而圆满结束，目的是告诉人们，在遇到同样的困难时采取同样的办法。

(3) 证言式文案是按证明书的方式写成的商业广告文案。它需要提供权威人士或著名人士对商品的鉴定、赞扬、使用和见证等。这里的权威人士可以是确有其人，也可以是虚构的，但无论真假，他们都必须有资格为其宣传的事物作出证言。如宣传某种药品，最好选用医生身份的人物；而宣传某种家庭用具，最好选用家庭主妇，这样才具有说服力。

(4) 描写式文案是以生动细腻的描绘刻画达到激发人们内心基本情感和欲望的商业广告文案。这类广告如果描绘得亲切感人，就会给人们一个鲜明的形象和深刻的印象。"小时候我们觉得，夏天就应该无所事事，畅享汽水西瓜绿豆汤。送走一个夏天，就等下一个再来。长大后才发现，可供虚度光阴的夏天，就只有那么多。夏天的阳光，躲着它，不如迎着它。夏天的雨水，避开它，不如拥抱它。孩子的夏天看似没有不同，但我们想让你的孩子过得不同。因为，和人生一样，这个夏天不会重来。"这则"筋斗云"青少年跑步训练营的招募文案，将"跑步"的卖点与"珍惜时光，不负韶华"联系在一起，令人印象深刻。

(四) 随文

随文又称附文，是商业广告文案的附属文字部分，是对商业广告内容必要的交代或进一步的补充，主要有商标、商品名、公司标识、公司地址、电话、价格、银行账号以及权威机构证明标识等。一则商业广告文案不一定要将以上所说的随文内容全部列出，而是应该根据商业广告宣传目标有所选择。广告随文是广告文案的有机组成部分，具有重要的推销作用。

六、商业广告文案的写作要求

(一) 要抓住重点

由于商业广告是把有关商品、服务的信息，有计划地传递给人们的一种手段，其目的

第七章 传播文书

是为了使消费者对自己生产和经营的商品或服务产生兴趣和购买动机,所以,商业广告文案必须把顾客最为关心、最需要了解的内容作为宣传重点。如产品的主要性能、特点、用途、价格以及服务内容等。切忌抓不住重点,该说的不说,不该说的却喋喋不休,令人生厌。

(二) 要真诚实在

商业广告文案的内容务求反映真实。如果不真实,将会造成不良的社会后果,损害其他竞争者和消费者的利益。这样非但不能达到宣传产品、扩大产品销路的目的,反而会使消费者产生逆反心理。所以,商业广告文案宣传必须精当准确,是一说一,切忌大话空话。

(三) 要讲究手法

商业广告文案想要更好地达到宣传目的,就要有吸引力。因此商业广告文案写作必须注意讲究表现手法,要独具匠心,务求出新,切忌拾人牙慧,照套、照搬千篇一律的"模式"。在广告的内容上,要突出商品的鲜明特点,以引起消费者的瞩目;在广告的语言上,要通过形象生动的语言感染消费者。但应遵守汉语的规范性,禁止滥用汉字,尤其不能随意改变词语的固定用法,使用不当会产生社会性危害。如"博大晶(精)深""大智若娱(愚)""食(十)全食(十)美""百衣(依)百顺""与食(时)俱进"等,这些错误谐音的运用,容易混淆视听,尤其容易对青少年产生误导。

例文 7.1

饿了么"送给上海的拼贴诗"

你为什么爱上海?
每个在上海的人,都在用生活回答。
爱这里有上海味道,也有每个人的家乡味道。
爱拐个弯就能遇见的老洋房,
还有多晚都亮着灯的便利店。
爱这座城市的自在与适意。
饿了么联合平台上的 214 个品牌,
用他们的 Logo 拼贴出送给上海的情诗,
一起表白上海。
作为来自上海本地生活服务平台,
饿了么致力于在快节奏的生活里,
让你总能放心点,准时达。
把你爱的上海,送到你手上。

一座 24 小时都有回应的城市
楼下的便利店,比我都能熬夜
上海有 6913 家咖啡馆,属于我的有 21 家
小区里的流浪猫,总有人把 TA 照顾得很好

老爷叔的浪漫,是买菜的时候顺便买束花
叫醒上海的可以是 Brunch,也可以是四大金刚
长乐路的局,站在马路边也能喝
喜欢扫落叶的上海,也喜欢不扫落叶的上海
阳台上的蝴蝶结,医院的钢琴声,是上海才有的童话
在这里,全世界的美食都很正宗
大排长龙的网红奶茶,也能在家随心喝
无论来自哪里,都找得到你的家乡味
饿了么的收货地址里,藏着万国建筑博览会
最爱的粢饭团,包得下天南地北的味道
魔都再洋气,也不会弄丢弄堂里的烟火气
在上海穿得奇奇怪怪,一点也不奇怪
爱艺术的人,舍不得离开上海
连食物都很浪漫,比如西番尼
地铁四通八达,外卖要啥有啥

【例文 7.1 简析】

这是上海的本地生活服务平台——饿了么,在上海人民广场地铁站发布的一组户外广告。以"送给上海的拼贴诗"为主题,携手平台上的 214 个品牌,用拼贴诗的方式表白上海。

整个文案分为两部分,前一部分是引言,用生动概括的语言,说明饿了么表白上海的原因,同时提出广告卖点"饿了么致力于在快节奏的生活里,让你总能放心点,准时达,把你爱的上海,送到你手上"。后一部分是正文的主体,也是整个文案的中心。该部分的独到之处在于,一方面形式上采用了拼贴诗的创作手法,每个字或词对应品牌 Logo 中的标准字体,不仅在布局上具有一定美感,各种意象组合在一起时也产生了意想不到的文字效果。另一方面,每句诗的内容以及品牌的选择都与上海密切相连,让在上海生活的人产生强烈的亲切感和代入感。如"上海有 6913 家咖啡馆,属于我的有 21 家"里面的"上海"两个字,沿用的是"上海家化"这个品牌的标准字体,该品牌诞生于上海,是中国历史最悠久的日化品牌之一。再如"叫醒上海的可以是 Brunch,也可以是四大金刚"。"四大金刚"是老上海人对大饼、豆浆、油条、粢饭团四种早餐食物的统称。整个文案将上海特色文化、日常生活、城市景观浓缩在字里行间,用创意内容连接用户,引起过往路人情感共鸣的同时,也彰显了品牌满满的人文情怀。

"因为,过年了"

它可能没法感动你,也很难逗笑你
它能做的,只是给你一个小小的提醒

第七章 传播文书

因为,过年了

回家的票不好买,不知道你抢到没有
放假前想摸鱼的心情,谁都会有吧
不妨和还在奔波的他们,说声辛苦了
对了,它可也盼着呢

要是有人愿意跟你一起回家
真好,恭喜你
单身也没关系啊,一句新年祝福
或许,就开启了一个美好故事

和老朋友多久没见了
能把大家都聚齐的,也只有过年了
家里做的饭热量是很高
但更高的,是爱

你可能又要和妈妈说,都不贵
因为在你心里,最贵的是她开心
而一到过年,爸爸的话也开始变多了
有一种聊天,一年就一次

而这,就是我们的年
它不负责快乐,也未必能改变什么

但它总会提醒我们
那些我们各自期待的小事情
时间一到,自会发生

新年更有新期待
天猫年货节

【例文 7.2 简析】

这是 2022 年天猫年货节的广告宣传片文案。

文案以"因为,过年了"为背景,采用娓娓道来的方式,讲述了一件件身边的小事。文中既有对过年的期待,也有过年时与父母、朋友相聚的回忆,话语中有提醒,有理解,有祝福,也有安慰。这则广告通过有温度的文字唤起了中国人对过年的集体记忆和群体共鸣,并将情绪落在了"新年更有新期待"上,既是对过年的期待,也是对未来美好生活的期待,而弦外之音则是提醒消费者——该上天猫准备年货了。

整个文案字里行间充满了亲切感,用闲话家常的口吻将天猫品牌深入到人与人之间的温情当中,为品牌赋予了心灵的温度,进一步打开了众多消费者的内心。

例文 7.3

仅妈妈可见
——珀莱雅「2022 母亲节」特别策划

我们常说，什么事都瞒不过妈妈
她的好眼力，从成为妈妈的那一刻就开始了
她看一眼就知道，TA 是饿了还是在撒娇
她看一眼就知道，多少步后 TA 就要摔倒
她从剩下的饭菜判断 TA 的口味
她从衣物的变形观察 TA 的成长
她看到一个家需要的远比想象的多
也看到一个人能做的，也就那么多
但她也发现
有些事，同时在家人眼前发生，却很难有别人看见
她发现
原来这些，在别人眼里都是她的事
——只因为她是妈妈
该育儿的，不是妈妈，是家长
该养家的，不是爸爸，是家人
温柔、体贴、细致，不是独属于妈妈的特质
是家中每个人都应具备的，爱的特质
家庭责任不是「仅妈妈可见」，每一份爱都应在场
那些只有妈妈看见的家务劳动
同样对所有家庭成员可见
如果每个人都能拥有妈妈的眼睛
都愿意承担一部分照顾家庭责任
也许这样
妈妈就不必困在柴米油盐的日常中
她的眼睛
也能看见更广阔的天空，更大的世界

【例文 7.3 简析】

上述是美妆品牌珀莱雅 2022 年母亲节特别策划中视频文案的摘录。

珀莱雅本次广告策划另辟蹊径，从以往单纯美化母爱伟大、歌颂她们辛勤付出的主题中跳出，以"仅妈妈可见"的视角，倡导家庭责任共识的构建。在活动预热环节，品牌方先是发布了一组非常生活化的海报，内容截取了家庭生活场景中一个个杂乱而真实的画面——"鞋子不会自动排列整齐""衣服不会自己变干净回衣柜""客厅不会在午夜零点自动焕新""三餐不会自己出现在餐桌上""宝宝不会自己变饱变干净"等，以此来提醒人

们，家里面有些事情如果没有人去主动看见，那么它们就不会摆放整齐、光洁如初，呼吁"家庭责任不是仅妈妈可见，每一份爱都应在场"。

视频广告与之前后呼应，文案采用娓娓道来的语调，讲述了妈妈"她看一眼就知道"，将观者代入妈妈的情境和情绪之中，引发大家进一步思考：为什么有些事，妈妈看一眼就知道？为什么有些事，只有妈妈才看得到？随着思考的层层递进，妈妈们在家庭中遭遇的现实处境和心理困境被逐步发现、感知。文案最后点明主题，"家庭责任不是仅妈妈可见，每一份爱都应在场"，号召家庭成员应该共同肩负责任，祝愿妈妈们可以走进更大、更广阔的世界。整篇文案语言生动细腻，使人印象时刻。

附：软文写作

(一)软文的含义

软文是相对于硬性广告而言的，是由企业的市场策划人员或广告公司的文案人员负责撰写的"文字广告"。与硬广告相比，精妙之处就在于一个"软"字，它将宣传内容和文章内容完美结合在一起，让用户在阅读文章时能够了解策划人所要宣传的东西，一篇好的软文是双向的，即让客户得到了他想需要的内容，也达到了宣传的目的。

"软文"是指通过特定的概念诉求、以摆事实讲道理的方式使消费者走进企业设定的"思维圈"，以强有力的针对性心理攻击迅速实现产品销售的文字(图片)模式。软文的定义有两种，一种是狭义的，另一种是广义的。狭义的软文是指企业出资在报纸或杂志等宣传载体上刊登的纯文字性的广告，即所谓的付费文字广告。广义的软文指的是企业通过策划在报纸、杂志或网络等宣传载体上刊登的可以提升企业品牌形象和知名度，或可以促进企业销售的一些宣传性、阐释性文章，包括特定的新闻报道、深度文章、付费短文广告、案例分析等。

(二)软文的特点

1. "润物无声"

顾名思义，软文的"软"与"硬"是相反的，好似绵里藏针，收而不露，克敌于无形。等到读者发现这是一篇软文的时候，已经不知不觉地读完了被精心设计过的"软文广告"。软文追求的是一种春风化雨、润物无声的传播效果。如果说硬广告是外家的少林功夫；那么，软文则是绵里藏针、以柔克刚的武当拳法，软硬兼施、内外兼修。软文营销更注重迎合客户心理，因而是有力的营销手段。

2. "有的放矢"

精准，是软文的生命所在，写软文必须保证有的放矢，受众是谁，软文的噱头在哪里，矛盾冲突、诱惑点在哪里，这些都要精准定位。软文一定要能够引起目标受众的注意。

准，还指投放精准化。比如一个房产企业想要借助媒体进行软文投放，要在传统的媒介投放，很难短时间内找到自己的精准目标受众，即便找到类似《中国房产报》这类垂直类报纸，这类报纸的数量、读者以及区域性限制也都非常明显。但新媒体时代，却可以通过大数据，短时间内迅速锁定潜在受众，用客户能接受的软文方式，迅速传播品牌信息，成本低、速度快、效果好。

3. "立竿见影"

成功的软文,传播速度极快,易引发转载,广告效果也显而易见。针对企业和机构的目标客户进行广告策划,通过门户网站、行业专业网站或自媒体平台刊发客户稿件,可以有效提升企业品牌形象。这就要求写作者文思敏捷,注重细节,专注创作。

4. "独具匠心"

主要是指软文的构思、创意要新,除了考虑目标客户的阅读习惯、阅读兴趣外,文章的结构、情节安排要突出"意想不到",即构思巧妙。

5. "包罗万象"

指软文书写形式丰富、多样。以往的传统媒介软文更多偏重于新闻稿、通信稿,表现形式相对单一,现如今在新媒体渠道,软文的形式更丰富,可以尝试公关稿,也可无厘头地来点"对不起体""谢谢体""凡尔赛体",可以是深度剖析行业稿,可以是各种网络语言杂陈的吐槽稿,甚至可以是一篇以 90 后、00 后为主的另类表达方式的纯广告,也可以是一篇很高明的软文。

(三)软文的主要功用

软文与硬性广告相比,其最突出的功用就是节约营销成本,创造商务奇迹。发布软文能为客户节约大量的传播成本,其投资不及传统媒体(电视、报刊)宣传费用的 1%～10%,但因其目标客户精准的特点,回报率远高于传统媒体。

软文推广隐藏了硬性广告明显的功利性,易吸引读者、打动读者。如果软文的内容很精彩,目标用户看后会情不自禁地转载到其他网站上,投放软文的网站会获取更大更稳定的流量,软文的推广面、影响力也就越大。因此软文推广见效快、投资低、回报高。大量的产品依靠软文推广在创造着一个又一个的网络销售奇迹。软文是目前中国最精准、最有力且最廉价的营销手段。未来软文会用到营销的各个环节,软文推广营销将是中国企业发展的必由之路。

(四)软文的写作

撰写广告软文之前必须理清思路,首先要了解消费者对广告软文的接受过程,其次要明确推广概念主题,然后要拟写新颖、富有创意的标题与销售推广文案,最后再选择与文案相匹配的表现形式。具体的软文写作推广有以下几个步骤。

1. 分析市场需求

软文发布的终极目的是为了营销产品,因此前期的市场调研十分重要。而市场调研的目的主要是了解需求,即了解企业与消费者的需求。在此基础上才能准确地策划软文话题,选择正确的媒体策略,以达到为企业提高知名度、树立良好形象、导引流量,促进产品成交的良好效果。

不同的电商企业,有各自擅长的领域,其受众群体也不同。如母婴类商城面对的是育龄女性,体育用品商城面对的是爱好健身的人群。所以,阅读一篇文章,不同的企业和不同的目标用户在营销的需求方面是有差异的。

2. 策划软文话题

软文话题的策划要准确把握用户群的特点,不同的消费者对产品的需求当然会有所侧重。消费者若感觉阅读该篇软文会给自己带来利益,就会打开阅读,如《159 元薅 3 个!故宫杯+建盏+铁观音,自用送礼都香!》《小学生必读的 150 篇历史经典,首发期低至

3.6 折，还送 150 套知识图卡！》。有的消费者是因为信任某公众号而一直关注其所推送的内容。有的软文会传递一种"里面有干货"的感觉，进而激发用户的求知欲，如《为什么有空调了，我还劝你用电扇？》。也有的人是出于从众心理，或是为了紧跟社会热点而点击阅读《一夜刷爆热搜，让全网疯狂，TA 到底有什么魔力》《感动了几千万人的视频，请备好纸巾》之类的软文。

根据企业营销的导向性来策划话题。如果是电商企业运营起始，应该注重用户信任的建立；如果是成熟的电子商务企业，应该侧重活动和特色产品的推广，用以直接带动商城的销售；如果是品牌推广，要把品牌的核心理念加以体现，文章话题侧重企业的公关传播，突出企业的社会责任感；如果是促销档期的软文广告，必须与促销主题密切配合。

总之，软文话题虽然可以包罗万象，但撰写广告软文必须要有非常强的针对性，特别强调要有一个明确的主题。

3. 撰写营销软文

一篇软文通常由两大块组成：标题和内容。

1) 标题

找到一个让读者感兴趣的标题至关重要，它是读者决定读不读正文的关键所在。好的文章首先取决于题目的好与坏，题目是否新颖、有无创新、具不具备穿透力，这对能否引起读者的兴趣，能否引发读者心灵的共鸣来说非常重要。中国古代对文章有一个很妙的比喻：凤头、猪肚、豹尾。在软文中，凤头就是标题，一定要引人注目。如果一篇广告软文光看标题就让人打不起精神，其广告效果就根本无从谈起。一个好的软文标题应具备以下几个要素。

(1) 震撼力。

顾名思义，震撼力就是说软文的标题能在瞬间使读者产生心灵震撼。如《恐怖的比亚迪！》，题目开头用"恐怖"二字，在无意中就吸引了消费者的目光。其实类似的词还有很多，如绝了、神了、妙、当心、警惕等，其实这些词很多人都知道，但真正用的时候却要冥思苦想，因此关键还是要靠平时生活当中多留心、多观察、多积累。

(2) 诱惑力。

我们在创作标题的时候，要抓住消费者的好奇心，采用一种反问的语气，直接提出问题，制造悬念。如《年轻人的新社交方式，你知道了吗？》《明明我有认真刷牙，为什么越刷越伤牙？》这样的标题就充分利用了这一点，可以吸引顾客继续看下去。

(3) 神秘感。

据对人类的心理测试可以看出，人们往往容易对一些具有神秘色彩的事物产生兴趣，特别是容易对一些被忽视或被遗忘的，更甚至是一些闻所未闻的消息产生冲动。但有一点要引起大家注意，这种所谓的神秘感的软文策略在开拓市场初期，甚至在相当长的一段时间里，可以起到倍增的效果，但随着产品的普及，其神秘感也在慢慢地消退。

(4) 数字化。

前面我们所提到的一些文字化的技巧，可以达到一种定性分析，那么数字的引用则让这种定性分析得到了升华，量变最终影响质变，如《没想到吧，妃子笑只是中国荔枝宇宙的 1/600！》《钙含量是牛奶的 7 倍，没吃过它就亏了！》，等等。

2) 内容

有了好的软文标题，只能算成功了一半，要让读者更多地吸纳软文信息，真正达到提升企业形象或促销的目的，软文内容的结构至关重要。正文一般要表达三个方面的内容：一是诉求重点，即软文的核心内容；二是对诉求重点的深入分析；三是让潜在消费者行动起来。

在广告传播中有个五要素原则：对谁说、说什么、为何说、何时说、何地说，即5W(Who、What、Why、When、Where)，作为广告的另一种表现形式，撰写软文同样适用广告传播五要素原则，而且五项要素缺一不可。针对这五要素，在组织内容时要注意做好以下几点。

(1) 提炼关键词。

软文营销一定有主体，或是公司品牌本身，或是一次活动，或是某款产品。针对主体，我们可以提炼出一些关键词。如小米手机，其关键词是：年轻人、便宜、性价比、发烧、互联网思维；如锤子手机，其关键词是：情怀、文艺、不将就、设计感、工匠精神；再如天猫双十一活动，其关键词是：优惠、电商、5折、剁手、狂欢、买买买。

在软文写作之前，要提炼出最想要表达的五个关键词，并在软文写作中，尽可能地靠近关键词。这样写出来的软文，就会与品牌或产品更贴近，说服力更强。

(2) 匹配热点。

热点，也就是近期比较火的事件或者话题。对于热点，人们往往有比较大的关注度，所以贴近热点的营销，更容易被接受和认可，用户也更乐意去传播，从而对营销起到事半功倍的作用。

关于如何找热点，要学会借势，有个小窍门：到一些新闻客户端或者网站，如今日头条、网易新闻客户端、百度新闻等，定制与行业相关的新闻，觉得用户爱看什么，就定制什么，这样一定能找到最合适的热点。

(3) 找契合点。

关键词和热点找到之后，就要通过关键词来寻找匹配度最高的热点，一般来说，五个关键词中有三个可以匹配，就足以写出一篇说服力很强的软文了。比如：有一篇销售正版Office的软文，作者总结出的关键词是：正版、付费、微软、情怀、大学生/白领。当时恰逢科比退役，这个热点就很好地与关键词进行了匹配：科比是一代人的青春——情怀、大学生/白领。很多人都在刷：欠科比一张门票——正版、付费。匹配到了4个关键词，这篇软文的契合点就找到了。再比如：有段时间电影《疯狂动物城》非常火，有个做托福考试的账号写了一篇《疯狂动物城各种动物的英文怎么说？竟然都是托福必备词汇……》，平时只有2000左右阅读量的账号获得了65 000的阅读量，足足翻了30倍。

需要说明的是，寻找契合点是一件比较考验想象力的事，而且并非所有的热点与关键词都能像上面这样有这么高的匹配度。因此，当实在找不到合适的热点做匹配的时候，我们也可以选择如历史、故事、名人、搞笑等题材进行创作。

(4) 创作剧情。

在找到关键词、热点以及契合点之后，就可以开始创作剧情了。剧情的创作，要围绕契合点展开，同时尽量多地覆盖关键词，只要做到以上两点，软文的说服力自然会很强。还是以"微软Office"的那篇软文为例：大家都在刷"欠科比一张门票"，因为他是一代人青春的见证。那么，根据付费、见证以及这件事流露出的网友对于青春易逝的惋惜，我们可以做发散性的联想：什么是同样见证了青春，却再没机会还一个原版的呢？我们很容易想到快播、周星驰。这样思路就明白了：一是缅怀科比，抓住热点；二是话题延伸，说同样见证青春，无法追回的快播、周星驰；三是话题转换，有些东西现在付费还来得及，比如正版Office。

另外，在软文内容的写作过程中，要善于运用新闻惯用的一些词汇，来增强正文的"新闻性"，比如"近日""昨天""正当××的时候""×月×日"和"在我市""××商场""家住××街的××"等等，这些时间以及地点的概念可以引导读者产生与该时间、该地点的相关联想，加深印象，淡化广告信息。比如"据调查""据了解""笔者还了解到""在采访中了解到""据××说""笔者亲眼看到"等等，这些词汇让读者更能感到信息的真实与有据可查。

(五) 软文的写作要求

1. 了解消费者对广告软文的接受过程，明确推广概念主题

只有主题明确，才能有的放矢，达到预期的广告效应。

2. 进行软文写作时，需要清晰了解品牌的优势和产品特点

通过企业的品牌优势，吸引用户的眼球，在内容上，可以借助企业热点事件，企业品牌包装与热门事件发生关联，在关联中让消费者体验到品牌的优势。

软文必须突出产品核心特点、品牌优势，让消费者在购买产品体验中感受到其中的快乐，实现消费者口碑宣传，实现品牌二次曝光。

通过媒体的曝光促进消费者购买，实现公司业绩的销售。

3. 选择与文案相匹配的表现形式

要考虑用最好的形式去表现软文主题，最好有平面视觉传达效果的支持。

4. 语言网络化

新媒体时代有新媒体的语言标准，有时候一篇软文稿，投放出去没有阅读量和转发量，横看竖看不是写得不够通顺、不够文采，而是缺少"网感"，也就是所谓的网络语言，你会发现整篇文章的表述方式太陈旧，缺乏跟90后、00后这群主流读者沟通的文字。

5. 严密的逻辑，创新的思维

中国的文章向来讲究结构，一个好的结构可以打造一篇好的软文，这就要求软文撰写者具备严密的逻辑性。但只具备逻辑性还不够，一个真正优秀的软文撰写者还必须具备创新的思维，必须具备丰富的想象力。他们不能固守以往的模式，而是要敢于写出自己的风格。

例文 7.4　千万不要用猫设置手机解锁密码

例文 7.5　荷叶田田时，细究一碗藕粉

例文 7.6　要不要我的吻——万能软文

第二节　产品说明书

一、产品说明书的概念

产品说明书是对产品的性能、构造、功能、使用、保养进行说明或介绍的文书。产品说明书又称商品说明书、使用说明书。这些书面的介绍、解说，有的就印在包装盒上，有的则单页或成册印刷后装在包装物内。

二、产品说明书的特点

(一)知识性

产品说明书的写作目的，是指导用户正确认识和使用商品。因此，一般都用较大篇幅将商品的有关知识介绍给消费者，以达到指导消费者的目的。

(二)实用性

产品说明书是为方便人们了解产品、使用产品，同时也是为了宣传产品而制作的。所以，说明书要围绕产品的性能、特点、功用、使用方法、注意事项和维护保养等具有实用价值的内容来写。

(三)科学性

产品说明书肩负着向读者传递知识性信息的任务，这就要求说明书必须写得准确、有科学性。内容应该实事求是，有一说一，形容要恰当，描绘要真实，不可为达到某种目的而随意夸大或掩饰，否则将失信于消费者。概念务必使用精当，程序一定要介绍清楚，用语不可含糊，不能模棱两可。对所说明的事物不仅要介绍优点，还要交代应注意的事项或可能产生的问题，否则可能会贻误于人。总之，说明的内容必须符合事物的实际状况，经得起市场的检验，切忌传播缺乏科学依据的信息。只有这样，才能使读者把握住说明对象的性质、特点、结构和使用要求。

(四)简明性

产品说明书常常是作为商品的附件出现的，常与商品一起包装。这就要求商品说明书必须篇幅短小，强调特征，突出重点。重点就是必须说明的、读者亟须了解的内容。说明书要尽量简明扼要，对那些可有可无的字句要坚决删去，做到字字珠玑，切忌冗长拖沓。

(五)条理性

产品说明书的实用性很强，因此表达时必须条理清晰、层次分明，依据事物本身的规律或人们接受事物的习惯去撰写，方便阅读，一目了然。一般按商品操作的先后顺序或结构的空间顺序来撰写。

三、产品说明书的主要功用

(一)指导作用

消费者对于那些没有使用过的或者不常用的商品的结构性能、使用方法等情况往往是生疏的,要想熟练掌握,运用自如,唯一的办法就是读懂说明书。只有按照说明书的要求操作,才能正确使用,确保安全。因此,产品说明书对消费者的指导作用是直接的、现实的、不可替代的。它是厂家传递给消费者的一种技能信息,也是厂家与消费者的一种间接沟通。

(二)促销功能

产品说明书虽然不能像广告那样极尽诱导大众之能事,而且它要用朴实无华的语言,实事求是地介绍商品的综合情况。但是,产品说明书无疑要介绍商品的长处和优势,生产厂家也不可能不褒扬自己的产品,只不过这种褒扬的分寸比较得体而已。在现实生活中,消费者购买商品的影响有一种连锁现象,即一个人或一家人购买了某种品牌的商品,往往影响他的近邻甚至远亲也购买同一品牌的商品。这种影响的产生除了商品的直接效果外,商品说明书的介绍也功不可没,而这种介绍的全面性和具体性是广告所不能及的。

(三)资料价值

有些产品因为不是连续使用或经常使用,故而时间长了对有些功能和使用方法可能会遗忘,需要重读说明书;有些产品用了一段时间以后可能出现故障,通过查阅说明书就能断定是自己解决问题还是需要送修。同时,电器类、机械设备类说明书的附图是维修时的重要依据。可见,妥善保管好说明书是必要的,以备日后派上用场。另外,从消费者的角度来说,一些常用的特别是同类的商品,可以通过阅读说明书进行比较,从中选择更加适合自己的品牌或型号。从宏观上说,产品说明书记载了国家和社会包括企业科学技术与生产力发展的轨迹。

四、产品说明书的写作

产品说明书的内容,针对不同的产品可详可略,项目可多可少,文字可繁可简,完全依据指导消费的需要而定。

产品说明书的形式取决于说明书的内容。简短的产品说明书为了方便,就印在产品或产品的包装上,如包装纸和包装盒上。篇幅较长的说明书则装订成册,如家用电器的使用说明书。而有的产品,使用操作比较复杂,除了文字说明外,常附以图表、图例,有些图例还加以艺术处理,使得说明书图文并茂,增强了阅读的直观性,使消费者易于理解掌握。从总体上看,常见的产品说明书一般包括标题、正文和落款三部分,具体内容如下。

(一)标题

标题部分有以下三种处理方法。

(1) 只写产品名称，不写标题，下面直接写说明条款和落款部分。这种形式常见于那些简单的产品说明。实际上是以产品名称代替了标题。

(2) 直接写"使用说明书""产品说明书"。这种形式常见于印在产品包装盒或产品外皮上的说明书。

(3) 通常采用商品名称加上文种名称的写法，如《双黄连口服液说明书》《超声波加湿器使用说明书》。

如果产品属于国家有关部门批准许可生产的，还需要将批准部门的名称(简称)、文号、专利证号等写在标题的上方或下方。

(二)正文

常见的产品说明书可分为三类：固定性产品说明书、日常消费用品说明书、食用保健类产品说明书。这几类产品说明书的正文部分(条款)大体相同，但具体侧重点有所区别。

1. 固定性产品说明书的条款

所谓固定性产品，是指那些使用期限较长的商品，如电器、仪表、机械设备等。其条款包含产品概况、特点、规格和原理。

(1) 概况，指产品的历史和现实地位。如获得过何种大奖、市场状况怎样、销售中产生过怎样的效果、信誉等，以及本产品有哪些系列，技术上有怎样的进步等。

(2) 特点，指产品的功能特色，如耗电少、噪声低、功率大等。

(3) 规格，指产品型号、容量、外形尺寸、组合形式等，以及与之相关的技术参数，如电源、水量、额定输入功率、工作负荷等。

(4) 原理，指产品的结构组合、工作方式和运行程序等。说明的详略视实际需要而定。有的产品为了便于以后维修，需要用图形表示。

2. 日常消费用品说明书的条款

日常消费用品是指日常生活中的易耗商品，如洗涤用品、化妆用品、器具器物等。其主要条款如下。

(1) 产品特征和功用。一般应介绍产品的基本制作工艺或使用何种配方，有何用途，有何效果等。

(2) 产品的主要原料或主要成分。

(3) 使用方法。主要介绍产品的开启、安装和操作方法。其中洗涤、化妆类用品还应当说清使用的数量，与其他物质发生关系的比例、温度，使用中的准备过程与使用时间等。

(4) 适用范围。主要说明产品在人的性别、年龄以及季节、地域等方面的限制。另外，与其他物质发生关系时，对其他物质有何要求、有何限定等。

(5) 注意事项。向消费者指明哪些事可以做，哪些事不能做。另外，要说明产品的保质期限。

3. 食用保健类产品说明书的条款

食用产品指主、副食品，酒水饮料，调料等。保健食品指具有特定保健功能的食品。其说明书的主要条款如下。

(1) 产品的制作原理及特点。如"贵州茅台酒"以当地特产优质糯性高粱为原料(其高粱皮厚,并富含 2%~2.5%的单宁),加以小麦、水等配料,通过茅台工艺发酵使其在发酵过程中形成儿茶酸、香草醛、阿魏酸等茅台酒香味的前体物质,最后形成茅台酒特殊的芳香化合物和多酚类物质等。这些有机物的形成与茅台酒高粱及地域微生物群系密切相关,也是茅台酒幽雅细腻、酒体丰满醇厚、回味悠长的重要因素。特别值得一提的是,茅台酒富含一定的多酚类物质,具有"喉咙不痛、也不上头、能消除疲劳、安定精神"等功效,适量饮用,不伤肝,能治糖尿病、感冒等疾病。这段文字既说明了"贵州茅台酒"是如何制作的,也说明了其主要成分相互作用的特点。

(2) 产品的功能与作用。要说明能为消费者解决什么问题以及保健品不同于药品。

(3) 产品的重要成分。

(4) 用法与用量。

(5) 注意事项。除了说明什么情况下应谨慎使用或禁止使用外,还须对如何保管、收藏等作出说明。

(6) 产品的保质期、生产日期和产品的批准文号。

说明书的正文要根据被说明商品的特点而定,所运用的表达形式有以下三种:一是条款式,即采用分条列项的说明方式。其优点是内容具体、层次分明、条目清楚。通常用于简单产品的说明。二是短文式,即采用概括和叙述的方式对产品进行介绍和说明。其优点是内容完整、意思连贯。三是复合式,即综合使用条款和短文的形式。其优点是能把事物说得比较清楚、周密,既能给人一个总的印象,又能让人了解具体项目的内容。某些结构复杂、需要向使用者全面详细说明的产品,由于要说明的事项过多,也可以将说明书编成小册子,包括封面、标题、目录、概述、正文、封底等。某些软件说明书,则分章分节地指导消费者如何运用该软件。

(三)落款

落款部分主要包括以下三方面的内容。

(1) 产品生产企业和经销商企业的全称,包括注册商标。其位置可放在最后,也可以放在说明文字前面与产品名称一起醒目标示。

(2) 企业地址。

(3) 企业的主要联系电话、传真、邮编等通信方式。

五、产品说明书的写作要求

(一)真实

真实是撰写产品说明书必须严格遵循的基本准则,也是《中华人民共和国消费者权益保护法》对产品说明书最基本的要求。产品说明书要做到真实,就必须如实地介绍产品的性能、作用、操作程序、使用禁忌等,不虚夸,不遗漏,不隐瞒。

(二)准确

说明书有极强的实用性,而表述语言又纯粹以说明为主。要把说明对象介绍清楚,就

必须准确精当,不能含混不清、模棱两可,让人不得要领。例如,某太阳能热水器的产品说明书,写着"保温效果佳""抗寒性能好"之类的广告式语句。那么,什么程度为"佳"、为"好",都没有具体标准,因此不好把握。

(三)通俗

产品说明书随商品进入千家万户,面对文化差异极大的消费者,只有通俗才能易懂,否则,再真实、准确也无济于事。尽可能避免一般读者不懂的专业术语,计量单位应是普通百姓能识别的,总之,要以方便消费者为原则。

(四)规范

产品说明书要符合一定的说明标准及次序,包含必不可少的说明项目。《中华人民共和国消费者权益保护法》第八条规定,"消费者有权了解商品的产地、生产者、用途、性能、规格、等级、主要成分、生产日期、有效日期、使用方法、售后服务"等情况。这些应视为产品说明书撰写的必备项目。

例文 7.7

西青果颗粒说明书

请仔细阅读说明并按说明使用或在药师指导下购买和使用。

【药品名称】

通用名称:西青果颗粒

汉语拼音:Xiqingguo Keli

【成　　分】西青果。辅料为蔗糖。

【性　　状】本品为浅棕黄色至棕褐色颗粒;微甜,微酸涩。

【功能主治】清热、利咽、生津。用于阴虚内热伤津所致咽干、咽痛、咽部充血;慢性咽炎、慢性扁桃体炎见上述证候者。

【规　　格】每袋装 15 克。

【用法用量】开水冲服。一次 1 袋,一日 3 次。

【不良反应】尚不明确。

【禁　　忌】尚不明确。

【注意事项】

1. 忌食辛辣、油腻、厚味食物。

2. 凡声嘶、咽痛初起,兼见恶寒发热、鼻流清涕等外感风寒者忌用。

3. 声哑、咽喉同时伴有其他症状,如心悸、胸闷、咳嗽气喘、痰中带血等,应去医院就诊。

4. 按照用法用量服用,儿童应在医师指导下服用。糖尿病患者应在医生指导下服用。

5. 一般症状在服药三天内无改善或出现发热渐高等其他症状应去医院就诊。

6. 对本品过敏者禁用,过敏体质者慎用。

7. 本品形状发生改变时禁止使用。

8. 儿童必须在成人监护下使用。

9. 请将本品放在儿童不能接触的地方。

10. 如正在使用其他药品，使用本品前请咨询医师或药师。

【药物相互作用】如与其他药物同时使用可能会发生药物相互作用，详情请咨询医师或药师。

【贮　　藏】密封。

【包　　装】内包材为药品包装用复合膜 BOPP/镀铝 CPP，15 克×6 袋/盒，15 克×10 袋/盒，15 克×12 袋/盒，15 克×15 袋/盒，药品包装用复合膜 BOPET/PE，15 克×6 袋/盒，15 克×10 袋/盒，15 克×12 袋/盒，15 克×15 袋/盒。

【有 效 期】24 个月

【执行标准】《中国药典》2020 年版一部

【批准文号】国药准字 Z45021570

【说明书修订日期】2020 年 11 月 6 日

【药品上市许可持有人】

名　　称：广西维威制药有限公司

注册地址：南京市防城港路 10 号

【生产企业】

企业名称：广西维威制药有限公司

生产地址：南京市防城港路 10 号

邮政编码：530031

电话号码：(0771)4818318　4811638(销售)

　　　　　(0771)4885986(质量)

传真号码：(0771)4885986

E-mail：gxweiwei1118@126.com

如有问题可与生产企业联系。

【例文 7.7 简析】

这是一则标准的药品说明书，科学、规范、准确，符合国家药品监督管理局对于药品说明书的相关规定要求。这份产品说明书从消费者的需求出发，内容全面具体，文字通俗简明、真实准确地说明了药品各方面的有关事项，使用户对产品有了明确的认识，能够对用户的购买和使用起到有效的指导作用。

例文 7.8

高清行车记录仪说明书

本产品采用高性能芯片，提供高清晰度视频，无缝动态画面。通过欧洲 CE、美国 FCC 的严格认证，支持 FHD1080P 真正全高清摄像。使用前请仔细阅读本手册并妥善保存，我们希望本产品能满足您的需求并长期服务于您！

一、外观及按键功能描述

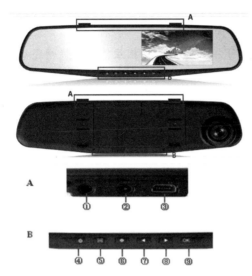

1. 电源键/屏幕背光开关键

功能一：开关机功能

在关机状态下，长按【电源键】并保持 3 秒钟可开启本机电源，机器自动开始工作。

在开机状态下，长按【电源键】并保持 3 秒钟本机自动保存录像文件及用户设置并关机。

功能二：屏幕背光开关键

在录像/拍照/文件浏览模式下，短按【电源键】可以操作对屏幕背光的开启和关闭。

2. 菜单键/紧急录像锁定键(略)

3. 模式键(略)

4. 上翻键/镜头画面切换/移动侦测/快退(略)

5. 下翻键/静音键/快进/停车监控(略)

6. 录像键/拍照键/确认键/全屏键(略)

二、安装指南

1. 关闭汽车发动机

2. 将 TF 卡插入记录仪卡槽中

【注意】请使用高速 TF 卡(Class6 以上)，容量不小于 512MB，TF 卡最大支持 32GB。

……

三、功能简介(略)

四、产品规格(略)

【例文 7.8 简析】

这是一则固定性产品——行车记录仪的使用说明书。该说明书主要从产品的外观构造及按键功能、安装指南、具体的使用、操作方法和产品规格四个方面介绍了高清行车记录仪，既有图片又有文字，对于复杂之处备有【注意】，便于使用者操作。本则说明书结构清晰，内容具体，文字简明，对使用者能够起到很好的指导作用。

老管家水垢清除剂

【产品特点】

食品级安全配方：本品采用食品级柠檬酸为主要成分，配方安全，可安心使用。

轻松除垢：可有效分解附着的水垢，无需用力擦拭，边角等不易清洁的地方也能轻松除垢。

【主要成分】

食品级柠檬酸

【使用方法】

产品与水按1∶20比例配兑，水量以水掩盖水垢为准。

用热水浸泡20分钟后倒掉溶液，用清水洗净即可(如污垢严重，可适当增加用量并延长浸泡时间)。

用抹布蘸上本品还可用来擦拭不锈钢水龙头、水池及陶瓷制品表面的水垢。

【注意事项】

请勿在烧水时除垢，以免溢出危险。

请勿存放于高温、潮湿的场所，请放置于儿童不能拿到的地方。

清洗过程中，污垢脱离情况会因电水壶、热水瓶胆等容器的使用时间而不同，这时只需重复操作即可。

开封后请一次使用完毕。

产品名称：水垢清除剂

净含量：238 g

生产日期：见喷码

保质期：三年

执行标准：Q/YNC018—2019 合格

原料商：潍坊英轩实业有限公司

地址：山东省潍坊市昌乐县昌盛街1567号

生产许可证：SC11537072500430

执行标准：GB 1886.235—2016

上海能臣日用品有限公司

地址：上海市青浦区崧泽大道6066号7号楼

电话：400-002-1001

网址：www.nengchen.com

生产商：虞城能臣家居用品有限公司

地址：河南省虞城县江浙大道东段路北

【例文7.9简析】

这是一则日常消费用品说明书。"老管家水垢清除剂"既是产品的名称,又是说明书的标题;正文部分主要介绍了老管家水垢清除剂的产品特点、主要成分、使用方法、注意事项等;落款部分介绍了产品生产企业的全称和地址。该说明书格式规范,内容充实,文字简明。

第三节 旅游文稿

一、旅游景点说明书

(一)旅游景点

旅游景点,也称景点,是旅游者前往游览的目的地。它必须有能够吸引旅游者的旅游资源,并经过一定程度的开发,有一定的旅游设施,即为旅游者服务的配套设施。旅游景点包含在旅游景区中。旅游景区根据景点的多少有大有小,有时一个景点也可以是一个旅游景区。如南京钟山风景名胜区中就包括中山陵、美龄宫、明孝陵、灵谷寺等 84 个可供观光游览的景点。

(二)景点介绍

旅游一般是在异国他乡从事的活动,旅游者外出的目的是想通过游览参观景观,从而了解知识,获得美的愉悦。所以各旅游景区、各景点应该详细介绍游览资源,其名称、地理位置、游览价值、景观特色都要说清楚,同时还要介绍一些游客感兴趣的历史典故、民间传说、名人题咏评价以及今日建设的成就。这些都是景点介绍的主要内容,也是游客看中的、想要了解的内容。景点介绍可以提高游客游览的效率。

(三)风景名胜说明书

1. 说明书的含义

所谓风景名胜说明书,就是对某一风景名胜区的地理、历史、文化、民俗、具体游览内容及其旅游价值等进行综合介绍的使用文体。在旅游业日益发达的今天,这种说明书的使用日趋广泛。

2. 说明书的内容

风景名胜说明书一般包括以下几方面的内容。

(1) 风景区概貌。主要包括地理、地质、气候、生态、植被、历史、文化、民俗、规模、旅游价值等,它们构成了一个风景名胜区的基本特征。这种介绍能够使旅游者了解风景区的整体情况,激发他们的游览兴趣。

(2) 风景区游览路线。一般包括到达交通路线、景区交通路线和游览路线。有时也会标明游览该景区不同路线所用的参考时长,便于旅游者合理安排游览计划。

(3) 自然景观。应根据景观特点及前人或专家的评价,进行公允的、富于启发性的介绍,帮助游客不仅从感性角度认知大自然,同时还能获得丰富的理性认识。

(4) 人文景观。那些点缀在景区的庙宇神殿、高塔碑碣等景点，以及和它们密切相关的历史背景、神话传说等，与自然景观浑然一体、相映成趣，构成独特的风景名胜文化氛围。说明书要将有价值的内容介绍出来，让游客得以深入了解该景观所蕴含内容的博大和精深，感受景观文化的厚重与深邃。

(5) 民俗介绍。用于满足游客的好奇心和求知欲。

3. 说明书的特点

风景名胜说明书具有如下特点。

(1) 短小精悍。风景名胜说明书多数情况下面对的是正在旅行中的游客，在这种特定环境和条件下，游客不愿也不可能长时间去阅读说明书，因此写作时应力求短小简练，只需抓住景观特点作画龙点睛式的提示即可。

(2) 典雅清新。风景名胜景区大多历史悠久，人文景观丰富，介绍说明大都融入古风古韵，如古诗文、传说等，使风景名胜说明书的文风古朴典雅、文字清新优美，具有文采。

(3) 图文并茂。风景名胜说明书或印制成册，或镂刻在景区宣传牌(碑)上，或印在参观券上，往往把文字和景观图片及游览路线组合在一起，图文并茂，直观性强，对游客具有较强的吸引力。

4. 说明书的写作格式及要求

风景名胜说明书的写作格式与一般说明书相同，写作时要注意以下几点。

(1) 紧扣景观特色，写出旅游价值及优势，达到吸引游客的目的。如大多数景区有山有水，如果都用"山清水秀""山高水美"来描绘，则失去了对游客的吸引力。庐山"三叠泉"景区因景区著名的"庐山第一奇观"的三叠泉而命名，泉水循着第四纪冰川琢成的冰阶辗转盘旋，分三叠直流而下的气势，独具特色。

(2) 说明旅游路线及交通、食宿等方面的参考依据，为游客提供方便。

(3) 语言简明、通俗、优美、形象。语言简明、通俗，是一般说明性文字的共同要求，风景名胜说明书也不例外。同时风景名胜说明书是为了吸引游客，其写作应力求语言优美、形象。可以使用生动、形象的比喻、拟人等修辞手法，进行精彩的描写；还可以引用精美诗句，讲究句式变化、声音的和谐等。优美的语言与充实的内容相统一，互为表里，共同烘托出优美的意境，从而达到吸引游客的目的。

(四)旅游指南

一般一个比较规范的风景区会汇编一本旅游指南(服务大全)，用于指导旅游者进行游览活动。旅游指南一方面是旅游资源、设施及服务的无声推销员，起着宣传作用；另一方面又是旅行者的导游员，帮助他们了解旅游信息，选择旅游路线，安排旅游活动。

在当今时代，旅游指南更多以官方网站、公众号的形式呈现，或依托旅游线上平台出现。新媒体的介入使线上"旅游指南"复合了更多功能，如在线预约、语音导览、虚拟展厅等，成为景区旅游服务的一部分。如"云南普者黑"的官方网站(http://www.qbpzh.net)"旅游指南"栏目中就包括以下内容。

【景区概况】

普者黑六大看点；普者黑五大特色

【游览项目】

(图片略)天鹅湖、景区观光车；(图片略)导游预约；(图片略)柳叶小舟、景区观光车

(图片略)桨板；(图片略)橡皮艇；(图片略)画舫船、景区观光车；(图片略)竹筏船、景区观光车

【旅游服务】

游客须知、乘车须知、乘船须知

天鹅湖游客须知

【旅游交通】

高铁、公交、飞机、自驾、县内交通

【民宿酒店】

普者黑景区省级星级民宿

普者黑景区精品民宿

【餐饮美食】

清汤鱼、烤全羊、纯天然藕粉、苗家狗汤锅、荷花宴、酸汤鸡、高原腊肉

【当地特产】

丘北莲藕、丘北葡萄、丘北辣椒、太阳魂葡萄酒、文三三七、粉红腰豆

紫洋芋、紫黑糯玉米、腻脚酒

同时网站还配有"全景导览""旅游攻略""摄影美图""游记文学""虚拟景区"等栏目，全面介绍了普者黑旅游景区的地域概貌、景区景点、民俗民情、游览路线、交通以及各种旅游配套服务设施，详细介绍了景区景点的特色，堪称旅游者的无声导游。

例文 7.10

扬州瘦西湖风景区简介

瘦西湖风景区位于历史文化名城扬州城区，游览面积 2.5 平方公里，是世界文化遗产大运河的重要组成部分、国家级风景名胜区蜀冈—瘦西湖风景名胜区的核心和精华部分。清代康乾时期即已形成的湖上园林群，融南方之秀、北方之雄于一体。窈窕曲折的一湖碧水，串以徐园、小金山、五亭桥、白塔、二十四桥、万花园、双峰云栈等名园胜迹，风韵独具而蜚声海内外。

从隋唐开始，景区陆续建园，及至清代盛世，由于康熙、乾隆两代帝王的六次南巡，造就了"两岸花柳全依水，一路楼台直到山"的湖山盛况，俨然一幅次第展开的国画长卷。历史上李白、杜牧、苏轼、朱自清等文化名人都曾赞叹瘦西湖秀美的风光，留下众多脍炙人口的篇章。"烟花三月下扬州""绿杨城郭是扬州"等数不清的名言佳句，也为瘦西湖增添了耀眼的浓墨重彩。

泛舟湖上，赏不尽湖光山色，听不完琴箫莺歌，美不够衣香人影。十里湖光，清澄缥碧；花木扶疏，连绵滴翠；亭台楼榭，错落有致；人文景观，独具风韵。瘦西湖正向八方游客敞开怀抱，热情欢迎远道而来的佳宾高朋。

第七章 传播文书

【例文 7.10 简析】

此文是扬州瘦西湖官方网站的一篇景区简介。从瘦西湖的基本建设情况、景区风貌以及人文价值等方面详细介绍了该景区的秀丽风光。这篇简介最大的特点是语言简洁凝练、优美生动。尤其是最后一段,文辞精美流畅,句式灵活多变,富于韵律美,烘托出优美的意境,使读者对瘦西湖景区心生向往。

一二九师司令部旧址

129 师司令部旧址爱国主义教育基地,位于涉县城西 5 公里的赤岸村,由 129 师司令部旧址、将军岭和 129 师陈列馆三部分组成,占地面积 300 亩。全国重点文物保护单位。抗日战争时期,涉县是边区根据地的腹心地、首府县,地处华北抗战前哨,为华北抗战战略要地,八路军 129 师在刘伯承、邓小平等师首长率领下,临危受命、东渡黄河、挺进太行,运筹涉县赤岸村,浴血千里太行山,打响了抗日战争中长生口、神头岭、响堂铺和解放战争中上党、平汉等著名战斗、战役,曾有 110 多个党、政、军、财、文等机关单位在涉县驻扎长达 6 年之久。中华人民共和国成立后,从这块红色土地上走出了我国改革开放的总设计师邓小平和 2 位元帅、3 位大将、18 名上将、48 名中将、295 名少将,先后有近百名 129 师老领导担任党和国家重要职务,成为中国第二代领导集体的中坚力量,开创了中国改革开放的历史新纪元,这块红色热土因此被誉为"中国第二代领导的摇篮"。

129 师司令部旧址由三个具有北方民族风格的农家四合院和一个防空洞组成,现存有司令部会议室、军政办公室、作战处办公室及刘伯承、邓小平、李达、李雪峰、赖若愚等师首长的宿办室和警卫室、伙房等旧居及原物陈列。下院有当年师首长刘伯承、邓小平、李达亲手栽种的丁香和紫荆树。1996 年 11 月,129 师司令部旧址被国务院公布为全国重点文物保护单位;1997 年,司令部旧址被中宣部公布为全国百个爱国主义教育示范基地。

将军岭位于司令部旧址西北角百米处,1986 年以后,刘伯承、黄镇、徐向前、李达、王新亭、袁子钦、赵子岳七位将帅的灵骨陆续安放在山上,从此,庙坡山改名为"将军岭"。1990 年 10 月,邓小平同志亲笔为"将军岭"题写了岭名,为"刘伯承元帅纪念亭"题写了亭名。

129 师陈列馆位于将军岭北侧山坳,属全国百个爱国主义教育示范基地,建于 1996 年,1998 年 12 月 19 日正式开馆,依山就势建为两层,占地面积 13 340 平方米,展馆建筑面积 2252 平方米,由 1 个序厅、5 个展室和 1 个半景画馆组成。展览内容丰富、展示形式独特、展示手段先进、参观路线为一条龙回环式结构。整个陈列布展内容以时间为序,从 1937 年抗日战争爆发到 1945 年抗日战争胜利 8 年时间,分为六个部分,从不同角度和侧面向广大观众形象地再现了 129 师将士当年在太行山战斗和生活的精神风貌。

【例文 7.11 简析】

此文是一篇景点介绍。开篇总体概括介绍了 129 师司令部旧址的地理位置、组成部分及历史成就,接下来依次详细介绍了 129 师司令部旧址的布局及陈设、将军岭的来历、

129 陈列馆的规模组成及展览内容和展览方式，脉络清晰。再现了老帅们和 129 师将士当年在太行山战斗和生活的精神风貌，彰显了誉为"中国第二代领导的摇篮"，全国百个爱国主义教育示范基地的魅力，使这块红色热土极具吸引力。

二、导游词

(一)导游词的含义和作用

导游人员的职责就是引导游客参观游览。在引导游客游览的过程中，导游人员会主动向游客介绍旅游景点的有关情况，这些介绍实际上就是导游词。

所谓导游词就是为了使参观游览者对游览对象有一个全面正确的了解，导游人员对游览对象进行的简单讲解，即引导游客游览观光的讲解词。

导游词最大的作用就是有利于游览者对游览对象形成全面正确的了解。"祖国江山美不美，全凭导游一张嘴。"如张家界景区之"杨家寨"，内有"玉玺峰、八戒背妻、村姑敬酒"等景点，如果没有导游的介绍，很难领略个中风情。其次是宣传旅游景点。导游的介绍还可以帮助游客正确游览，尤其是新到一景点后，导游的全面介绍和提醒，可以使游客少走弯路、少走冤枉路，省时省力，快乐地欣赏美好景观。另外，导游的介绍可以体现出对游客的尊敬，提高游客游览的兴趣，增进双方感情。

(二)导游词的种类

按照不同的标准，可以将导游词分为不同的种类，具体内容如下。

(1) 按表达方式分，导游词可分为书面文字导游词和口头演说导游词。书面文字导游词主要指在不同媒介上用书面文字的形式写作的导游词。如写在导游图、参观券、导游碑，甚至导游词专著中，如峨眉山旅游局编写的《峨眉山导游词》。口头演说导游词是指导游人员在导游过程中用口头形式表达的导游词。为保证口头演说导游词的质量，一般都是事先写好，再临场发挥。

(2) 按内容分，导游词可分为自然景观导游词和名胜古迹导游词。

(3) 按范围分，导游词可分为游览区导游词和游览景点导游词。

(三)导游词的结构和写法

导游词的写作形式可以灵活掌握，只要达到导游的目的即可。一般包括标题、正文和结束语。

(1) 标题一般是对导游内容的概述，如"故宫""张家界国家森林公园""贺龙纪念馆"等。

(2) 正文包括起始语和景点介绍。起始要致欢迎语，以能抓住游客的情绪为第一要务，一定要有吸引力，在游客心中留下美好印象。景点介绍是导游词的核心、主体。根据景点实际情况，可以是概括介绍，也可以是详细说明。用概述的方法介绍目的地，帮助游客宏观了解，引发游客兴趣，重点讲解景点游览内容，这是导游词最精彩的组成部分。尤其是景区的人文景观因具有文化的厚重和广博，蕴含科学性、知识性、娱乐性，详细介绍可以吸引游客注意，给人以新鲜、奇异的愉悦感。正文结束可以是对景观的总结，也可以抒发游览的感概，语言应具有吸引力和鼓动性，给参观者留下美好的印象。

(3) 结束语是口头演说导游词不可缺少的部分。一定要表达对游客配合工作的谢意，请求游客留下宝贵意见，并致欢送之意。

(四)导游词的撰写和讲解要求

1. 强调知识性

一篇优秀的导游词，必须有丰富的内容，融入各种知识，旁征博引，引人入胜。这就首先要求写作者做到广泛占有资料，导游词内容要准确无误。其次，导游词不能满足于一般性介绍，还要注重深层次的内容，如诗词的融入、名家的评点、同类景物的鉴赏等，所以作者不仅要了解景区的相关知识，还要对历史文化、国外文化有一定的了解。只有在掌握丰富资料的基础上，经过精心加工，不断修改，才能把导游词写得生动引人，独具特色。

2. 讲究口语化

导游词最终落实到"说"上的特性，要求其语言通俗易懂，力求口语化，多用短句，以便说起来顺口，听起来轻松。导游词接受的对象非常广泛，年龄、职业、文化程度、兴趣爱好等不尽相同，因此语言要通俗，避免使用冷僻、专业性强的词语；不可使用方言土语，要将日常词汇和浅显易懂的书面语相结合，这样便于理解，以彰显导游强大的语言能力。

3. 要有针对性

导游词的内容必须从实际出发，因人、因时而异。要根据游客的具体情况、情绪及当时的环境进行导游讲解，不能千篇一律，写作时要有假设状况，讲解时据实而变。每个景点都有代表性的景观，每个景观又从不同角度彰显特色，导游词必须在兼顾全面的基础上突出特色，当详则详，该略则略，没有重点的导游词不是优秀的导游词。写作或讲解时不能为了显示知识丰富，一味堆砌材料，介绍内容多并不代表导游词好。介绍过程中应目的明确，统筹安排，力求用最生动的语言把内容简明扼要地表达出来。

4. 突出趣味性

写作及讲演导游词时，为突出趣味性，可以采取以下手法：恰当地使用多种修辞手法，使语言形象生动；编织故事情节，引发游客好奇心；随机应变，临场发挥；运用幽默风趣的语言等。这些都能增强导游词的趣味性。导游词还应该随着时代的进步，不断补充新内容，以免落伍、枯燥无味。

例文 7.12

一眼千年的故事

尊敬的各位游客朋友大家好，我是张家港市凤凰文化旅游发展有限公司的江燕，首先欢迎大家来到古老而又年轻的城市——中国张家港。

众所周知，张家港有两座山，一座在金港镇的香山，因春秋时吴王夫差选美人西施上山采香而得名。另一座就在我们凤凰镇，山体自西向东，犹如丹凤展翅而得名"凤凰山"，古时又称为河阳山。

围绕在河阳山周边的民间歌谣统称为"河阳山歌"。2006年，"河阳山歌"被列入第一批国家级非物质文化遗产。现在我们来到的就是河阳山歌主题馆。该馆主要介绍了河阳山歌的历史文化以及它的演变过程。

有些古方言在历史的长河中已经销声匿迹，而有些还好好地活在我们的山歌中。比如最古老的一首河阳山歌——斫竹歌，这个"斫"字就是一个古方言。"斫竹"顾名思义就是用刀斧去砍伐竹子。那么第二步呢，是"削竹"。砍完竹子之后，像削铅笔一样把竹子的一头削得非常的锋利，以利于射杀猎物。第三步"弹石飞土"，捡起地上的小石块，准备去弹射猎物。我们知道猎物受到惊吓以后会慌不择路地逃跑，这时候就是我们射杀它的最佳时机，也就是"逐鹿"。说了这么多，大家想不想学一下这首山歌呢？现在我就来教大家，因为这是一种劳作歌，所以一定要唱出它的雄壮气势。

"嗯哟，斫竹，嗯哟嘿！"

"嗯哟，削竹，嗯哟嘿！"

"嗯哟，弹石飞土，嗯哟嘿！"

"嗯哟，逐鹿，嗯哟嘿！"

劳动是山歌的基础，但只有劳动不足以展示山歌的优越。原始先民们在大自然的风声鸟鸣中寻找各种灵感，从而产生了很多类别的山歌。孩提时代呢，父辈们会在我们的耳边轻声哼唱河阳儿歌。到了七八岁，我们开始嚷嚷着要学唱山歌，这时候父辈们还不肯教，一定要等到"16上人丁"。这也是河阳的一个习俗，意思是小孩子到了16岁，正式参加劳动之后才能成长为一个大人，而这时候就可以教唱山歌了。但学的基本上都是充满正能量的短山歌，比如河阳地区第一位状元陆器的故事。父辈们是不肯教唱情歌的，不信你们听，"结识私情么隔条河，我手攀着杨树呀望情哥"。你们说这样的山歌怎么好意思教呢？可是到了情窦初开的年纪又很想学，怎么办？这时候就要说到我们的社会传承——拜位师傅正式开始学唱山歌。师傅们会根据场合的不同教唱不同类别的山歌。受心情或环境的影响，既可以唱成悲凉之曲，也可以唱成欢快之声。河阳山歌就是这样的原生态歌谣，不依靠任何修饰，保留着明清时代的方言，甚至是更为久远的歌唱风格。

河阳山歌是吴歌的重要一脉，它从远古走来，经过唐诗宋词的润泽，到明清时代达到艺术顶峰。最难能可贵的是积淀于山歌当中的民俗文化所体现出来的一种民俗精神。古人云"歌以咏志"，河阳山歌正是千百年来生于斯长于斯的张家港人内心的呼唤，更是我们对这片土地深深的眷恋。如果您对非遗文化情有独钟，如果您愿意成为古老山歌的守护者，那么我在这里期待与您的再次相见，最后恭祝各位张家港之行一切顺利，谢谢！

【例文7.12简析】

本文为2020年"讲好张家港故事"主题导游词作征集大赛一等奖获奖作品。这是一篇介绍张家港河阳山歌主题馆的导游词，针对初次到张家港旅游的人群，重点讲解了国家级非物质文化遗产——河阳山歌的历史文化和传承方式。开篇用自我介绍表明身份，然后开门见山、直入主题。首先，介绍了"最古老的一首河阳山歌——斫竹歌"，以此表现河阳山歌的历史悠久。其次，介绍了当地人如何世代传承河阳民歌，从侧面展示了河阳山歌丰富多样的表现形式。最后用优美、生动的语言介绍了河阳山歌的文化内涵，表达了期待与游客再次见面的美好愿望。这篇景点导游词，结构完整，因为是现场解说，所以语言通俗易懂，做到了口语化。同时，为了吸引游客，导游采用了边唱山歌边解说的方式，游客在了解山歌文化的同时还能亲身感受山歌之美，使整个游览过程集知识性、趣味性于一体。

第四节　新 闻 写 作

一、新闻的概念

新闻，是指报纸、电台、电视台、互联网等媒体经常使用的记录与传播信息的一种文体，是记录社会、传播信息、反映时代的一种文体。新闻概念有广义与狭义之分。广义上，除了发表于报刊、广播、互联网、电视上的评论与专文外的常用文本都属于新闻，包括消息、通信、特写、速写(有的将速写纳入特写之列)等；狭义上，新闻是指用概括的叙述方式，以较简明扼要的文字，迅速及时地报道附近新近发生的、有价值的事实，使一定人群了解。新闻一般包括标题、导语、主体、背景和结语五部分。前三者是主要部分，后二者是辅助部分。写法以叙述为主兼或有议论、描写、评论等。新闻是包含海量资讯的新闻服务平台，真实反映每时每刻的重要事件。我们可以搜索新闻事件、热点话题、人物动态、产品资讯等，快速了解它们的最新进展。

中国新闻的崛起始于徐宝璜。徐宝璜，字伯轩，江西九江人，著名新闻教育家。他是最先在国内开设新闻学课程的大学教授，主张报纸应具有独立的社会地位，应代表国民提出建议和要求。同时，他认为报纸的舆论是根据新闻而来，新闻又以正确的事实为基础，因此新闻中的事实正确与否决定了舆论的健全与否，报纸在提倡道德、开启民智方面具有重要的职责和作用。徐宝璜在我国新闻教育方面做出了很大的贡献，被誉为"新闻教育界第一位大师"和"新闻学界开山祖"。

在中国，"新闻"这个词最早出现在《新唐书》。《新唐书》记载：初唐神龙年间(公元705年前后)，有一个叫孙处玄的文人曾说过："恨天下无书以广新闻。"孙处玄曾投书当时执政的大臣恒彦范，评论时政得失，未被采纳，他就挂冠而去，可见他是个很关心时事政治的人。这样的人对没有书刊传播新闻(当时印刷术尚未应用于书籍)表示不满，是理所当然的事。孙处玄这句议论后来竟被载入《新唐书》，这就说明尽管唐代还未完全具备传播新闻的条件，但人们已意识到需要报道这类新闻的传播工具。"新闻"一词在这里是指"最近消息"。

《现代汉语词典》释"新闻"为：①报社、通讯社、广播电台、电视台等报道的消息。②泛指社会上最近发生的新事情。

《辞海》对新闻的解释是：①报社、通讯社、广播电台、电视台等新闻机构对当前政治事件或社会事件所作的报道。要求迅速、及时，真实，言简意明，以事实说话。形式有消息、通信、特写、记者通信、调查报告、新闻图片、电视新闻等。②指被人当作谈资的新奇事情。如《红楼梦》第一回："众人当作一件新闻传说。"

1943年9月陆定一提出:"新闻就是新近发生的事实的报道。"

1981年8月中宣部在京召开全国18大城市的报纸工作座谈会,其会议纪要对新闻定义作了新的诠释:"新闻反映新发生的、重要的、有意义的、能引起广泛兴趣的事实,具有迅速、明了、简短的特点,是一种最有效的宣传形式。"

综合上述种种看法,我们不妨把新闻定义小结为:"新闻是对新近发生或发现的有社会意义的能引起广泛兴趣的事实的传播。"

明确了新闻定义,我们再来区别广义的新闻与狭义的新闻。广义的新闻包括消息、通信、特写、调查报告、新闻评论等,是报纸、广播、电视等媒体中常见的报道体裁。狭义的新闻专指消息,它是对新近发生的有社会意义并引起公众兴趣的事实的简短报道。以叙述为主要表达方式,对新近发生或发现的有新闻价值和社会意义的事实作出迅速及时、简明扼要的报道,是使用频率最高、最广泛的新闻体裁。

二、新闻的特点

(一)真实性

即反映的内容必须是真实存在的,不能虚构。

(二)时效性

新闻报道讲求时效性,即在第一时间把信息传播出去,使之产生应有的社会价值,达到一定的宣传效果。信息不能及时传播出去,就成了"昨日黄花",新闻的时效价值也就不复存在。因此,新闻应报道最近发生或正在发生的事实,时间愈近,价值愈高。

(三)准确性

即报道的时间、地点、人物、事件必须与事实相符合。

(四)简明性

简明扼要,篇幅短小,用最简洁的语言表达清楚。

三、新闻的主要功用

新闻是经大众传媒报道的新近或正在发生的客观事实的信息,客观事实都是发生在特定社会条件下的,具有特定社会的痕迹和烙印。因此,从总体上说,新闻就是表现和再现社会。新闻是通过语言、音响、画面等信息形式来表现或再现社会的,它具有以下5种功能。

(一)新闻是对人类社会生活真实的再现和认知

(1) 新闻是通过客观事实来真实地再现社会生活的。
(2) 新闻是通过最新的事实来满足人们对于认知新事物的渴望的。

(3) 新闻是通过最迅速、最便捷的方式来帮助人们认知世界的。

(4) 新闻是通过对世界各国、各民族现实生态的差异性的真实再现，为广大受众提供认知自己和世界的客观参照。

(二)新闻具有形成、引导、反映、影响社会舆论的功能

(1) 新闻可以形成社会舆论。舆论作为一种社会现象，具有广泛传播和事实依据两大客观属性。这也正是新闻的客观属性，因此，许多新闻报道能迅速形成社会舆论。

(2) 新闻可以引导社会舆论。新闻通过有目的地选取社会生活中大量的客观事实，把最新的政治观念、法律观念、道德观念、价值观念、时尚观念等进行广泛传播，起到对社会舆论的启动、生发和引导作用。

(3) 新闻可以反映社会舆论。随着经济社会的发展、主体意识和公民意识的觉醒，大众对社会问题的关注度、参与度不断增强，并希望通过社会舆论形式来表述自己的意见、建议、愿望、呼声和要求。新闻作为大众传媒发布的信息，不仅要关注社会发展的新信息、新发明、新经验，更要关注人民群众的呼声和要求，把民生之脉，替大众说话，为人民代言，从而反映社会舆论。近年来，关注民生，强调民本，重视弱势群体的话语权已成为社会舆论的主流。新闻媒体也逐渐成为普通百姓表达话语权的重要手段。

(4) 新闻可以影响舆论。新闻可以通过对客观事实的连续报道，揭示关于事实的真相，从而影响社会舆论；新闻也可以通过发布重大事件，引起人们对事件的普遍重视，形成当前的谈话中心，从而影响社会舆论；新闻还可以通过对一些现象和问题发布意见，用新观念、新思想、新道德、新标准去教育、启发、劝导受众，从而对社会舆论产生重大影响。

(三)新闻具有教育和娱乐的功能

(1) 新闻的教育功能是通过特殊方式实现的。新闻发挥教育功能不是采用说教、灌输的方法，而是通过事实本身蕴含的观点和思想，来唤醒受众、感染受众，进而教育受众。

(2) 新闻的娱乐功能随着社会生活多样性的发展越来越显著。国外有人把新闻分为"严肃新闻"和"通俗新闻"，还有的分为"硬新闻"和"软新闻"。一般来讲，"通俗新闻"和"软新闻"主要起的是娱乐作用。

(四)新闻具有影响、引导、转变社会生活方式的功能

(1) 新闻传播形式的多样性对社会生活的覆盖越来越广泛。
(2) 新闻传播时空的突破性对社会生活的浸润越来越深入。
(3) 新闻信息的爆炸性对人们生活方式的影响越来越深刻。
(4) 新闻内容的新奇性对人们生活时尚的引导越来越明显。

(五)新闻具有社会批评和监督的功能

(1) 歌唱主旋律、褒扬真善美、贬斥假恶丑是新闻的重要原则和功能。客观报道的新闻，能给人一种社会衡量的标准，提供社会批评的素材和热点讨论的缘由。

(2) 国家政治文明的发展和民主法治的完善，使得公开、公平、公正成为时尚，必然

要求新闻的社会批评和监督功能进一步加强，为社会发展提供新闻舆论支持。

四、新闻稿的写作

一篇完整的新闻稿，一般包括标题、导语、主体、背景和结尾五部分。前三者是主要部分，后二者是辅助部分。新闻的要素主要包括："五个 W"，即 Who(何人)、What(何事) When(何时)、Where(何地)、Why(何故)；"一个 H"，即 How(如何)。

(一)标题

标题是全文的眼睛。一个好的标题，可以使新闻增色，对读者产生强烈的吸引力。例如，《驾驶技术与性别无关 女司机≠"黄师父"》，针对网上热议展开评论，几个特殊符号生动形象地表达了新闻主题，富有趣味性又通俗易懂；再如，《简历再丰满有时也敌不过一条 Y 染色体》(来源：中国青年报 2017 年 12 月 29 日 08 版)，因此，标题的确定十分重要。

新闻的标题在形式上有别于其他文章的标题，具有自己的特色。这主要表现在新闻采用多行标题的形式，具有较大容量。新闻的标题除正题之外，还常常前有引题，后有副题。例如：

出席庆祝香港回归祖国 25 周年大会暨香港特别行政区第六届政府
习 近 平 抵 达 香 港 (正题)
就职典礼并对香港进行视察 (引题)
香港特别行政区行政长官林郑月娥等前往高铁西九龙站迎接(副题)

(《人民日报》2022 年 07 月 01 日第 01 版)

引题，又称"眉题""肩题"，其作用是交代形势，说明背景，烘托气氛，引出主题。

正题，又称"主题""母题"，是整个标题的中心，是一则新闻中最主要事实或思想的概括与说明。

副题，又称"辅题""子题"，一般是对正题的补充，用来提要式地标明新闻的重要事实或事件结果，有时也用来说明主题的来源、依据。

需要说明的是，新闻的标题具有多行的特点，但不是所有的新闻都是多行标题，有些新闻只有引题和正题，例如：

超 10 万考生今起参加中考；7 月 5 日公布成绩，7 月 11 日至 15 日填报志愿(引题)
今年北京中考共设置 31 个封管控考点(正题)

(2022 年 06 月 24 日《新京报》A06 版)

700 多个日夜，他们深入无水、无电、无信号的沙漠腹地(引题)
用青春开辟"生命之路" (正题)

(2022 年 07 月 08 日《中国青年报》01 版)

有些新闻只有正题和副题。例如：

这个"家"，如春风，似暖阳(正题)
——山东深化新时代职工之家建设(副题)

(2022年04月06日《光明日报》03版)

第二十四届冬季奥林匹克运动会在北京圆满闭幕(正题)
习近平李克强栗战书汪洋王沪宁赵乐际韩正王岐山 国际奥委会主席巴赫出席闭幕式(副题)

(2022年02月21日02版《中国青年报》01版)

有些新闻只有正题，既没有引题，也没有副题。一般短消息，即简讯就是如此。例如：

推动实现更加强劲、绿色、健康的全球发展

(2022年07月08日《人民日报》03版)

走出大山的闽西青年又回来了

(2022年04月20日《中国青年报》02版)

油价今日或"两连跌"：部分地区92号汽油回"8元时代"

(2022年7月12日00:06 中国新闻网)

对新闻标题的拟定，要认真对待，精心考虑。拟定标题的要求是准确、鲜明、生动、新鲜和精练。

准确是最基本的要求。准确，就是要求拟定的文章标题能够正确地反映所报道事实的本质或精神，恰如其分地揭示其中心思想。

鲜明，是指消息标题要体现出鲜明的政治倾向性。要站在党性和党的政策的立场上，根据人民群众的利益，明确地表示提倡什么，反对什么。

生动，是指所拟标题要尽可能活泼一些，形象一些。可以采用拟人、拟物、比喻等修辞手法，也可以选用富有表现力的成语、典故、民间口语等。

新鲜，是指用别具一格的语句把消息中新的内容、新的思想在题目上标出来，避免标题上的雷同化和一般化。

简练，是指标题的行数、字数不宜过多。标题过于冗长，会使人感到沉闷。简练的标题要做到言简意赅，既要简洁，又要精练。

标题是新闻发布中最重要的部分，为了能被迅速搜索或分享，还可注意以下写作技巧的运用：一是长度，标题的长度应为17~25个词(包括空格)(注：英文标题建议为90~120字符)。二是标题SEO(搜索引擎优化)，即基于搜索引擎优化的角度去拟定标题，要将关键词前置，把最重要的关键词放在标题开始处，以达到易于搜索、增加流量的目的。三是标题中尽量使用数字，人们一般喜欢看到明确的数字，同时也可增强新闻的可信度。四是用子标题增加细节信息，使主标题不冗长，在视觉上更吸引人。

(二)导语

导语是紧接电头(即"新华社某地某日电"或"本报讯"的字样,以黑体字标明)之后的第一句话或第一段文字,这是消息的开头。消息的导语要简明扼要地叙述消息中最主要、最新鲜的事实,要概括全文的基本内容,使读者率先获得一个大概印象,以期引起读者的注意或兴趣。

一般的新闻都有导语。那些篇幅较长,有若干个段落的消息,第一段话是导语。而较短的不分段的消息,往往第一句话是导语。简讯文字很少,一般没有导语。

导语的写法多种多样,常见的有以下几种。

1. 叙述式导语

就是直截了当地用客观事实说话,通过摘要或概括的方法,简明扼要地反映出新闻中最重要、最新鲜的事实,给人一个总的印象,以促其阅读全文。例如:

7月10日,"意大利之源——古罗马文明展"在中国国家博物馆开幕,展期至10月9日。习近平主席同意大利总统马塔雷拉分别对此次活动发来了贺信。展览通过来自意大利26家国家级博物馆的308套共503件珍贵文物,系统反映了意大利半岛实现政治和文化统一的历史进程,展现了意大利文化渊源的丰富多彩。(《503件珍贵文物在国博诉说古罗马文明》,2022年07月12日第01版,科技日报)

再如:

本报宁波1月11日电(中青报·中青网记者 李剑平)今天,浙江省宁波市青少年万人圆梦行动正式启动。本次活动将围绕精准救助、帮扶,集中做好关爱困难青少年工作,共分点亮微心愿、牵手大凉山、爱心托管班、城市暖心行动四大板块。(《宁波市青少年万人圆梦行动启动》,2022年01月12日第02版,中国青年报)

2. 描写式导语

记者根据目击的情况,对新闻中所报道的主要事实,或者事实的某个有意义的侧面,作简练而有特色的描写,向读者提供一个鲜明的形象,给人以生动具体的印象,这就是描写式导语的一般特点。一般用在开头部分,以吸引读者,增强新闻的感染力。例如:

"我志愿加入中国共产党,拥护党的纲领……"6月23日,北京市委教育工委、市教委举行庆祝中国共产党成立101周年暨"喜迎二十大 共筑中国梦"离退休党员主题党日活动,全体党员重温了入党誓词,声音一如刚入党时那样铿锵有力。(《5名"光荣在党50年"老党员代表荣获纪念章》,2022年06月24日,新京报)

3. 提问式导语

以提出问题开始,把新闻中需要告诉读者的事情、要解决的问题或要介绍的经验,突出地摆在读者面前,以引起人们的关注和深思。例如:

央视网消息:7月12日,全国各省份组成采购联盟开展第七批国家组织药品集中采购,将在江苏南京产生拟中选结果。新一批国家组织药品集中采购有哪些药品?涉及哪些疾病?(《第七批国家药品集采覆盖面广 纳入61种药品》,2022年7月12日,央视网)

4. 评论式导语

新闻一开头就对事情发表评论，把对事情的评价或结论写在开头，一下就揭示出了事情的意义和目的。例如：

万家灯火生炊烟，柴米油盐又一年。进入腊月，年味渐浓，年货采买成为刚需。从过去物资匮乏到如今物质极大丰富，对于中国百姓而言，"好"已不成问题，新鲜、地道、有情怀，成为新消费趋势。(《从故乡味道到全球味道 网购"年味"升级》，2022年01月10日A16版，新京报)

再如：

监护缺失、家庭教育缺位导致部分农村留守未成年人受伤害的极端事件屡有发生；一些监护人的家庭教育主体责任意识不强，有的甚至将实施家庭暴力混同为家庭教育方式；家庭教育服务机构良莠不齐……随着我国社会转型速度加快，传统的家庭结构和功能发生深刻变化，家庭教育存在的问题日益凸显，引起社会广泛关注。(《家庭教育促进法出台 传统"家事"上升为重要"国事"》，2021年10月25日04版，中国青年报)

5. 引语式导语

引用精辟的语言，点明新闻的中心或意义，给读者以启迪。最常见的是引用领导人、权威人士或知名人士的话语、言论。例如：

"首先是政治合格，要把要求传达到每一位党员，确保不漏一人。" 1月17日，在北京市海淀区学院路街道石油大院社区二楼会议室，一场党的二十大代表推荐提名工作培训部署会正在召开。社区下辖22个党支部的书记全部到齐，这些支部共有987名党员。社区党委书记张腾宇说："严把政治关，基层是第一关，这是政治任务，绝不能打折扣"(《坚持把政治标准放在首位(党的二十大代表选举)》，2022年03月17日第01版，人民日报)

再如：

市场主体是稳定经济基本盘的重要基础。习近平总书记指出："要加大政策支持力度，激发市场主体活力，使广大市场主体不仅能够正常生存，而且能够实现更大发展"(《为广大市场主体增信心、稳预期〈稳字当头 稳中求进·经济长期向好的基本面没有变〉》，2022年05月17日第01版，人民日报)。

导语的形式很多，但它们并不是死板的公式，不应因此而束缚思想。一则新闻的导语究竟应该怎样写，归根结底还要根据文章的具体内容而定。

写作导语常犯的毛病主要有两个：其一是过繁，概括提炼不够，把消息中许多具体材料，不分主次地全部塞到导语中。这就失去了导语的意义。其二是过简，过简则看不出主要的新鲜的事实，因此也就无法担负起导语的职责。

(三) 主体

1. 主体的结构顺序

主体是在导语之后对新闻内容作具体叙述或说明的部分，也是发挥主题、表现主题的决定性部分。主体的结构顺序如下。

(1) 时间顺序。按事物的自然发展、时间先后安排结构，可以由远及近，也可以由近及远。

(2) 逻辑顺序。按事物的内在联系、问题的发展逻辑安排结构。逻辑关系有主次关系、因果关系、总分关系、并列关系和点面关系等。

(3) 时间顺序和逻辑顺序相结合。

2. 写作主体部分的具体要求

(1) 线索清楚、层次分明。

主体部分要叙述的内容比较多，但不能因为内容多，就忽视了线索的条理和层次的安排。为避免结构混乱、层次不清的现象，在动笔之前，必须有一个全局考虑。

按照时间的先后来安排消息结构，可使层次清楚，读者对事件的全过程能有一个鲜明、完整的印象。

按照事物的内部联系来安排新闻结构，有助于反映事物的内在规律，揭示事物的本质和意义，有较强的说服力。

(2) 以叙述为主，用事实说话。

新闻是事实的报道，事实是新闻的基础。写作新闻要选择典型的、有说服力的事实来表达主题。对事实的表述主要通过叙述手法来实现。

新闻以叙述为主，但也不排斥其他表达方式的运用。为了加强新闻的指导性和战斗性，有时可以在叙述事实的基础上加进"画龙点睛"式的议论。有时为了增强新闻的感染力，也可以作简洁的描写。

(3) 通俗易懂、生动耐看。

新闻报道的对象是事实，而最能勾画事实的语言总是平易的、朴素的，因此"通俗易懂"就应是新闻语言的首要要求。但是，新闻的主体部分包括的内容一般都比较多，而篇幅又不宜太长，作者要用有限的文字表达丰富的内容，就要在语言上仔细斟酌，稍不留意，就会干瘪、呆板、乏味。

在写作新闻主体时，一定要认真分析事物的矛盾及其特点，运用各种叙述方法，穿插适当的描写、抒情、议论，并且长句、短句相结合。力求写得通俗易懂，生动活泼，波澜起伏，引人入胜。

(四) 背景

所谓新闻的背景，是指新闻发生的历史、原因和环境。背景说明新闻事件发生的具体条件、性质和意义。它是为充实新闻内容、烘托和发挥主题服务的。背景材料是消息的从属部分，一般穿插在消息的主体部分中，有时也穿插在导语或结尾中。

可以作为新闻背景的主要包括以下三类材料。

1. 对比性材料

所谓对比性材料就是对报道的事物进行前后、左右、正反、今昔等各方面的对比，用以突出所报道的内容的重要意义。例如：

"原来我们马安小学只有一座土坯房，背靠着一片竹林，后来在政府和爱心企业扶持下，才逐渐变成今天全新的面貌；而马安村的变化就更大了，原来这一片全是田，现在你也看到了,崭新的沥青公路、漂亮的民居,村上还建有垃圾处理厂。"4月14日,扎根马安小学任教40多年的教师陶世文告诉记者,马安村原来是省定贫困村,5年前才摘掉贫困帽子,如今已是一个产业兴旺、群众幸福的现代新村。

马安村位于自贡市富顺县城以北10公里的狮市镇,地处富顺柑橘省级五星级现代农业园区的核心区域。2019年行政村建制调整,原马安村与桃花村实施合并后,村域面积达到了5平方公里,有村民小组17个,村民3900多人。现在,随着交通条件改善和乡村旅游的蓬勃发展,这里成了远近闻名的"网红村"。

这段对比性材料突出了四川马安村摘掉脱贫帽子后,伴随交通条件改善和乡村旅游发展所发生的巨大变化。

2. 说明性材料

所谓说明性材料是指介绍政治背景、地理环境、历史演变、思想状况、生产面貌、物质条件等的材料,用以说明事物产生的原因、条件和环境。例如:

农业农村部门提供的数据显示,北京目前聚集了全国最多的国家级种业研发机构和高端种业创新人才,集中了全国80%以上的国家级种业科研力量。其中:全国共有国家级农业科研院所46个,北京有12个;作物双一流学科全国有33个,北京拥有11个,占全国1/3;院士数108人,北京48人,约占全国近一半;岗位体系科学家306人,北京49人,约占全国的1/6。(《北京创制世界首个水稻全基因组芯片建成全球数量最大玉米品种标准DNA指纹库<引题>)建设种业之都京字头种子有底气<正题>》,2022年04月01日第A06版,新京报)

这段材料用数据说明了北京目前在农业方面的研究基础和人才储备的情况。反映了在建设"种业之都"的过程中,北京目前集中了全国大部分国家级种业科研力量,聚集了大批种业研发机构和种业人才,为全国的粮食生产作出了独特贡献。

3. 解释性材料

所谓解释性材料,是指对人物的出身、经历,产品的性能、特色以及专用术语、技术性知识作必要的介绍或解释所用的材料。例如:

开春高速是广东省高速公路网规划的第"40联",是"二横线"汕湛高速与"五横线"沈海国家高速公路开平至阳江段的联络线,起点东接中开高速公路,西接汕湛高速公路,承担起沈海高速公路复线功能。路线全长约82.01公里,采用双向6车道,时速120公里/小时标准建设。

中交四航局开春高速TJ05标项目书记李亮东介绍,新建成的开春高速公路连接起了大湾区的开平、恩平和粤西的阳春三地,不仅将原本三个多小时的车程缩短为40多分钟,同时,未来随着西沿线规划的启动,开春高速将成为深圳到南宁最佳的出行选择,是连接大湾区及北部湾的大通道。

(《粤西到大湾区车程缩短至40多分钟》,2021年01月01日第A04版,羊城晚报)

这段材料向读者解释了开春高速在整个广东省高速公路网规划中所处地位、承担的功能,并进一步解释了该高速公路开通后能够带来的实际便利。

恰如其分地运用背景材料,可以衬托消息的意义,深化主题,增加知识性和趣味性。

(五)结尾

新闻的结尾是指新闻的最后一句话或最后一段话。好的结尾,能加深读者对主要事实的感受,让读者得到更多的启发和教育。

结尾的写法也是多种多样的,常见的有以下几种。

1. 小结式

对新闻的内容加以小结,能够使读者更加明确报道这一内容的目的。例如:

随着疫情防控局面不断向好,国产电影市场逐步恢复元气走向繁荣,在这一过程中,只有在内容创作层面不断升级,才能收获良好的口碑,实现国产电影高质量发展。傅若清分析:"从电影大国向电影强国迈进,核心无外乎两点:一是创造更多人民群众喜闻乐见的既有社会影响力又有观众满意度的原创作品;二是要精细化、高质量地提升中国电影发展,包括科技含量等。"(《五一档:口碑和质量决定电影票房》,2021年05月07日09版,光明日报)

不论是《追星星的人》所探寻的浩瀚星空,还是《恰好是少年》所呈现的皑皑雪山,或是《还有诗和远方·诗画浙江篇》倾力描绘的诗画江南,旅行意在让嘉宾和观众走入一个非凡的场域,让所有见闻和感受得以放大,千丝万缕的细节扑面而来,情绪也随之涌动。这是旅行的意义,也是旅行类综艺节目所承载的艺术价值和情感价值。(《这类综艺节目带观众走一趟"心灵之旅"》,2021年05月14日11版,光明日报)

2. 启发式

不把话说尽,而是留有余地,启发读者去回味、思考。例如:

"一个亿的小目标"还是要有的,万一实现了呢?(《回顾2017:世界再丧,我们依然要不断前行》,2017年12月31日,中国青年报)

3. 号召式

在新闻所报道的事实基础上,最后发出号召,唤起读者的响应和共鸣。例如:

法律的生命在于实施,法律的权威在于执行。"个人信息立法的效果必须在执法中充分体现、在执法中经受检验。"王春晖建议,要在国家层面建立健全个人信息保护制度,预防和惩治侵害个人信息权益的行为,同时加强个人信息保护宣传教育,推动形成政府、企业、相关社会组织、公众共同参与个人信息保护的良好环境,确保个人信息保护法的各项要求和规定在社会生活中得到全面贯彻和实施。(《个人信息保护法正式施行 为个人信息穿上"安全铠甲"》,2021年11月02日01版,中国青年报)

会上,国家文物局和中国国家博物馆、故宫博物院、北京鲁迅博物馆、首都博物馆、中国博物馆协会负责同志作交流发言。大家表示,习近平总书记的回信饱含深情、催人奋进,广大文博工作者备受鼓舞、倍感振奋。要切实将习近平总书记回信精神转化为干事创业的强劲动力、推动文博工作的实招良策、助力改革发展的务实成效,守护好、传承好、展示好中华文明优秀成果,为发展文博事业、为建设社会主义文化强国不断作出新贡献。(《文化和旅游部、国家文物局召开座谈会 研讨推进新时代博物馆工作》,2022年07月13日 03版,光明日报)

中国中铁团委书记杨飞表示，中铁青年要牢记习近平总书记对青年的寄语，砥砺志气、涵养骨气、锤炼底气，争做有理想、有担当、有本领的时代新人，以创新之能、创新之力、创新之器铸就交通强国铁路先行的钢铁长城。(《传承京张精神 争做开路先锋》，2021年08月03日02版，中国青年报)

4. 展望式

指明事件发展的趋势，激励读者，鼓舞读者。例如：

好风景带来好"钱景"。祁连山生态牧场负责人邓香香介绍，近年来游客持续增加，去年牧场接待游客10万人次，实现收入1500万元，"我们将继续提升草原生态服务功能，延长产业链，扩大覆盖面，带动更多牧民增收致富，走好绿色发展之路。"(《好风景带来好"钱景"(新时代新作为)》， 2022年06月02日第06版，人民日报)

这两年，学习藏文书法成了蔡村村民丰富精神文化生活的重要内容，蔡村也亮出了自己的文化名片——"书法村"。不仅如此，蔡村还推进了"厕所革命"、提高了绿化覆盖率、实施农村生活垃圾专项整治……如今的蔡村，生态更优美、村风更文明、生活更宜居，一幅乡村振兴的画卷正在徐徐展开。(《拉萨蔡村在乡村振兴中找到幸福的答案》，2021年05月03日02版，光明日报)

有些新闻没有结尾，这是因为主体部分已经写清楚，所以无须再写结尾。

五、新闻的写作要求

(一)要完全真实

真实性是新闻的生命，是新闻学的根本原则。新闻不是文学创作，不允许臆想虚构，不但基本事实要真实，就是细节也要真实。

(二)要用事实说话

新闻不仅要向读者报道事实，而且要通过事实向群众传达真理，表达观点，发表意见。用事实说话是新闻写作的基本方法。

(三)要有新鲜的内容

新闻的内容一定要"新"，离开"新"，就没有特点。所谓"新"包括：过去还没有的新事物、新经验、新情况、新创造；广大群众迫切需要知道的新近发生的事物；一件事物在新的条件下、新的情况下，产生的新发展、新变化、新特点。

(四)必须客观、全面、公正

写新闻首先要从事实出发，不能从主观框框出发；其次，看问题要全面，防止片面性，不能说好就锦上添花，说坏就火上浇油，要有"一分为二"的观点；再次，话要说得公正、合理、恰如其分，坚决杜绝吹拍恶习。

(五)应当简短、及时，力求准确、鲜明、生动

新闻必须简短、及时，要有强烈的时间观念。准确性就是要求概念明确，论断评述恰当，分析推理合乎逻辑。同时还应做到观点突出，材料生动，通过生动的材料，鲜明地表达观点。

两颗风云"新星"投入业务试运行
我国已成功发射 19 颗风云卫星

本报北京 6 月 1 日电 (记者李红梅)记者从中国气象局获悉：风云三号 E 星、风云四号 B 星及其地面应用系统 6 月 1 日转入业务试运行，开始为全球用户提供观测数据和应用服务。

风云三号 E 星于 2021 年 7 月 5 日成功发射，是全球首颗民用晨昏轨道业务卫星，星上搭载了包括 3 台全新研制仪器在内的 11 种有效载荷，填补了全球数值天气预报模式在晨昏时段的卫星资料观测空白。风云四号 B 星于 2021 年 6 月 3 日成功发射，是我国新一代静止轨道气象卫星的首发业务星，在继承风云四号 A 星试验星成熟技术的基础上得以优化设计，提高了卫星整体的可靠性、稳定性和探测精度，并新增快速成像仪，具备分钟级 250 米分辨率区域成像能力。

截至目前，我国已成功发射两代 4 型 19 颗风云气象卫星，其中 7 颗在轨运行，正持续为全球 123 个国家和地区提供数据产品和服务。

(资料来源：《人民日报》2022 年 06 月 02 日第 15 版)

【例文 7.13 简析】

这是一篇新闻短讯。该消息采用双行式标题，引题为"两颗风云'新星'投入业务试运行"，交代新闻事件的具体内容，引出正题——"我国已成功发射 19 颗风云卫星"，正题点明主题，准确而又精练。导语部分开门见山，概括叙述了"风云三号 E 星、风云四号 B 星及其地面应用系统 6 月 1 日转入业务试运行"这一最新鲜的事实。主体部分则分别介绍了风云三号 E 星、风云四号 B 星两颗卫星的具体情况，逻辑严密，条理清晰。结尾对目前我国已发射卫星情况进行了小结，表明中国卫星在全球领域发挥的重要作用。本文结构完整，表述简洁，篇幅简短，迅速及时地报道了我国在卫星发射领域的新气象、新作为。

政策实施首月，缓缴税费 471.4 亿元
中小微企业减压力增活力

"受益于制造业中小微企业延缓缴纳税费政策，我们原本四季度要缴纳的 35 万元税款可以推迟到明年一季度缴纳，企业会有更多灵活资金用于生产经营，真是解了燃眉之

急。"新疆天富化工有限公司财务负责人牛乐媛说。

国务院常务会议部署对今年四季度制造业中小微企业等实施阶段性税收缓缴措施，进一步加大助企纾困力度，促进工业经济平稳运行。记者从国家税务总局获悉：政策实施首月，11月1日—30日，制造业中小微企业累计缓缴税费471.4亿元。为何会在此时实施阶段性税收缓缴措施？哪些企业将受益？对企业发展有何积极影响？记者进行了采访。

缓解市场主体年末资金压力

"公司主要生产智能制造装备、自动化设备，生产周期长，资金回笼周期也长。到了年底，企业销售量大，更需要大量资金周转。"提起资金压力，深圳市顺科达智能装备有限公司负责人曾树杰一度愁眉不展。

面临同样难题的还有河北振兴化工橡胶有限公司。"每年第四季度都是资金最紧张的时候，上游采购支出、第四季度职工工资及年终奖支出、前几个季度累积贷款利息、第四季度应缴税款等，生产成本增加、销售货款又不能及时回笼。过去为应对年底资金压力，我们都是采用短期贷款的形式'拆东墙补西墙'，但由此又产生了额外的资金负担。"公司负责人董立航说。

"当前，受国内国际各种因素影响，中小企业既面临经营成本较高等长期存在的老问题，也面临原材料价格上涨、订单不足、应收账款回款慢等新问题，导致成本压力、经营困难加大。因此，有必要有针对性地出台应对措施，进一步加大助企纾困力度。"国家税务总局税收科学研究所副所长李平说。

好消息来了——国务院常务会议决定对制造业中小微企业等实施阶段性税收缓缴措施。税务系统全力推进，10月31日完成税收管理信息系统升级工作，确保了缓缴政策在11月1日征期首日顺利实施。

"我们本来要在11月缴税60多万元，现在税款能缓缴了，缓解了公司年底的资金压力，我们能更加灵活地调配存量资金，解决员工工资、供应商款项等难题，负担一下子减轻了。"曾树杰说。

董立航也算起了公司的"缓税账"："四季度预计可为我们释放近200万元的资金压力，今年不用向银行申请贷款了！"

"推出税收缓缴政策是站在可持续发展角度，既考虑到给予企业支持、促进经济发展，又兼顾财政风险，不给未来财政带来过大压力。"北京国家会计学院教授李旭红认为，缓税政策有利于缓解企业资金压力，帮助中小微企业渡过难关，也有利于稳定市场预期，鼓励企业发展，增强企业创新活力。

覆盖制造业中小微企业多种税费

"作为正处于快速成长期的中型制造业企业，11月申报期我们申请延缓了141万元的税费，正好填补了购买原材料、支付物流运输费用的资金空缺。"重庆富川古圣机电有限公司财务负责人杨杰说。

李平分析，此次推出的税收缓缴政策主要呈现3个特点：一是覆盖面广，此次是针对年销售额4亿元以下(不含4亿元)的制造业中小微企业延缓缴纳第四季度部分税费，包含个人独资企业、合伙企业、个体工商户。二是涵盖税费种类多，延缓缴纳的税费包括企业所得税、个人所得税(代扣代缴除外)、国内增值税、国内消费税及附征的城市维护建设税、教育费附加、地方教育附加。三是优惠力度大,对于年销售额 2000 万元以上(含 2000 万元)4 亿元以下的中型企业,可延缓缴纳政策规定范围内各项税费金额的 50%;对于年销售额 2000 万元以下(不含 2000 万元)的小微企业,可延缓缴纳政策规定范围内的全部税费。

"此次政策更加注重普惠性,覆盖范围也扩大至中型企业。就目前来看,中等规模企业仍是税负较重的企业,将政策惠及中小微企业,有利于促进各类市场主体发展。"李旭红说。

为确保政策精准直达、落地见效,各地税务部门都在积极行动。重庆市税务局第一时间筛选出符合条件的制造业中小微企业,通过税企互动平台、微信、电话、上门辅导等方式提示提醒;甘肃税务部门对电子税务局申报缓税的界面进行优化提升,符合条件的纳税人在申报后,申报界面自动默认为"享受"延缓缴纳税款。

加强阶段性缓税与其他政策的配合

"受益于国家政策支持,作为煤电企业,我们也能在第四季度享受缓缴税款 400 多万元。"郑州裕中能源有限责任公司总经理方力说。

此前,为配合做好今冬明春能源电力保供相关工作,国家税务总局成立电力保供专项工作协调小组,确保煤电和供热企业税费减免优惠政策应享尽享,增值税留抵退税应退尽退,符合条件的困难缓税应缓尽缓。截至 11 月 30 日,全国为 4800 多户煤电和供热企业累计办理"减、退、缓"税 215.1 亿元,其中累计办理减免税 65.5 亿元,缓退税 149.6 亿元。

近日,国务院办公厅印发的《关于进一步加大对中小企业纾困帮扶力度的通知》提出,进一步推进减税降费。

李旭红认为,下一步应加强阶段性缓税与其他政策的有效配合,将减税降费与高质量发展紧密结合,引导企业通过产业结构调整,走低碳、环保、技术含量高、增加值大的高质量发展道路。同时,积极发挥不同税种间的协调效应,比如发挥好增值税的留抵退税政策、企业所得税的研发费用加计扣除政策合力,帮助企业减轻负担、健康发展。

(资料来源:《人民日报》2021 年 12 月 03 日第 02 版)

【例文 7.14 简析】

这是一则综合报道全局情况的新闻,它把制造业中小微企业延缓缴纳税费政策实施后各地落实情况进行了宣传报道,报道面较宽,概括性强,突出了"延缓缴纳税费政策实施后,我国制造业中小微企业减轻了负担、平稳健康发展"这一主题内容。主体部分就"为何会在此时实施阶段性税收缓缴措施?哪些企业将受益?对企业发展有何积极影响?"等问题进行了一一解答,既有对税收缓缴政策的解读,也有对各地税务部门为保障政策实施所做工作的肯定,将概貌的叙述(面)和具体的事例(点)很好地结合起来。结尾以专家的论断点明通过加强阶段性缓税与其他政策的有效配合,引导企业通过产业结构调整,走高质量发展道路这一深远意义。结构严谨,脉络分明,语言简洁,报道全面。

例文 7.15

慰问帮扶全国道德模范

例文 7.16

山东深化新时代职工之家建设

本 章 小 结

本章所讲的商业广告文案、产品说明书、旅游文稿、新闻稿均属于传播文稿，但各有其特点。要注意理解商业广告文案、产品说明书、新闻的概念、特点及种类等相关知识，掌握商业广告文案、产品说明书、导游词、新闻稿的结构与具体写法。希望通过本章的学习，读者能对这几种文体有更进一步的认识，并能很好地运用。

综 合 练 习

一、填空题

1. 商业广告文案从广告媒介的形式特征进行分类，可分为_____、_____、_____、_____和_____等。

2. 产品说明书的主要特点是：_____、_____、_____、_____和_____。

3. 新闻的主要特点是：_____、_____、_____和_____。

4. 按写作体裁来分，新闻(消息)大致可分为四类，即_____、_____、_____和_____。

5. 一般来说，一条消息是由五个部分组成的，即_____、_____、_____、_____和_____。

6. 导游词的撰写和讲解要求：_____、_____、_____和_____。

二、名词解释

商业广告文案　产品说明书　消息

三、简答题

1. 简要说明商业广告文案的特点。
2. 产品说明书的写作有哪些要求？
3. 试述消息写作的基本要求。
4. 举例说明消息导语的几种写法。
5. 可以用作消息背景材料的有哪几种？

四、分析题

1. 比较下列商业广告标题，看哪一个更生动、更吸引人。

红鸟鞋油广告标题：

① 约会前，请擦红鸟鞋油

② 请擦红鸟鞋油

2. 评析下列几则广告语。

(1) 我们不生产水，我们只是大自然的搬运工(农夫山泉广告语)

(2) 不负好时光(腾讯视频广告语)

(3) 关心牙齿，更关心你(益达口香糖广告语)

(4) 微信，是一个生活方式(微信的广告语)

(5) 好的生活，没那么贵(网易严选广告语)

(6) 中国平安，平安中国(平安保险广告语)

(7) 中国每卖出 10 罐凉茶，7 罐加多宝(加多宝凉茶广告语)

(8) 人头马一开，好事自然来(人头马 XO 广告语)

3. 分析下面这则广告的特点及在创意上的新颖之处。

老 程(暴龙眼镜电视广告文案)

这是老程，我爸，老派、固执、爱安排人。

记忆中，老程好像总是那样，喜欢唠叨说教。

有时，口是心非，急了，也会对我发脾气。

他不爱笑，也不爱表达。

直到忽然有一刻，我发现他，变老了，我才慢慢看懂了他。

在那些他带给我的快乐时光，在不露声色的眼神里，在平淡的寥寥数语，也在我不曾看到的角落。

他的爱很小，小到都能看在眼里。

他的爱很大，大到要用一生好好看。

看见父爱，

BOLON，陪你好好看。

4. 试评析下面一则广播广告的正文。

孙子："爷爷，怎么老喝茶。"读茶叶罐上的名称"云南真红茶"。

爷爷："真字旁加三点水应读滇(diān)。"

孙子："云南滇红茶。"

五、写作练习

1. 下面是一则广告文案的正文，请给它加上广告标题、广告语和广告随文。

年龄长一岁，身高长一截，这是我今年最深的感受，因为我曾经一年多没怎么长个儿。那个时候，天是暗的，心情是沮丧的，就连最喜欢吃的巧克力都失去了味道，因为那种矮的感觉真的不好。就怕和同学站在一起。更怕以后长不高，从此矮下去……

可是，现在这种担心完全没有了。因为我有了中科院为我设计的助长方案，一年中我

长高了许多，有了现在的结果，我还怕什么呢！小朋友们，你们有没有像我原来的烦恼？如果有的话，就和我一样啊，先去检查，再接受指导方案。当医生说，幸好我来得早，可以多长些时，我别提有多高兴啦！瞧！我现在可是快乐得像小鸟！

2. 试为"中国茅台酒"撰写一篇广告文案，体会从创意到文案完成要经过哪些步骤，并说说在这个过程中自己有哪些心得。

3. 根据下面的材料，写一份产品说明书。

石家庄某药业有限公司生产的感冒清热颗粒属于非处方药药品，主要用于风寒感冒、头痛发热、恶寒身痛、鼻流清涕、咳嗽咽干等症状，具有疏风散寒、解表清热的功能。该药品主要采用荆芥穗、薄荷、防风、柴胡、紫苏叶、葛根、桔梗、苦杏仁、白芷、苦地丁、芦根等中草药精制而成，同时辅以糖粉和糊精。

在服用时，不能吸烟、喝酒，不可以吃辛辣、生冷、油腻的食物；同时，患有高血压、心脏病、糖尿病患者不宜服用。儿童应在成人的监护下服用，年老体弱的患者及小儿应在医生的指导下服用，其他严格按照用法用量服用。服药三天后症状无改善，或出现发热、咳嗽加重，并有其他严重症状如胸闷、心悸等时应去医院就诊。

因为本药为棕黄色，较为美观，而且味甜，所以极易被儿童误服。因此，本药应放在儿童不易接触到的地方。同时为避免药品发生变化，本药应密封贮藏。本药一旦性状发生改变应马上禁止服用。本药包装为盒式，每盒 10 袋，每袋 12 克。为方便患者，所有药品的生产日期均写在包装盒上。

4. 根据学校内出现的新情况、新问题写一篇消息，字数在 300 字左右。

第七章练习答案

第八章 毕业文书

学习目标：

- 掌握毕业论文、实习报告的概念，理解毕业论文和实习报告的特点。
- 掌握毕业论文、实习报告等学术论文的基本写法和要求。
- 体味例文，模拟写作，培养撰写毕业论文的能力。

第一节 毕业论文

一、毕业论文的概念

毕业论文是高等学院的应届毕业生毕业之际在导师的指导下，综合运用所掌握的基础理论、专业知识和技能解决本学科领域的某一具体问题，取得了创造性的结果或者有了新见解，并以此为内容撰写而成的具有一定学术价值或应用价值的议论文体。

在我国，高等院校学生的毕业论文可以作为申请授予相应的学位时，供评审学位用的学位论文。

二、毕业论文的特点

毕业论文作为一种理论性很强的议论文，首先要具备议论文的一般特点。同时，毕业论文作为一种学术论文，还应该具备其特点，即学术性、科学性和创见性，具体内容如下。

(一)学术性

学术是指专门的、系统的学问。

毕业论文在主旨、材料、结构、语言表达等方面，都要符合限定的专业学科，都必须符合或突出教学计划大纲规定的专业知识、考核环节和目标要求。

(二)科学性

毕业论文的科学性要求它是科学的、符合客观规律的、有事实和理论根据的。

毕业论文的科学性体现在两个方面：一是要求立论的观点正确。二是科学性还表现在知识、材料的准确上。如果知识、材料不准确，不仅不能确切地反映客观事物的规律，而且会给读者带来困惑或误导。

(三)创见性

创见性是学术论文的价值所在，如果没有创见性，就不能称其为学术论文。从这个意义上说，创见性是学术论文的核心，是学术论文的生命。

学术论文的创见性，表现在提出前人从未提出过的新观点、新理论或发现那些尚未被人认识的客观规律上。

三、毕业论文的主要功用

(1) 撰写毕业论文是检验学生在校学习成果的重要手段，也是提高教学质量的重要环节。

(2) 提高大学生的写作水平是新时代中国特色社会主义物质文明和精神文明建设的需要。

(3) 提高写作水平是培养新时代中国特色社会主义建设人才队伍的需要。

四、毕业论文的分类

由于毕业论文本身的内容和性质不同，研究领域、对象、方法、表现方式不同，因此，毕业论文就有不同的分类方法。

(一)按研究方法与内容分类

可以分为实验性、描述性、设计性和理论性论文。文科大学生一般写的是理论性论文，又可分为两种：一种是纯粹抽象的理论研究，研究方法是严密的理论推导和数学运算；另一种是以对客观事物和现象的调查、考察所得的观测资料以及有关文献资料数据为研究对象，研究方法是对有关资料进行分析、综合、概括、抽象，通过归纳、演绎、类比，提出某种新的理论和新的见解。

(二)按议论的性质分类

可以分为立论文和驳论文。立论性的毕业论文是指从正面阐述论证自己的观点和主张，驳论性毕业论文是指通过反驳别人的论点来树立自己的论点和主张。这两种论文都要求论点鲜明，论据充分，论证严密，以理和事实服人，其中驳论论文更要注意针锋相对，据理力争。

(三)按问题的区域分类

可以分为宏观论文和微观论文。宏观论文是指论文研究的是属于国家全局性、带有普遍性的问题，其研究成果对局部工作具有一定指导意义的论文，研究面比较宽广，具有较大范围的影响。微观论文是指研究局部性、具体问题的论文，它对具体工作有指导意义，影响的面较窄。

五、毕业论文的结构和写作

国家标准局发布的《科学技术报告、学位论文和学术论文的编写格式》对论文的编写格式规定为由前置、主体、附录、结尾四部分构成。在四个部分中，作为论文编写的基本格式项目为前置部分和主体部分，具体内容如下。

(一)前置部分

《科学技术报告、学位论文和学术论文的编写格式》规定，论文的前置部分应有封面、封二、题名、序或前言、摘要、关键词、目录等主要项目。各高等院校根据实际情况，对论文的前置部分制定了相关的规定格式，学生只需根据其规定填写相关的内容即可。但前置部分中必不可少的项目有题名、作者及工作单位、摘要、关键词。

1. 题名

题名又叫作题目、标题，是论文的首要信息。标题是毕业论文的旗帜，要"题括文意"，也就是要概括文章的内容，直接表达或提示主题，力求鲜明准确，让人一目了然。题名的制作应以最恰当、最简明的词语反映论文中最重要的特定内容的逻辑组合，题名中选定的词语概念要与内容思想统一，不宜用比喻、夸张等方式进行表达。应避免使用不常见的缩略词、首字母缩写字、字符、代号和公式等。题名应简洁，一般不宜超过 20 字。要简练、准确，可分为两行。另外，可以用副题名补充说明其特定内容。

2. 作者及工作单位

作者属于论文的责任者之一。根据文责自负的规定，论文应署上作者的姓名，所在院系、专业、班级的名称。

3. 摘要

摘要又叫作提要，不是原文摘录，而是对论文内容的不加注释和评论的简短陈述。摘要应具备独立和自含性，即不用阅读论文的全文，就能获得必要的信息。摘要应是一篇完整的短文，可以独立使用。

摘要中一般应说明研究工作的目的、研究方法、研究结果和最终结论等，其中重点是结果和结论部分。摘要的字数不宜超过 200～300 字，摘要的写作一般采用省略人称，不用图、表、化学结构、非公知的符号和术语的方式来表达。

摘要部分常采用一段式结构。

4. 关键词

关键词是为了文献标引工作从报告、论文中选取出来的用以表示全文主题内容信息款目的单词或术语。每篇论文选取 3～8 个关键词，以显著的字符另起一行，排在摘要的左下方，按词条外延层次(学科目录分类)，由高至低排列。尽量用《汉语主题词表》等词表提供的规范词。为了便于国际交流，应标注与中文对应的英文关键词。

(二)主体部分

主体部分是毕业论文写作的核心和重点，编写格式可由作者自定，但一般由引言(或绪论)、正文、结论、致谢、参考文献等项目构成。

1. 引言

引言又叫作绪论或前言，起到引导读者去领会正文内容的作用。引言应简要说明研究工作的目的、范围、相关领域的前人作品和存在的知识空白、研究设想及采用方法的预期结果或研究工作的意义。引言应言简意赅，不要与摘要雷同，不要成为摘要的注释。一般教科书中有的知识，在引言中不必赘述。

2. 正文

正文是毕业论文的核心部分，占主要篇幅，主要包括：调查对象、研究方法；调查研究结果或仪器设备、材料原料、实验和观测结果或者计算方法和编程原理；数据资料、可经过加工整理的图表；形成的论点、可导出的结论等。由于研究工作涉及的学科、选题、研究方法、工作进程、结果表达方式等有很大的差异，对正文内容不能作统一的规定。但是，必须实事求是，客观真切，准确完备，合乎逻辑，层次分明，简练可读。

毕业论文正文部分的结构层次一般采用以下三种方式。

(1) 并列式(横式结构)：各分论点相提并论，各层次平行排列，分别从不同的角度，不同的侧面对问题加以论述，使文章呈现出一种齐头并进的局面。

(2) 递进式(纵式结构)：各分论点、各层次的内容步步深入，后一层次内容是对前一层次内容的发展，后一个分论点是前一个分论点的深化。

(3) 综合式：采用这种安排的论文往往是以某一种安排形式为主，中间掺以另一种形式。

由于不同学科的研究内容不同、方法各异，因此正文部分在写法上各有侧重。一般来说，理论型论文着重于论题的确定，理论的科学论证，逻辑推理以及对谬误的批驳；实证性论文着重于介绍现状，分析问题、影响及产生问题的原因，最后应针对存在的问题提出解决问题的方案；描述型论文着重于科学的观察、调查实验方法及科研结果的具体描述；综述型论文强调在客观叙述某一课题的成就、水平、情况、问题、发展趋势的基础上，进行具体的分析和评论，并提出作者的观点和建议。

3. 结论

这是论文最终的、总体的结论，应该是理论分析和实验结果的逻辑发展，而不是正文中各段小结的简单重复，也不是实验或观测结果的再次重复。结论的写作应做到准确、完整、明确、精练。如果不可能导出应有的结论，可以进行必要的讨论，在讨论中提出建议、研究设想、仪器设备改进意见、尚待解决的问题等。

4. 致谢

致谢为毕业论文写作格式的选择项目，需要时才用，可以在正文后表示致谢，通常应对在毕业论文写作中给予帮助、指导，提供便利条件的单位或个人表示感谢。

5. 参考文献

在所写毕业论文中，凡引用了别人的文章、数据、图片等文献资料作为参考，均应在参考文献表中列出被参考文献的相关信息。毕业论文的参考文献按照 GB 7714—87《文后参考文献著录规则》规定执行。

六、毕业论文的写作步骤

毕业论文的写作过程是一个系统学习、专题研究、最终把研究导入更科学、更清晰、更有条理的完善境界的过程。其写作步骤通常包括选题、选导师、搜集资料、研究分析、编写提纲、撰写成文、修改定稿等步骤。

(一)选题

选题就是确定论文的研究方向，即作者在系统学习理论的基础上选择研究对象和范围，确定论文的角度和切入口。选题是毕业论文写作的第一步，是论文写作成败的关键。一般说来，确定选题既要考虑培养要求，又要量力而行。

毕业论文的选题通常有三种方式：一是教师命题，一般由专业教师根据专业具体情况拟订一些论文题目，学生可从中选择适合自己的题目。二是引导性命题，由指导教师在了解学生具体情况的基础上，引导学生选定较为适宜的论文题目。三是自选题，由学生在所学专业领域，自主拟定论文题目。

1. 选题原则

毕业论文的选题，要遵循以下原则：可行性原则，创新性原则，实用性原则，合理性原则。

2. 毕业论文选题的主要方法

(1) 从社会实践中选题。

从实习或实践中发现问题进行选题。在平常的生活、工作中，我们总会遇到一些应该解决却未能解决的问题。这些问题的范围非常之广，有的是自己难以驾驭的。我们必须选择适合自己的，社会普遍关心的热点、难点、焦点问题进行论文的写作。这样的选题，如果我们能够运用自己所学的理论知识对其进行分析、判断、推理，找到事物的内部联系或规律性，提出自己的见解，探讨解决问题的方法，这是很有意义的。

(2) 从文献资料中挖掘。

学术问题总是在前人的基础上得到启发，在纠正别人谬误的过程中得到更新和发展的。毕业论文的选题可以而且能够对前人的课题进行补充或纠正，只要自圆其说即可。

(3) 开发个性思维。

兴趣是最好的老师。术业有专攻，人或有偏好。选题时一定要量力而行，从自己的专业着手，充分考虑所选方向与自己的知识结构、素质结构及写作水平相契合，避免"眼高手低"。一般地说，要用限制的方法，逐步缩小课题的外延，直至适合自己的完成度。另外，不妨"小题大作"

(4) 寻求导师的指导。

在指导老师的指导、布置下选定研究方向和论文题目，这样能少走弯路，从而有利于论文顺利完成。

(二)选择导师(本科阶段)

学生在撰写毕业论文的过程中，一般要由专门教师指导。导师的主要任务是帮助学生确定选题，提供参考文献、书目，指导制订研究计划，审定论文提纲，指导研究方法，解答疑难，审阅论文，评定论文成绩等。导师并不负责直接修改学生论文，而只是针对学生的提问，就学生论文写作中存在的问题进行指导、解惑，帮助学生按要求完成毕业论文的写作。

　　学生选择导师时要基于自己选题的方向，然后考虑导师的专业特长和研究领域。学生在论文写作过程中，遇到疑惑一定要积极主动与导师联系，尤其是在选题、拟定提纲和征求初稿修改意见这三个环节。

(三)搜集、选择材料

　　毕业论文的选材就是通过各种途径、方法，去搜集、选取与课题相关的理论、资料和数据。充分占有资料，是撰写毕业论文的基础。

　　根据与论文的关系，材料可分为三类：核心材料，即研究对象本身的材料；背景材料，即对核心材料起参照、比较、深化作用的材料，包括已有的研究成果材料和相关的参照材料；具有方法论意义的理论材料。

　　根据其来源，材料又可以分为两大类：一类是直接材料，或称为第一手资料；另一类是间接材料，或称为第二手资料。

　　资料搜集的途径主要有：文献、实地调查、科学实验和科学观察。

(四)整理研究材料，确立观点

　　论文写作不是堆积资料，而是写作者运用科学、系统的方法和理论，对搜集的资料进行分类、优选，然后进行分析、研究，从而发现问题，发现规律，提出新的、有价值的观点。这是论文撰写的关键所在，这一步直接决定论文水平的高低。

　　资料分类的方法主要有观点分类法和项目分类法。

　　分析研究资料，就是要求对整理后的全部资料和数据加以科学的分析、比较、归纳和综合，进行去粗取精、去伪存真的工作，以便从中筛选出可供论文作依据的材料，从而推出论点。论点正是从充分研究大量资料中确定的，而不是凭空臆造的。

(五)编写提纲

　　提纲，是由序号和文字所组成的一种逻辑顺序。编写提纲是作者从整体上编写论文的篇章结构，立足论文全篇，及时发现原有设想可能存在的疏漏之处与薄弱环节，以便及时采取补救措施。

1. 提纲的形式

论文提纲的形式多种多样，一般可分为简单提纲和详细提纲两种。

2. 编写提纲的步骤

(1) 初步确定论文的标题。

(2) 确定论文的中心思想，写出主题句子。

(3) 确定论文的总体框架，安排有关论点的次序。

(4) 确定大的层次段落，确定每个段落的主旨句。

(5) 填充材料，即每段选用哪些材料，按自己的习惯写法表示所选用材料的名称、页码、顺序。

(6) 检查、修改提纲。

(六)撰写成文

提纲拟定之后,接下来就要进入具体的行文写作了。拟定提纲时,主要考虑的是如何构建论文的骨架,如何安排论文的逻辑关系和具体环节。待执笔写作时,作者更多考虑的则是如何按照毕业论文的写作格式恰当地使用材料,如何运用多种论证方法严谨而又充分地论述自己的观点。

执笔写作就承接论文提纲而言,常见的方式有两种:一种是按照提纲的顺序依次写作。论文的提纲就是行文写作的脉络,按照拟定的提纲顺序,逐步推进,或一气呵成再修改,或边写边思考边修改。另一种是各个击破。根据论文提纲的逻辑关系,把论文分成若干个相对独立的部分,从自己感觉准备最充分的部分开始动笔,逐一完成初稿,最后再统筹兼顾,全文贯通,构成有机整体。

(七)修改定稿

论文修改可以从以下几个方面考虑:一是检查观点,二是验证论据,三是检查结构,四是检查语句,五是检查格式。

论文修改的常用方法有三种:热加工、冷处理、"集体会诊"。

论文修改可以综合运用多种方法,直至取得比较理想的效果,这时才可以定稿。

七、开题报告

开题报告是指开题者对科研课题的一种文字说明材料。这是一种新的应用写作文体,这种文字体裁是随着现代科学研究活动计划性的增强和科研选题程序化管理的需要而产生的。

开题报告包括综述、关键技术、可行性分析和时间安排四个方面。由于开题报告是用文字体现的论文总构想,因而篇幅不必过大,但要把计划研究的课题、如何研究、理论适用等主要问题写清楚。开题报告一般为表格式,它把要报告的每一项内容转换成相应的栏目,这样做,既避免遗漏;又便于评审者一目了然,把握要点。

开题报告的内容一般包括:题目、理论依据(毕业论文选题的目的与意义、国内外研究现状)、研究方案(研究目标、研究内容、研究方法、研究过程、拟解决的关键问题及创新点)、条件分析(仪器设备、协作单位及分工、人员配置)、课题负责人、起止时间、报告提纲等。

(一)论文名称

论文名称就是课题的名字。

第一,名称要准确、规范。准确就是论文的名称要把论文研究的问题是什么,研究的对象是什么交代清楚,论文的名称一定要和研究的内容相一致,不能太大,也不能太小,要准确地把研究的对象、问题概括出来。

第二,名称要简洁,不能太长。不管是论文或者课题,名称都不能太长,能不要的字就尽量不要,一般不要超过20个字。

(二) 论文研究的目的、意义

研究的目的、意义也就是为什么要研究、研究它有什么价值。这一般可以先从现实需要方面去论述，指出现实当中存在这个问题，需要去研究、去解决，本论文的研究有什么实际作用，然后，再写论文的理论和学术价值。这些都要写得具体一点，有针对性一点，不能漫无边际地空喊口号。

(三) 论文国内外研究的历史和现状 (文献综述)

规范的论文应该有这部分内容，如果是小课题则可以省略。一般包括：掌握其研究的广度、深度、已取得的成果；寻找有待进一步研究的问题，从而确定本课题研究的平台 (起点)、研究的特色或突破点。

(四) 论文研究的指导思想

指导思想就是在宏观上应坚持什么方向、符合什么要求等，这个方向或要求可以是哲学、政治理论，也可以是政府的教育发展规划，还可以是有关研究问题的指导性意见等。

(五) 论文写作的目标

论文写作的目标也就是课题最后要达到的具体目的，要解决哪些具体问题，也就是本论文研究要达到的预定目标：即本论文写作的目标定位，确定目标时要紧扣课题，用词要准确、精练、明了。常见的问题有：不写研究目标；目标扣题不紧；目标用词不准确；目标定得过高，对预定的目标没有进行研究或无法进行研究。

(六) 论文的基本内容

研究内容要更具体、明确。并且一个目标可能要通过几方面的研究内容来实现，它们不一定是一一对应的关系。大家在确定研究内容的时候，往往考虑的不是很具体，写出来的研究内容特别笼统、模糊，而把写作的目的、意义当作研究内容。

基本内容一般包括：①对论文名称的界说。应尽可能明确三点：研究的对象、研究的问题、研究的方法。②本论文写作有关的理论、名词、术语、概念的界说。

(七) 论文写作的方法

具体的写作方法主要包括观察法、调查法、实验法、经验总结法、个案法、比较研究法、文献资料法等。

(八) 论文写作的步骤

论文写作的步骤，也就是论文写作在时间和顺序上的安排。论文写作的步骤要充分考虑研究内容的相互关系和难易程度，一般情况下，都是从基础问题开始，分阶段进行，每个阶段从什么时间开始，至什么时间结束都要有规定。课题研究的主要步骤和时间安排包括：整个研究拟分为哪几个阶段；各阶段的起止时间。

八、毕业论文的写作要求

(1) 选题要恰当、贴切。题目选择是否合适，是论文成败的关键。
(2) 精心选材。材料是写作的基础，材料要翔实。
(3) 构思要巧妙。独特新颖的毕业论文构思是文章表达的关键。
(4) 恰当使用人工辅助书面语言。人工辅助书面语言是指由图、表、符号、公式等构成的书面表意符号。

例文 8.1

××大学毕业论文(设计)任务书

第二节　实　习　报　告

一、实习报告的概念

实习是指学生在校期间，到实习单位的具体岗位上参与实践工作的一个教学环节，目的是为达到理论联系实际和更好地学习理解科学文化知识，为走向工作岗位做好准备，以尽快适应社会需求。

实习报告是学生向学校汇报自己实习的过程、收获和心得体会的书面文体。

二、实习报告的资料搜集

从开始实习的那天起就要注意广泛搜集资料，并以各种形式记录下来(如写工作日记等)。丰富的资料是写好实习报告的基础。主要搜集以下一些资料。

(1) 在社会实践工作中党的路线方针政策是如何在工作中贯彻执行的。比如单位组织学习，内容是什么、什么学习方式、学习后的效果如何，对自己和同事的思想是否有提高。

(2) 专业知识在工作中是如何灵活运用的。比如法律专业，注意法官或法律工作者在执法过程中是如何灵活运用法律条款的，深入了解优秀法官，是如何运用法律以外的手段解决民事纠纷，提高结案率的；秘书专业的学生可以直接将秘书实务、应用写作等科目中的问题带到实践中去，在实践中寻求理论与实践的结合点；电子商务和市场营销专业学生可以运用专业知识结合岗位创新开展商务活动等等。

(3) 观察周围同事是如何处理问题、解决矛盾的。实习是观察体验社会生活，将学习到的理论转化为实践技能的过程，所以既要体验还要观察。从同事、前辈的言行中去学习，观察别人的成绩和缺点，以此作为自己行为的参照。"三人行必有我师"，观察别人来启发自己也是实习的一种收获。

(4) 实习单位的工作作风如何。单位的工作作风对你将来开展工作、发展自己、提高自己有什么启发；某些同事的工作作风、办事效率哪些值得你学习，哪些要引以为戒，对工作、对事业会有怎样的影响；劳动模范和优秀员工精益求精的工匠精神是怎样感召大家，引领风尚的，他们的职业态度、人生观、价值观对你又有怎样的触动。

(5) 实习单位的部门职能发挥如何。对不同职能部门的工作作风、履行职能的情况有什么看法和认识。

三、实习报告的结构与写作

根据专业特点，可以全面地写。如法律专业，去法院实习，获得的是作为一个法律工作者应该具有的全面素质材料，这时，可以将所实习的全部内容，包括法律工作者的政治素质要求、业务素质要求、法律条文的运用、法官的个人魅力(言行举止、语言表达等综合因素)在法庭上的效果、法官的语言表达能力等写进实习报告。文秘专业，作为一个办公室文员，实习中可能工作性质内容涉及所学大部分骨干课程，如会务工作(会议之前的准备工作、会议过程中的服务工作、会后的总结会议工作，以及整个会议涉及的文书有哪些，领导对这些会议文件的写作要求有哪些，写作者在准备过程中有哪些成功的做法或失败的教训，文秘工作者的仪表礼仪有什么要求，等等)。

也可以根据实习的内容确定某一局部的工作、某一个专题作为重点描述对象。如文秘中的档案管理，单位对工作人员的要求有什么、自己学的哪些知识在工作中运用上了，你运用的方式方法是否符合工作需要，效果如何；同事是怎么对待档案管理工作的，他们有什么值得你学习的地方，等等。

一般来说，到不同岗位实习的学生有着不同的经历和体会，所以实习报告的内容相异，形式多样。一般来说，实习报告应有以下几个部分。

(一)标题

实习报告的标题可以直接写"实习报告"，或者内容加文种。

(二)正文

正文因实习的过程不同而异，但都要求说明以下几点要素。

(1) 实习的基本情况。应该在开头部分说明自己实习的时间、地点等基本情况。

(2) 实习的任务和完成的情况。要详细交代参加了哪些工作，了解、掌握了哪些知识、技能，取得了什么成果。

(3) 实习总结和心得体会。最好能结合事例说明自己的收获，突出自己学到了什么，还有哪些不足。

(4) 对专业教学的建议。

(三)结尾

结尾部分可以用简短的语言点出这次实习的意义和今后努力的方向。不论内容如何，实习报告都必须真实可信、清楚明白、有条不紊。

四、实习报告的写作要求

(1) 内容要客观，必须实事求是。切忌好大喜功，弄虚作假。

报告必须写自己的实习经历，可参考别人的资料，但不能抄袭。如有引用或从别处摘录的内容要表明出处。参考文献的标注方法一律采用文后注释，具体格式为：引文标题、作者、出处(刊物名称)、页码、发表日期或出版者、出版时间和版次。

(2) 重点要突出，不能写成"流水账"。

要写好典型工作实绩，要突出自己的特点和独特的贡献。

(3) 建议要中肯，体现专业性。

结合实际情况，在实习报告中可以提出对实习单位和专业教学的可行性建议。

(4) 语言要简练，符合公务文书的要求。

不要过多地说"我"如何如何，在第一段介绍了自己的实习时间、地点和分配到的任务后，下面的文字尽量少出现人称，或不用人称。字数要在3000字以上。

例文 8.2

××有限公司石家庄分公司实习报告

实习生：张××

一、实习单位简介

本人在20××年3月至6月期间，进入××有限公司××分公司实习。

××中草药开发有限公司前身为××药业股份有限公司，是由四家医药企业重新组建的集中草药种植、收购、加工、销售、科研开发为一体的股份制企业。以总公司为主，下设两个合作社，三个中药材种植基地，一个药材加工厂。基地总面积达12 000亩，共有甘草、防风、黄芪、北柴胡、北沙参、黄芩、桔梗、知母、板蓝根、牛膝等20多个种植品种。公司以合作社为依托，整合市场资源，以"基地+合作社+农户"的形式带动农户种植中草药，并提供种子种苗、专用化肥、技术、产品回收，全方位服务，积极帮助农民提高收入。

公司秉承"诚信、合作、共赢"的企业理念，"探索、创新、求实、发展"的企业宗旨，遵循"公平、公正、公开"的合作原则，全力打造中药产业的第一品牌。

二、实习岗位和岗位职责

(一)实习岗位

……

(二)岗位职责

1. 接听、转接电话；接待来访人员。
2. 负责办公室的文秘、信息、机要和保密工作，做好办公室档案收集、整理工作。
3. 负责总经理办公室的清洁卫生。

(三)工作内容与主要任务

……

(四)岗位考核标准

1. ……

……

三、实习总结与体会

……

四、对专业教学的建议

……

【例文8.2简析】

毕业实习报告一般是大学专科院校要求学生提交的毕业文书,这是某高职院校大三毕业生的毕业实习报告所采用的模板。该篇实习报告由实习单位简介、实习岗位及职责、实习内容及体会和对专业教学的建议四部分组成。结构安排合理,逻辑关系严密,层层递进,脉络分明。通过学生的实习反馈,使学校更加深入地了解企业的岗位要求,以及学生的亲身感悟,了解企业的职业要求,为专业培养获得第一手调研资料,有利于进一步完善专业人才培养方案,使专业培养更有针对性,为进一步促进产教融合奠定基础。

本 章 小 结

本章所讲的毕业论文、实习报告均属于毕业文书,但各有其特点。要注意理解毕业论文与实习报告的概念、特点及种类等相关知识,掌握毕业论文和实习报告的结构与具体写法。希望通过本章的学习,读者能对这两种文体有更进一步的认识,并能很好地运用。

综 合 练 习

一、填空题

1. 毕业论文的主要特点是:_____、_____和_____。
2. 论文的前置部分主要包括:_____、_____、_____、_____、_____等。

二、名词解释

毕业论文　　实习报告

三、简答题

1. 简述毕业论文选题的原则和方法。
2. 简述实习报告的写作要求。

四、写作练习

1. 结合本专业进行选题并完成毕业论文的撰写。
2. 根据顶岗实习经历撰写实习报告。

第八章练习答案

附　　录

 附录A《党政机关公文处理工作条例》

 附录B《党政机关公文格式》

 附录C《标点符号用法》

 附录D《常用文章修改符号及其用法》

参 考 文 献

[1] 耿云巧，马俊霞. 应用文书写作[M]. 北京：人民邮电出版社，2015.
[2] 马俊霞，耿云巧. 旅游酒店应用写作[M]. 北京：人民邮电出版社，2014.
[3] 郭冬. 秘书写作[M]. 北京：高等教育出版社，2003.
[4] 常青，陈新华，吕晓洁. 大学应用写作[M]. 北京：北京大学出版社，2005.
[5] 王桂巧，朱卫东，申小军. 新编应用写作[M]. 成都：电子科技大学出版社，2006.
[6] 郭长悟. 财政公务写作[M]. 北京：经济科学出版社，2005.
[7] 周立. 应用写作与口头表达[M]. 北京：北京工业大学出版社，2006.
[8] 刘世权. 应用文写作[M]. 重庆：西南大学出版社，2007.
[9] 洪威雷. 大学应用文写作[M]. 天津：天津大学出版社，2008.
[10] 杨文丰. 现代经济文书写作[M]. 2 版. 北京：中国人民大学出版社，2008.